MOLIÈRE
À L'ÉCOLE RÉPUBLICAINE

DE LA CRITIQUE UNIVERSITAIRE
AUX MANUELS SCOLAIRES (1870-1914)

STANFORD FRENCH AND ITALIAN STUDIES

executive editor

JEAN-MARIE APOSTOLIDÈS

editor

MARC BERTRAND

editorial board

BRIGITTE CAZELLES

ROBERT GREER COHN

JEAN-PIERRE DUPUY

JOHN FRECCERO

RENÉ GIRARD

HANS ULRICH GUMBRECHT

ROBERT HARRISON

RALPH HESTER

ODILE HULLOT-KENTOR

PAULINE NEWMAN-GORDON

JEFFREY SCHNAPP

MICHEL SERRES

CAROLYN SPRINGER

JAMES WINCHELL

managing editor

KATARINA KIVEL

founder

ALPHONSE JUILLAND

volume LXXII

DEPARTMENT OF FRENCH AND ITALIAN
STANFORD UNIVERSITY

MOLIÈRE
À L'ÉCOLE RÉPUBLICAINE

DE LA CRITIQUE UNIVERSITAIRE
AUX MANUELS SCOLAIRES (1870-1914)

RALPH ALBANESE JR.

1992
ANMA LIBRI

Stanford French and Italian Studies is a collection of scholarly publications devoted to the study of French and Italian literature and language, culture and civilization. Occasionally it will allow itself excursions into related Romance areas.

Stanford French and Italian Studies will publish books, monographs, and collections of articles centering around a common theme, and is also open to scholars associated with academic institutions other than Stanford.

The collection is published by the Department of French and Italian, Stanford University and ANMA Libri.

© 1992 by ANMA Libri & Co., P.O. Box 876, Saratoga, Calif. 975071
and Department of French and Italian, Stanford University
LC 90-86349
ISBN 0-915838-88-5

Printed in the United States of America

*Pour Linda, dont l'intelligence, l'esprit
et la dévotion m'ont toujours inspiré*

Remerciements

Lorsque Ross Chambers m'a proposé à l'improviste, il y a déjà plus de treize ans, une communication portant sur "Molière au dix-neuvième siècle", je ne me serais jamais imaginé que ce sujet prendrait les dimensions du livre que voici. Mais ce sujet s'est vite emparé de mon imagination, prenant de multiples tours et détours au cours des années. La dimension historique de Molière n'a jamais cessé de me fasciner, et je me suis penché tour à tour sur des problèmes de réception critique, sur l'histoire de l'enseignement secondaire et sur le rôle de la critique exégétique en France au dix-neuvième siècle. L'ampleur de ce projet m'a obligé à recourir aux conseils de divers spécialistes et je reconnais ici ma dette envers tous ceux qui m'ont fait bénéficier de leurs aperçus.

Du côté de l'histoire de l'enseignement français, je remercie vivement Antoine Prost, Paul Gerbod et Alain Choppin, ce dernier ayant aimablement mis à ma disposition les ressources de l'Institut Pédagogique National lors de mon congé sabbatique en 1986. Rémy Ponton et Roger Fayolle m'ont aussi donné des conseils fort utiles à la même époque. Serge Chassagne, directeur du Musée National de l'Education à Mont-Saint-Aignan, a eu, lui, l'amabilité de me donner plein accès aux cahiers de français du siècle dernier qui y sont mis en dépôt. D'autres collègues, tels Dominique Chéenne, Jean-Marc Poisson et Michel Gueldry, m'ont fait part de leurs excellents commentaires d'ordre stylistique. Tom Carr, lui aussi, m'a toujours soutenu et conseillé au fil des années. Ross Mandell, Martine Motard et, notamment, Edouard Morot-Sir, ont pris un réel intérêt à ce travail et ont

lu et commenté l'avant-dernière version du manuscrit. Mes remer-
ciements les plus vifs vont à André Chervel, à Fanny Nepote-
Desmarres et à Jean-Pierre Collinet, qui se sont assidûment livrés
au même travail. Spécialiste de l'éducation française, André Chervel
m'a apporté une aide précieuse au moment de la rédaction finale du
texte. Grâce à leur connaissance privilégiée de la critique moliéresque, Fanny Nepote-Desmarres et Jean-Pierre Collinet ont contribué
de manière significative à cette entreprise. Moliériste éminent, Jean-
Pierre Collinet a guidé ce travail depuis sa conception initiale jusqu'à
sa mise en forme définitive. Je lui en sais profondément gré.

Qu'il me soit permis de remercier, de plus, la Comédie-Française,
qui m'a donné l'autorisation d'utiliser la reproduction du portrait de
Molière par Nicolas Mignard. La *Revue de l'Histoire du Théâtre* et *Continuum* m'ont aussi permis de reproduire, sous forme modifiée, des
extraits d'articles déjà parus. Je tiens, enfin, à exprimer ma gratitude
envers le Collège des Arts et des Sciences de Memphis State University, dont le généreux soutien financier a assuré la publication de cet
ouvrage.

le 14 août 1991

Pourquoi Molière?

Molière à l'Ecole républicaine constitue à la fois un manuel de mythologie et une nécessaire démystification. Comme Ralph Albanese nous le démontre, après la débâcle de 1870 la France cherchait à mettre la mythologie au service de l'Etat et de l'ordre moral. Réaction typique d'une nation en proie au plus grand désillusionnement, la France s'est mise en quête d'un héros, tout comme les Athéniens qui, une fois vaincus par Sparte, ont fini par métamorphoser l'ancien glouton comique Héraclès en mari, père et citoyen exemplaires. La France, elle, érigea en génie national un dramaturge comique de l'Ancien Régime. Comme dit pertinemment Albanese, "Pourquoi Molière?"

L'Histoire n'a cependant pas sommeillé jusqu'en 1870 pour ressusciter Molière. En fait, un des mérites de l'étude d'Albanese est de dépasser de loin les limites de la simple Troisième République pour faire le bilan de la réception de Molière depuis la Révolution jusqu'à la Première Guerre Mondiale. Elle reflète aussi, nous le verrons, l'actualité brûlante de nos jours.

Pourtant, une société qui se remet en question et qui se trouve, par la suite, déficiente, poursuivra inévitablement une valorisation du seul temps susceptible de proposer des leçons (même mythiques): le passé. (D'ailleurs, une des leçons offertes par le dix-septième siècle consiste en une reconnaissance du fait que les mythes rassurants sont souvent préférables à l'intransigeance de la réalité. L'Ecole républicaine n'a-t-elle pas inconsciemment enregistré et puis adopté cette optique?) Conscient qu'une telle valorisation du passé n'avait aucune chance de s'imposer si elle n'était pas transmise au grand public lettré, le républicanisme a travaillé à étendre son idéologie par le moyen de l'éducation supérieure modelée sur l'Université allemande; et ceci seulement quelques années avant que l'Université américaine n'abandonne son caractère pédagogique et nourricier afin de se transformer en laboratoire de recherche, également à l'instar des institutions allemandes. La différence s'avère instructive: si les Américains tenaient à conjuguer science et industrie, les Français visaient à une acculturation fondée sur l'étude de la littérature, "institutrice des vertus publiques". Si on convient que la culture française est fondamentalement de caractère littéraire, il faudra reconnaître, avec Compagnon et Albanese, que le discours culturel de la France moderne a hérité ses points de repère idéologiques de l'Ecole républicaine.

Toutefois cette même Ecole a vanté les valeurs d'un théâtre implanté dans un siècle catholique et monarchique. Albanese, qui a lui-même remarqué cette contradiction, a un commentaire tout prêt: "Un des traits saillants de l'Ecole républicaine, c'est, de toute évidence, le décalage entre les principes d'égalitarisme démocratique et l'élitisme de la nouvelle caste dirigeante". Albanese rappelle aussi que le poids du passé pèse tellement sur la conscience française que les Français sont enclins à la fois à entretenir une image d'un passé longtemps disparu et, pratiquant ce qu'on peut appeler le réflexe cartésien, à vouloir rompre avec ce même passé.

Mais encore, pourquoi Molière? Ces bourgeois gentilhommes de la "caste dirigeante" se sentaient sans doute à l'aise devant "leur Molière", ce dramaturge patronné par un monarque qui avait distingué la civilisation française: si, dans les annales de la vulgarisation historique, le dix-huitième siècle passe pour celui de "La Prépondérance anglaise", le dix-septième est inéluctablement qualifié de "Siècle de Louis XIV".

En plus, la volonté d'atteindre un plus vaste public rencontre moins d'obstacles lorsque le véhicule de transmission est le genre éminemment abordable de la comédie — genre dit "bourgeois", bien entendu. D'où la création d'un nouveau mythe, celui d'un Molière incarnation des valeurs laïques et idéales. C'est cette image de Molière qui l'emporte sur l'autre, proposée par les responsables des écoles confessionnelles qui voyaient dans *Dom Juan* et *Le Tartuffe* de véritables manuels de libertinage. Il n'est donc guère surprenant que la pièce favorite de l'Ecole républicaine soit celle qui, dans ses valeurs exclusivement mondaines, offre moins de sujets de controverse aux esprits à conviction religieuse: *Le Misanthrope*. N'est-il pas devenu évident que tout le débat repris vers 1870 sur le rôle édifiant de la comédie moliéresque n'est qu'un prolongement de la querelle du théâtre —

et plus particulièrement de celle du *Tartuffe?* Que l'on accepte ou non au pied de la lettre la célèbre déclaration de Molière dans la Préface au *Tartuffe*, "l'emploi de la comédie est de corriger le vice des hommes", il est indéniable que la postérité ne cesse de contempler son théâtre comme une école de vertu — ou de vice. Malgré tous les vaillants efforts récents de la socio-critique pour déplacer sur un autre champ de bataille la vieille controverse entre les défenseurs de "Molière penseur" et ceux de "Molière homme de théâtre", les questions éthiques implicites dans les pièces de Molière restent aussi provocatrices que jamais.

Evoquer la socio-critique nous ramène naturellement à Ralph Albanese qui, avec son *Dynamisme de la peur chez Molière* de 1976, a inauguré une profusion d'études sur la "mentalité" des contemporains du dramaturge. Personne n'est donc mieux placé que lui pour poser de nouveau la question, "Pourquoi Molière?" Or *Molière à l'Ecole républicaine*, qui éclaire la passion pour Molière à la fin du dix-neuvième siècle, s'inscrit lui-même dans une recrudescence d'intérêt pour l'auteur des *Femmes savantes*. Pourquoi, au fait, la fascination actuelle pour Molière? Depuis 1986 un nombre impressionnant de biographies (dont une "romancée") ne fait que renforcer l'image d'un Molière "génie français"; en plus, on peut constater une réhabilitation de la vieille thèse de Pierre Louÿs selon laquelle Corneille serait l'auteur du corpus comique de Molière (Wouters et Goyet, *Molière ou l'auteur imaginaire*). Ainsi l'identité de Molière reste toujours controversée.

Aborder "le cas Molière" pendant la Troisième République représente une entreprise si délicate que peut-être seul un étranger, et un Américain en l'occurrence, oserait la tenter. D'abord, à côté de son travail parfois extrêmement laborieux (je songe évidemment à l'analyse des trois cents manuels scolaires), Albanese a su mener son enquête sur le rapport entre patrie et poésie avec une objectivité exemplaire. Mais en plus, l'optique adoptée par Albanese — le sujet même de son livre — reflète la crise culturelle qui traverse et travaille les Etats-Unis à l'heure actuelle. Le brûlant débat national autour du but d'une formation scolaire — simple entraînement intellectuel, politisation de l'académie, "rectification" des valeurs, ouverture vers une société plus diversifiée, revalorisation du passé, respect accru de la patrie et du patrimoine, incorporation d'une éthique à base religieuse dans un système laïque — tout a sensibilisé ce jeune érudit aux questions lourdes de sens qu'il fallait poser à propos des institutions culturelles de la Troisième République. S'il a fini par démystifier les raisons du culte

de Molière au siècle dernier, il nous invite aussi à interroger les institutions culturelles de cette fin du vingtième siècle afin de voir plus
clair dans notre obsession pour le plus apprécié des auteurs français;
ce qui revient à la question initiale, heureusement toujours d'actualité, "Pourquoi Molière?"

Ronald W. Tobin

Table des matières

1. Introduction

Evoquant, dans ses *Souvenirs d'un universitaire*, son expérience scolaire des années 1880, Gendarme de Bévotte dépeint l'atmosphère de solennité religieuse qui régnait dans sa classe de septième au lycée de Toulon. Les règles de grammaire et les leçons de catéchisme étant unies par un lien étroit, il percevait toute faute de français comme une transgression de sa langue maternelle, comme une forme de péché. Dans cet enseignement rhétorique, la mémorisation des fables tout aussi bien que des règles grammaticales était de rigueur. Le programme littéraire, avec son choix d'auteurs, correspondait à la vision étroite héritée de Nisard: refus des auteurs du XVIème et du XVIIIème siècle au seul profit des auteurs classiques. Face à l'incertitude méthodologique touchant l'enseignement littéraire, Gendarme de Bévotte se sentait tiraillé entre la critique impressionniste de Lemaître et la critique "doctrinaire" de Brunetière. C'est ainsi qu'il définit les finalités de son expérience scolaire:

> ... éduquer, c'est surtout former le caractère et le coeur de l'enfant, c'est développer ses qualités, corriger ses défauts, l'instruire de ses devoirs, donner à ses idées comme à sa conduite le fondement d'une discipline morale[1].

La sévérité de la discipline scolaire amène Gendarme de Bévotte à mettre enfin en accusation le système répressif des pensums, l'obligation de copier des centaines de vers ou de lignes de prose à titre de punitions de même que l'usage des châtiments corporels[2].

---

[1] *Souvenirs d'un universitaire* (Paris: Perrin, 1938) 41.

[2] On trouve, dans les mémoires scolaires de G. Darien, auteur de *La Belle France*, une évocation analogue dans la mesure où elle reflète l'abrutissement d'une disci-

Les souvenirs de jeunesse d'un Lavisse ou d'un Renan constituent, eux aussi, un témoignage précieux sur l'état de l'enseignement du français au milieu du XIXème siècle. Dans leurs Mémoires, ces auteurs soulignent les conséquences fâcheuses du régime scolaire auquel ils sont soumis: dogmatisme, absence totale de la littérature contemporaine (*ignominia seculi*), prédominance du latin sur le français. Alors que Lavisse se fait l'écho de l'aliénation subie par l'élève qui, du fait de l'obligation où il se trouvait de rédiger constamment des thèmes et des discours, se sentait vivre, tour à tour, à l'époque de Périclès, d'Auguste et de Louis XIV[3], Renan, lui, évoquant le "légitimisme" officiel qui interdit dans son collège toute référence à la Révolution ou à Napoléon, se cantonne dans une profession de foi humaniste[4].

Bien qu'il soit impossible de peindre un portrait exact de l'enseignement littéraire dans les lycées français à cette époque — du moins, tel qu'il a été vécu par les élèves — de tels témoignages nous permettent de saisir sur le vif l'esprit général dans lequel cet enseignement était conçu. Cela dit, il serait souhaitable de s'interroger sur les finalités de l'enseignement littéraire traditionnel et, plus particulièrement, sur son fonctionnement en tant que pratique institutionnelle au sein de l'école de la République (*circa* 1880). Pareille démarche suppose, au préalable, une mise au jour des conditions socio-historiques dans lesquelles cette école a pris naissance. En premier lieu, l'avènement de la Troisième République coïncide avec la défaite de 1870, événement qui a profondément marqué toute une génération de jeunes Français. La débâcle face aux Prussiens donne lieu à une déperdition de l'esprit, à une désillusion amère, bref, à une perception généralisée du déclin, de la décadence, voire de la "mortalité" culturelle. De cela découle la pertinence des écrits de Taine et de Renan, qui constituent autant de diagnostics d'ordre moral sur la société française d'après guerre[5]. L'image d'une France gravement blessée et endeuillée — la

---

pline scolaire telle que l'élève s'inquiétait d'une punition automatique s'il "… n'exécutait pas son programme consciencieusement" (cité par R. Fayolle dans "Ecole et littérature", *Revue des Sciences Humaines* 46.174 [1979] 5).

[3] *Souvenirs* (Paris: Calmann-Lévy, 1912) 212-220.

[4] *Souvenirs d'enfance et de jeunesse* (Paris: Colin, 1959) 81-82, 84-86.

[5] Voir H. Taine, *Les Origines de la France contemporaine*, 6 vols (Paris: Hachette, 1888-1894), et E. Renan, *La Réforme intellectuelle et morale* (Paris: M. Lévy, 1872). Cet état général de démoralisation, par le biais duquel ces auteurs visaient à fixer les causes

défaite s'est accompagnée d'une mutilation territoriale — finit par susciter une volonté de redressement national qui se manifeste avec vigueur par la mystique de la revanche. On a affaire à une sublimation paradoxale du dépérissement de la France aboutissant au besoin impérieux de retrouver l'élan vital du passé. La crise de conscience morale qu'a subie cette génération des années 1870 débouche sur un refus implicite d'accepter la défaite. Se voulant rajeunie et modernisée, la France se met alors à la recherche de valeurs, de vérités sûres, d'une nouvelle direction morale susceptible de la guider; elle se soumet, en un mot, à une volonté systématique de "républicaniser" les esprits. L'objectif que s'assigne la République naissante consiste, somme toute, en la formation du futur citoyen et, comme on le verra, cet idéal d'apprentissage civique prend souvent la forme d'un processus d'acculturation.

L'état d'urgence nationale né de la défaite de 1870 se marque par une volonté d'opérer des réformes significatives dans deux institutions jugées défectueuses et, par conséquent, comme ayant contribué à la défaite: l'armée et l'école — d'où cette formule fréquemment employée à l'époque: "c'est l'instituteur prussien qui a gagné à Sedan"[6]. La réorganisation militaire et pédagogique entreprise par la Troisième République aura pour but l'élimination du retard scientifique, militaire, économique et pédagogique dont souffrait la France, qui se sentait éclipsée par une Prusse incontestablement modernisée. On ne s'étonne donc guère que l'instauration de l'école primaire, gratuite et obligatoire, grâce aux réformes de Jules Ferry en 1882, ainsi que celle du service militaire en 1889, créent deux impératifs qui relèvent d'une *obligation* sociale. La France entre dès lors dans une période de certitudes, inspirée par les impératifs du militantisme républicain: la formation de la jeunesse de 1914, menant à la "revanche" de 1918, s'explique en grande partie par l'efficacité de ce républicanisme viril qui inspire les années 1880-1914.

On doit admettre alors que la question de la réforme scolaire après 1870 était intimement liée à l'idée de survie nationale. Avant de tracer l'évolution de cette réforme, il convient de noter que, lors de sa période formatrice, la Troisième République a voulu affirmer son désir

---

de la débâcle politique, est à rapprocher de celui qui marque l'instauration du gou vernement de Vichy en 1940.

[6] A. Prost, *Histoire de l'enseignement en France, 1800-1967* (Paris: Colin, 1968) 184.

de rester en continuité avec les principes de la Révolution de 1789: 1870 était perçu comme un effort pour réparer les échecs consécutifs des deux premières républiques en 1792 et en 1848; la politique républicaine s'est, en un mot, donné pour tâche d'achever la Révolution[7]. Dans son souci de récupérer les valeurs de permanence et de cohésion, et de forger un sentiment de consensus, la Troisième République est parvenue à inscrire la Révolution au coeur de l'identité nationale. En fait, elle a codifié les références sur lesquelles va s'appuyer pendant longtemps la culture politique moderne de la France[8]. On ne saurait trop insister sur la filiation symbolique qui rattache 1789 à 1879: marqué par une turbulence politique continue, le XIXème siècle représente, selon M. Agulhon, le parcours aboutissant au triomphe de la "modernité libérale" dans la vie politique française et, de la sorte, à une idéologie qui va, dès lors, sonner le glas de l'Ancien Régime[9]. La Troisième République s'évertue à conjurer la menace de désordre social et politique, elle entreprend d'institutionnaliser en quelque sorte l'héritage national, et c'est grâce à une référence idéologique constante à 1789 qu'elle a en grande partie réussi. C'est ainsi que H. Peretti analyse la stratégie républicaine:

> En faisant le choix de ses symboles (du rituel national), (la République) a contribué à faire de la Révolution le mythe fondateur de la France contemporaine et à fusionner pour l'avenir la légitimité républicaine et la légitimité nationale[10].

Il n'est guère étonnant, alors, que l'école ait été au coeur des débats idéologiques tout au long du XIXème siècle. A vrai dire, l'instruction publique à tous les niveaux a été l'objet, à partir des années 1880, d'un investissement massif de la part de l'Etat républicain. Avant de

---

[7] Selon F. Furet: "La Révolution a non seulement fondé la civilisation politique à l'intérieur de laquelle la France 'contemporaine' est intelligible; elle a aussi légué à cette France des conflits de légitimités et un stock de débats politiques d'une plasticité presque infinie: 1830 recommence 89, 1848 rejoue la République, et la Commune renoue avec le rêve jacobin" (*Penser la Révolution française* [Paris: Gallimard, 1978] 19).

[8] Voir, à ce sujet, J.-M. Mayeur, *Les Débuts de la Troisième République 1871-1898* (Paris: Seuil, 1973) 26.

[9] *Marianne au combat: L'imagerie et la symbolique républicaines de 1789 à 1880* (Paris, Flammarion, 1979) 231.

[10] "1870-1880: Naissance de la IIIème République", *Pages d'écritures* I (Paris: Gallimard, 1987) 18.

sonder l'importance nouvelle attachée à la scolarisation, et plus particulièrement à l'enseignement littéraire de ces années, il convient de mettre en lumière les éléments constitutifs de la notion d' "Ecole républicaine" en France.

L'Ecole républicaine

L'oeuvre scolaire représentée par les lois Ferry sur l'enseignement primaire (1880-1882) — celui-ci devait être gratuit, obligatoire et laïc — constitue la législation républicaine la plus significative et même l'objet d'une unanimité de la part des législateurs. Les idéologues de la République exaltaient le savoir en tant qu'instrument du progrès moral et professaient une croyance dans les vertus inhérentes à l'instruction, à tel point que leur conception de l'école relevait d'une volonté systématique de didactisme national, au même titre que le service militaire ou le suffrage universel. Dès lors, l'Ecole l'a emporté sur l'Eglise, l'instituteur en est arrivé à prendre le relais du prêtre comme agent culturel de premier ordre. Le républicanisme ayant fini par se confondre avec l'idéal d'une éducation séculière, on s'aperçoit rétrospectivement du caractère redondant de la formule "l'Ecole républicaine" ou de celle, plus récente, de "La République des professeurs"[11]. E. Maneuvrier se livre à une valorisation des bienfaits publics de la politique scolaire de Jules Ferry, et ses propos évoquent l'atmosphère d'auto-célébration dans laquelle baignait la République naissante: "La République a plus fait pour l'instruction populaire, en dix ans, que la Monarchie en dix siècles"[12]. Mû par une confiance illimitée dans la pédagogie, l'enseignement républicain prend l'allure d'une foi laïque et vise à abolir les privilèges d'avant 1789. Un tel optimisme constitue assurément une généralisation de l'idéal des Lumières, qui envisage l'Ecole comme un lieu d'incubation intellectuelle et de perfectionnement moral. Plus précisément, l'Ecole se perçoit comme instrument d'une scolarisation des valeurs et des modes de comportement,

---

[11] Voir, à ce sujet, l'analyse que fait A. Thibaudet du rôle prépondérant joué par le corps enseignant en France après 1918 dans *La République des professeurs* (Paris: Grasset, 1927).

[12] *L'Education de la bourgeoisie sous la république* (Paris: Cerf, 1888) 3. C'est en ces termes que D. Maingueneau définit le statut particulier de l'Ecole à cette époque: "L'Ecole républicaine... est l'endroit où la même République se réfléchit avec le plus de densité. Non seulement parce que l'Ecole apparaît comme le couronnement de son oeuvre et le signe éclatant de sa légitimité, mais aussi parce que c'est le lieu d'énonciation

d'une sorte de naturalisation ayant pour but de fixer une nouvelle identité culturelle. Elle prêche un égalitarisme à la fois social et politique, ainsi qu'un idéal de promotion sociale conformes aux principes de la démocratie. Dans la mesure où l'éducation en vient à représenter le nouveau mode de consécration sociale au XIXème siècle[13], le garant de l'unité culturelle et de l'ordre social, il va de soi que la formation idéologique de la jeunesse française sera confiée aux bons soins d'un "Etat (qui se veut) enseignant", c'est-à-dire, à l'école publique au détriment de l'école privée.

L'Ecole républicaine se veut, par ailleurs, moyen d'intégration sociale. Elle vise à réconcilier les facteurs de désunion qui menacent de disloquer la société française. Selon une stratégie bien établie visant à la constitution de l'unité nationale, cette Ecole cherche à fusionner les particularismes et les antagonismes de classe. L'efficacité de ce discours consensuel se manifeste de manière éclatante au niveau de l'école primaire, marquée, elle, par la mobilisation des masses autour de l'idéal républicain. C'est ainsi que F. Mayeur définit cet idéal:

> ... dans un pays anxieux, au lendemain des désastres, de son être national, (l'instruction) est considérée comme un incomparable moyen d'assurer la cohésion des citoyens par-delà les diversités régionales et les divergences idéologiques[14].

La nouvelle conception de l'école qui s'instaure après 1870 possède, à l'évidence, une dimension missionnaire, car tous les niveaux de l'enseignement devaient contribuer à la reconstruction nationale. Alors que les principes de civisme républicain et de compétence linguistique du français — langue nationale officiellement consacrée à l'époque comme langue scolaire — faisaient l'objet d'un enseignement primaire désireux de socialiser une paysannerie analphabète et culturellement hétérogène, au niveau secondaire, les professeurs se faisaient fort de fournir un bagage culturel indispensable aux futurs notables de la France.

à partir duquel l'univers entier doit prendre sens" (*Les Livres d'école de la République, 1870-1914* [Paris: Le Sycomore, 1979] x).

[13] On se rappelle la pertinence de la formule weberienne pour notre propos: "le diplôme devient ce qu'était la naissance dans le passé".

[14] *Histoire générale de l'enseignement et de l'éducation en France* (Paris: Labat, 1981) III, 524. "Fonder le progrès social, enraciner la République, libérer les consciences, tel est le triple objectif des fondateurs de l'école de la République" (J.-M. Mayeur, *Les Débuts de la Troisième République* 113).

Mais c'est surtout l'Université française — institution modernisée par la Troisième République — qui apparaît comme une extension idéologique du républicanisme. Afin de saisir cette fonction de service public remplie par l'Université, il convient de se reporter au témoignage de Victor Duruy qui, ministre de l'Instruction publique sous le Second Empire, a joué un rôle déterminant dans l'élaboration de la politique scolaire de Jules Ferry. Soulignant la nécessité d'un enseignement supérieur vigoureux en France, Duruy érige l'Université allemande en modèle et il propose la formation des "moeurs studieuses", telles qu'elles existent outre-Rhin[15]. Dans son rapport à l'Empereur, il préconise la modification des "moeurs scolaires" françaises en vue d'une réorganisation systématique de l'éducation nationale. Il signale le rôle particulier de l'Ecole des Hautes Etudes (créée en 1868), la nécessité d'augmenter le traitement des universitaires, de créer des bourses pour l'enseignement supérieur — celles-ci faisaient défaut en France avant 1868 alors qu'elles existaient déjà dans d'autres pays européens. Duruy aborde de manière plus précise des problèmes d'ordre disciplinaire: au lieu de s'attarder sur la rhétorique, les normaliens devraient s'attacher à l'analyse directe des textes. Il met en valeur la primauté de la philologie romane, ainsi que celle de l'histoire et de l'archéologie, le goût du libre examen au lieu d'un recours à une glose sclérosante. Au total, cette remise en cause des hautes études en France doit concourir à la volonté républicaine de consensus social:

> ... le développement de la vie intellectuelle a pour effet de tout élever, dans l'ordre matériel, comme dans l'ordre moral et politique. Le savant illustre et le maître le plus humble travaillent à la même oeuvre, et de cette oeuvre doit sortir la concorde entre les classes, l'égalité entre les citoyens, le progrès en tout et pour tous[16].

Signalons, enfin, que la réforme de Duruy touche également l'enseignement primaire et secondaire; elle est, de plus, à l'origine du développement de l'enseignement technique au XIXème siècle.

S'interroger sur la fonction de l'Ecole républicaine au sein d'une remise en question des croyances, c'est révéler à quel point la démarche qui informe notre propos relève d'une sociologie de la connaissance. Loin d'être un simple épiphénomène dans l'évolution culturelle

---

[15] *Rapport à sa majesté l'empereur sur l'enseignement supérieur* (Paris: Imprimerie impériale, 1868) XXVII.
[16] V. Duruy XXXIX.

d'une société donnée, l'éducation joue un rôle primordial dans la formation d'attitudes socio-culturelles. Il va sans dire que chaque système d'éducation suppose une éthique, voire une anthropologie, qui se manifeste par le biais de la diffusion des modèles culturels. Si nous définissons l'école de la République comme un lieu d'investissement idéologique et un instrument de promotion démocratique (mais en même temps de contrôle social), bref, le dépositaire d'un pouvoir culturel à valeur essentiellement formative, c'est pour faire ressortir la complexité réelle du fait pédagogique. Nous adoptons une perspective socio-critique sur l'Ecole républicaine en France et, plus particulièrement, sur la transmission du savoir, c'est-à-dire, des contenus de l'enseignement littéraire, parce qu'une telle perspective saisit au mieux le dynamisme culturel propre au processus éducatif. De plus, il existe, pourrait-on dire, un impératif ethnologique sous-jacent à notre enquête, qui a été bien mis en lumière par F. Furet et J. Ozouf:

> ... les Français sont probablement un des peuples du monde qui ont le plus investi, socialement et psychologiquement, sur l'éducation scolaire et l'alphabétisation[17].

Notre examen de l'appareil institutionnel de la scolarisation républicaine aboutit, comme on le verra, à une réflexion critique sur la culture française post-révolutionnaire.

Si le dernier tiers du XIXème siècle en France inaugure une période fondatrice d'institutions et, par extension, de culture moderne, c'est que l'on a affaire à de grandes mutations sociales et culturelles, à une vitalité remarquable au niveau de la production intellectuelle. Le remous social, le déracinement culturel entraînés par l'industrialisation et l'urbanisation croissantes, et la montée de diverses formes d'extrémisme politique représentent autant de bouleversements socio-culturels qui ont affecté la France du XIXème siècle et, notamment, après 1870; ils témoignent tous d'une accélération de l'Histoire à cette époque[18]. Si nous privilégions, dans cette étude, le concept d'Ecole

---

[17] *Lire et écrire. L'alphabétisation des Français de Calvin à Jules Ferry* (Paris: Seuil, 1977) I, 12.

[18] L'analyse de M. Lipiansky permet de mieux saisir une des finalités culturelles de l'Ecole républicaine: "Là où la société est confrontée à un changement brutal, elle affirme la permanence; là où les tensions deviennent explosives, elle proclame l'équilibre; là où l'avenir est incertain, elle évoque un passé prestigieux" (*'L'Ame française', ou le National-Libéralisme. Analyse d'une représentation sociale* [Paris: Anthropos, 1979] 273).

républicaine, c'est qu'il constitue un excellent point de mire permettant de saisir les données globales qui infléchissent l'évolution culturelle de la France au XIXème siècle. Plus précisément, notre propos consiste, dans ce premier chapitre, à définir le statut de l'Ecole républicaine à la lumière de l'ensemble des bouleversements idéologiques et socio-culturels du XIXème siècle: l'éveil du nationalisme, l'essor de la bourgeoisie, la politique de laïcité, et l'avènement d'une "démocratie" républicaine; il va de soi que l'on a affaire à des phénomènes auxquels se juxtaposent, en filigrane, l'histoire de l'enseignement du français et les pratiques scolaires mises en jeu par cet enseignement, ainsi que le développement de l'histoire littéraire, vers la fin du siècle, au sein d'un enseignement supérieur et secondaire empreint d'une idéologie humaniste. Sans pour autant entrer dans un examen minutieux de toutes ces catégories explicatives, nous espérons pouvoir dégager les traits saillants de chacune, et ainsi brosser un portrait de l'arrière-plan culturel dans lequel s'insère l'organisation de l'Ecole républicaine.

L'éveil du nationalisme

On a souvent appelé le XIXème siècle le "siècle des nationalités", car de profonds mouvements nationalistes se sont développés dans tous les pays d'Europe, notamment lors de la deuxième moitié du siècle. Comme le dit H. Le Bras:

> Entre 1848 et 1914... chaque nation se replie sur elle-même, et veut se penser comme mise en forme étatique d'un peuple particulier, unique, défini par ses moeurs, ses coutumes, son génie. A la recherche d'un point d'ancrage, d'une définition et d'une explication étroite de la nation, l'Europe se passionne pour le concept de race[19].

La montée du nationalisme français dans les années 1870 s'explique d'abord par la volonté de conjurer la hantise d'une décadence nationale. Il est permis de parler ici d'un repli sur soi, d'une position défensive de la France après 1870 qui se traduit à droite par un réflexe d'exclusion à l'égard des "ennemis de la nation" — ouvriers étrangers, juifs, francs-maçons et socialistes — en même temps que s'opère à gauche une prise en main du nationalisme par les républicains. Point

---

[19] H. Le Bras et E. Todd, *L'Invention de la France: atlas anthropologique et politique* (Paris: Librairie Générale Française, 1981) 13.

commun aux monarchistes et aux républicains, le patriotisme finit par dépasser les intérêts de classe et par devenir une valeur politique universelle. Dans la mesure où il constitue un remède suprême aux oppositions idéologiques, le patriotisme s'inscrit dans une valorisation du passé, perçu avant tout comme une période de gestation des valeurs et une source d'exemplarité morale, bref, comme l'origine même des traits fondamentaux de l'identité nationale. La volonté de s'approprier l'ensemble des valeurs françaises, qu'il s'agisse de l'héritage culturel de l'Ancien Régime ou bien de celui de la Révolution, est le fait de diverses institutions sociales désireuses de s'appuyer sur la tradition d'héroïsme national au début de la Troisième République. Le propos de P. Gerbod est, à cet égard, révélateur: "… la référence pédagogique aux modèles héroïques devient une tâche collective développée concurremment par l'Etat, l'Ecole, l'Armée et l'Eglise catholique"[20].

Le souci de se réclamer des ancêtres de la République représente, d'une part, une forme de légitimation historique et idéologique et, d'autre part, la marque de la permanence, voire de l'immutabilité de la nation. C'est dans cette perspective qu'il convient de situer cette remarque de Jules Ferry, qui entend conférer à l'Université "… la prééminence et la suprême magistrature sur les études et sur le développement de l'esprit français"[21]. La promotion de l'enseignement de l'histoire nationale est due en grande partie à l'efficacité des manuels d'histoire de Lavisse, qui ont transmis à des générations d'écoliers français une image idéalisée du passé national, fondée sur une adhésion affective à l'égard des figures mythiques du patrimoine — Jeanne d'Arc, Du Guesclin, Bayard… — et du culte de la patrie. Sur un autre plan, enfin, on peut voir, dans le phénomène de "statuomanie" officielle des années 1870, à la fois une "muséification" des gloires nationales et une déification symbolique de l'idée républicaine[22]. Relevant d'une nouvelle archéologie urbaine, la multiplication des monuments publics revêt une valeur pédagogique incontestable.

Le nationalisme de droite, qui prend parfois un ton revanchard et cocardier dans les années 1870, se traduit par une vision passéiste de la grandeur nationale. Dans leur quête d'une restauration des tra-

---

[20] "L'Ethique héroïque en France (1870-1914)", *Revue Historique* 268.2 (1982) 409.
[21] Cité par L. Capéran dans *Histoire contemporaine de la laïcité française* (Paris: Rivière, 1959) 30.
[22] Voir, sur ce point, les analyses de M. Agulhon dans *Marianne au combat* et "La Statuomanie et l'Histoire", *Ethnologie Française* 3-4 (1978) 3-4.

ditions, Barrès et, dans une moindre mesure, Taine, s'attachent à définir une philosophie nationaliste de l'Histoire qui insiste sur les divisions irréductibles de la politique française depuis 1789. Quant au conservatisme de Maurras, il refuse d'admettre les progrès de l'industrialisme et de la science et prend à partie la mobilité sociale; il prône un retour aux valeurs du grand siècle monarchique: la raison et la discipline classiques doivent servir de base à la culture nationale. Pour beaucoup de ceux qui estiment que la conscience nationale doit prendre ses racines dans la terre des ancêtres, l'objectif est de mener une vie repliée sur le passé afin de mieux dénoncer l'insuffisance des formes de la culture contemporaine, tels le naturalisme ou le symbolisme. On assiste en fait à une idéologie de compensation d'après laquelle la grandeur extérieure du passé correspond à une misère intérieure du présent. M. Lipiansky situe ce mécanisme paradoxal dans une perspective psycho-économique:

> ... le nationalisme conservateur et autoritaire serait l'apanage des groupes menacés par le développement économique... Ces groupes dont l'identité est en danger, adhèrent à une idéologie réactionnaire, nostalgique et pessimiste; leur crispation nationaliste constitue à la fois la quête d'une identité stable, d'un enracinement et la protestation contre une évolution qui les condamne...[23]

Inspiré par une méditation sur la décadence française, le courant monarchiste animé par Léon Daudet s'exprime — dans un ouvrage au titre révélateur, *Le Stupide XIXème siècle* — par une diatribe systématique contre les formes de pensée moderne issues du romantisme. J. Lemaître, de son côté, se fait le porte-parole de la Ligue de la Patrie française — organisme politique qui deviendra par la suite l'Action française[24].

Tout se passe comme si ces nationalistes s'évertuaient à définir les traits constitutifs de l'idéal français afin de défendre l'idée d'une survie ethnique de la France[25]. Ainsi, c'est au nom d'une défense et illustration de la culture classique, liée au culte du génie national (cf. le

---

[23] M. Lipiansky 270.
[24] Parmi les premiers cinq cents adhérents de la Ligue de la Patrie française, on peut compter: Lemaître, Brunetière, Petit de Julleville, Bourget, Legouvé, Faguet, Sarcey, Doumic, Barrès, Brisson, Daudet, Maurras, Strowski et Bellessort (J. Lemaître, *La Patrie française* [Paris: Bureaux de "la patrie française", 1899] 33-48).
[25] Pour une analyse de la notion d'"ethnie" au sein de la formation de diverses formes de nationalisme, voir A. Smith, *The Ethnic Origin of Nations* (London: Basil Blackwell, 1986).

"génie de la race") qu'"Agathon" met en cause l'influence néfaste de la nouvelle Sorbonne en 1908; l'enseignement supérieur français est, selon lui, dirigé par les ennemis de l'humanisme traditionnel par trop enclins à suivre l'influence des modèles étrangers:

> (le génie latin réside dans)... cet équilibre séculaire d'une race et d'une culture... nous combattons pour le génie de notre race. L'esprit d'une race... est quelque chose qui se fait lentement, qui s'acquiert, s'entretient et meurt si l'on n'y prend garde[26].

Or le génie de la "race" française trouve sa meilleure illustration dans la langue et la littérature nationales. Dans cette perspective, l'enseignement littéraire doit reposer exclusivement sur les oeuvres de langue française: substituer aux anciens les traditions étrangères (tels l'anglais ou l'allemand), c'est, selon Berthelot, "fausser notre culture nationale française"[27]. Il est significatif que Brunetière s'attache à définir l'"idée de patrie" en recourant à l'idée que la littérature française doive faire l'objet d'un culte national. Il démontre en l'occurrence la conformité entre les grandes oeuvres littéraires et

> ... les qualités les plus intérieures de l'âme nationale... une comédie de Molière,... c'est la source, c'est le miroir inaltérable où plusieurs générations de Français se sont, l'une après l'autre, reconnues et complues en soi... Le rire plus franc, plus large et plus sain de Molière (par rapport au ricanement voltairien), c'est, selon nous, quand nous nous abandonnons, entre égaux, à cet esprit de moquerie nommé l'esprit gaulois[28].

Brunetière envisage l'idée de patrie sous trois aspects: naturelle, historique et mystique. La patrie en arrive à prendre chez lui valeur d'organisme, voire de personne morale, et la signification de la tradition française réside dans le fait qu'elle représente un gage de permanence culturelle: "... du milieu (des) vicissitudes, une intention générale

[26] A. de Tarde ("Agathon"), *L'Esprit de la nouvelle Sorbonne* (Paris: Mercure de France, 1911) 308.
[27] Cité par A. Ribot dans *La Réforme de l'enseignement secondaire* (Paris: Colin, 1900) 202. Les propos d'E. Maneuvrier s'insèrent parfaitement dans cet esprit d'auto-satisfaction nationale: "... je ne sache pas qu'il ait jamais existé, dans aucune autre race, une floraison d'esprits supérieurs, plus riche et plus capable, d'inspirer à la jeunesse, une plus légitime fierté et une plus noble émulation" (E. Maneuvrier 116).
[28] *L'Idée de patrie* (Paris: Hetzel, 1896) 20.

se dégage, identique à elle-même depuis plus de dix siècles"[29]. Enfin, il n'est guère étonnant que la mise en place de l'Alliance française (1884) coïncide avec la période du militantisme républicain. Liée à l'expansion de la politique coloniale à cette époque, l'Alliance française exporte partout dans le monde l'image du rayonnement culturel d'une France qui ne peut plus se permettre d'ignorer les autres peuples[30].

L'essor de la bourgeoisie

L'avènement au pouvoir de la bourgeoisie, sa constitution en classe dirigeante, représente un fait primordial dans l'histoire sociale de la France de la première moitié du XIXème siècle. Plus précisément, c'est le règne de Louis-Philippe, le roi-citoyen, qui consacre l'apogée de cette classe. C'est ainsi qu'A. Daumard considère les années 1830-1840 comme une "période privilégiée" pour entreprendre une définition de la bourgeoisie. Se percevant comme les héritiers de la légitimité culturelle, les bourgeois de cette époque ont l'intime conviction de leur supériorité sociale et morale. Mus par le sens de la respectabilité et par une profonde révérence à l'égard de la culture, révérence qui suppose, comme on le verra, une aversion à l'égard de la civilisation industrielle, ils font preuve d'une volonté de réussite et de domination. Au lieu de renier ses origines, comme l'ont fait ses prédécesseurs de l'Ancien Régime par l'achat des titres, le bourgeois du XIXème siècle "... conservait l'orgueil de son origine et gardait l'idéal qui avait été celui de toute sa vie"[31]. A la différence de la société

---

[29] *L'Idée de patrie* 25. Il est curieux de constater à quel point l'analyse de Brunetière rejoint la théorie contemporaine de M. Lipiansky sur les représentations françaises de l'identité nationale:

> Le caractère national est traité comme une essence transcendante; il s'affirme comme une substance qui traverse le temps, les événements et les êtres en les marquant de son empreinte... il porte en lui gravé le destin de la nation; il est le principe premier dont dérivent les comportements et les moeurs, les oeuvres et les institutions — toujours identique à lui-même à travers les changements de surface et les accidents de l'histoire (M. Lipiansky 187).

[30] Instrument de nationalisme culturel, l'Alliance française a été fondée par des "... patriotes éprouvés: (Elle) est aujourd'hui connue, appréciée de tous les hommes ayant souci de l'avenir de notre race, et de la diffusion de notre langue" (*Revue de l'Enseignement Secondaire et de l'Enseignement Supérieur* 20 [1893] 117).

[31] A. Daumard, *Les Bourgeois de Paris au XIXème siècle* (Paris: Flammarion, 1970) 356.

monarchique, la société post-révolutionnaire fonde ses principes de légitimité sur la notion de consensus, et la bourgeoisie excelle à faire valoir ses titres de noblesse culturelle. Cette volonté de créer un consensus est sous-jacente à l'identité de la classe bourgeoise au XIXème siècle, dont les traits constitutifs peuvent se résumer ainsi: souci primordial de la distinction sociale, désir de s'enrichir, nécessité d'adopter un mode de vie marqué par le bon ton, le goût de la modération, le bon sens et l'amour du travail.

Il n'est guère étonnant que, dès les années 1820, Villemain exalte la notion d'"aristocratie de l'intelligence", car la bourgeoisie exerce une mainmise sur l'enseignement secondaire et supérieur depuis l'institution de l'Université Impériale en 1808[32]. On ne saurait trop insister sur la valeur de "classe" propre à l'éducation à cette époque. Elle gouverne, en un mot, le principe de sélection sociale dans la France du XIXème siècle, comme l'a fort bien vu E. Goblot:

> Le lycée fait (de la bourgeoisie) une institution légale... Le baccalauréat, voilà la barrière sérieuse, la barrière officielle et garantie par l'Etat, qui défend contre l'invasion... la mobilité sociale se fait donc grâce à l'acquisition de ce "titre" de classe: le baccalauréat[33].

On comprend la primauté du latin chez des lycéens se préparant à leur rôle de futurs notables et l'importance de la notion de culture générale, c'est-à-dire, l'idéal d'une formation intellectuelle désintéressée et le goût de l'abstraction chez les gens "cultivés" du XIXème siècle. L'enseignement littéraire exalte la supériorité des études classiques, ceci afin de créer une barrière entre les héritiers de la culture et les "autres". Dans la mesure où cet enseignement méprise les connaissances techniques et le travail manuel propres aux ouvriers et aux artisans, il destine la direction culturelle et idéologique de la France à l'élite bourgeoise. Une telle division du travail procède de la nouvelle division sociale qui trouve son origine dans l'importance du baccalauréat; la plainte d'E. Boutmy est, à cet égard, significative: "On a créé sans s'en douter une caste privilégiée, et, ce qui est plus grave, on n'a pas de garantie que ce privilège soit mieux justifié que celui de l'ancienne, et que la société, le pays, l'Etat aient vraiment gagné au change"[34]. Le lycée apparaît alors comme le temple de la légiti-

---

[32] A. Daumard 351; voir aussi, sur ce point, F. Ponteil, *Les Classes bourgeoises et l'avènement de la démocratie, 1815-1914* (Paris: Michel, 1968) 15.

[33] *La Barrière et le niveau* (Paris: PUF, 1967) 86.

[34] *Le Baccalauréat et l'enseignement secondaire* (Paris: Colin, 1899) 20-21.

mité des aspirations sociales chères à la classe intellectuelle, et le rapport entre les examens et l'accès aux professions libérales (médecine, magistrature, droit) illustre à merveille l'efficacité de la notion de "privilège" bourgeois au XIXème siècle.

Afin de se faire une idée exacte de l'évolution remarquable de la bourgeoisie française à cette époque, il convient de tenir compte des distinctions qui s'imposent au sein de cette catégorie sociale. La petite bourgeoisie des affaires — artisans, boutiquiers, rentiers — se livre au *cursus honorum* et voit dans la promotion sociale l'accès à la culture de l'élite. La grande bourgeoisie, elle — notaires, banquiers, gros industriels — s'enorgueillit de son capital économique et social et veille à transmettre à ses fils une position déjà acquise. A cette opposition économique entre la petite bourgeoisie des "couches nouvelles", avide de réussir, et celle de la riche bourgeoisie des parvenus s'ajoute une distinction socio-culturelle entre la bourgeoisie républicaine qui s'est constituée autour de l'Ecole entre 1873 et 1914, et la grande bourgeoisie réactionnaire qui s'est rassemblée autour de l'Eglise entre 1830 et 1848. L'enseignement secondaire spécial, créé par V. Duruy en 1867, filière "moderniste" fondée sur les langues vivantes plutôt que sur le latin et s'adressant aux fils issus de la petite bourgeoisie d'affaires, n'a jamais pu atteindre, même au sein du XIXème siècle, le prestige communément associé à l'enseignement secondaire traditionnel. Enfin, prise dans un sens global, la bourgeoisie conquérante et triomphante jusqu'aux années 1870 fait place à une bourgeoisie plus menacée dans le dernier quart du siècle. Face à la montée simultanée de la classe ouvrière, du syndicalisme et du socialisme, cette bourgeoisie finit par se replier sur elle-même en s'identifiant aux valeurs littéraires traditionnelles. Mue par une mentalité pré-industrielle, la bourgeoisie de la Troisième République éprouve le besoin de s'en tenir aux valeurs périmées d'un monde figé[35]. Elle se réfugie dans un passé lui permettant d'oublier la place qu'elle occupe dans l'évolution historique — d'où la permanence des modèles culturels chez les notables. A la recherche des "placements sûrs", la vaste majorité des rentiers adhère, de même, à des "valeurs sûres": on a affaire à une forme d'investissement qui, fondée sur l'idéal de préservation des biens, cadre

---

[35] "Les études désintéressées de (l'enseignement secondaire)... ne préparent pas au monde réel de la technique et de l'économie;... la bourgeoisie française... dans le temps même de la Révolution industrielle, reste fidèle à l'idéal des bourgeois du XVIIIème siècle de vivre 'noblement', c'est-à-dire, en honorant les loisirs" (L.-H. Parias, éd., *Histoire du peuple français* [Paris: Nouvelle Librairie de France, 1967] v, 190).

mal avec une économie dynamique. Tout se passe, enfin, comme si la bourgeoisie se définissait par la sous-production ou, mieux encore, par un certain mythe de l'improductivité, phénomène que J. Dubois examine avec netteté:

> (L'improductivité) correspond, pour la classe qui gère la production, à un idéal de loisir, de vie ludique et esthétique par lequel cette classe va se donner des lettres de noblesse... la pratique littéraire est perçue et vécue comme non fonctionnelle[36].

La formation de l'idéologie bourgeoise est intimement liée à l'image dans laquelle cette classe se plaît à se voir depuis le début du siècle[37]. Correspondant à l'idéologie de Louis-Philippe, la morale du juste milieu se caractérise par les valeurs d'ordre, d'épargne, de probité, de sainteté du devoir et de conscience civique — qui prend la forme d'une soumission aux lois — ainsi que par le souci de la distinction, que W. Sombart définit comme la nécessité de "vivre correctement"[38]. L'identification bourgeoise par rapport à l'usage "correct", qui se manifeste par la prolifération, à partir des années 1830, des manuels de savoir-vivre et la mise en évidence des signes de reconnaissance que partagent les membres de cette classe — la déclamation de vers connus, appris à l'école comme forme de ralliement à une culture lettrée, la connaissance du latin, le bon goût vestimentaire, la nécessité de posséder un certain mobilier (un piano au salon est de rigueur) — soulignent la liaison entre l'élitisme social et l'élitisme moral dans une classe qui se laisse diriger par un idéal de mobilité sociale de plus en plus évident. Enfin, la connaissance exacte de ce qui est correct

---

[36] *L'Institution de la littérature* (Brussels: Labor, 1978) 23.

[37] L'idéal du bourgeois laborieux et économe, la liaison entre les valeurs éthiques et une sagesse proprement économique relèvent des écrits de B. Franklin, qui ont connu un succès réel en France dans la première moitié du xixème siècle, comme le montre fort justement R. Rémond:

> Sage des temps modernes, (Franklin) est le Socrate d'une société bourgeoise. Sa sagesse canonise les vertus qui ont fait la grandeur matérielle et morale de la bourgeoisie et dont la pratique reste indispensable si elle veut poursuivre son ascension: l'économie, la prévoyance, le travail... moralité domestique dépouillée de tout sentiment religieux. La morale de Franklin propose comme idéal l'enrichissement;... cette justification morale de la richesse, c'est la nouveauté la plus notable de la morale de Franklin ("La Morale de Franklin et l'opinion française sous la Monarchie censitaire", *Revue d'Histoire Moderne et Contemporaine* 7 [1960] 209-210).

[38] *Le Bourgeois* (Paris: Payot, 1966) 121.

relève d'une éthique économique; faire preuve à tout moment de bon goût, c'est savoir illustrer en toute circonstance l'idéal de la mesure, que Brunetière illustre avec bonheur par une métaphore économique:

> ... à côté de la vertu d'épargne, (figure) la vertu éminemment bourgeoise, éminemment francaise par surcroît, de la *mesure*. Qu'est-ce que la mesure? Une combinaison pleine de tact, entre la nécessité et les convenances. Le bourgeois... ne dépensera jamais plus qu'il n'est nécessaire, jamais moins qu'il n'est décent[39].

On peut, dès lors, faire le bilan de l'apport de la bourgeoisie à la société française du XIXème siècle. Il est permis de se reporter à E. Maneuvrier et à sa vision quelque peu dithyrambique du triomphe de cette classe; ce dernier se fait le thuriféraire des vertus bourgeoises dont l'influence sur les institutions de la France a été bénéfique[40]. Une telle perspective suppose, de toute évidence, l'existence d'une mission éducatrice de la bourgeoisie auprès des couches populaires, cette classe se percevant comme l'allié naturel, et non l'oppresseur, du peuple. Or, C. Bigot, lui, s'inscrit en faux contre cette vision idéalisée des choses. Quoique des oeuvres de bienfaisance aient été entreprises auprès du peuple, il s'agissait de le moraliser par les vertus proposées en modèles; la bourgeoisie rappelle sans cesse au peuple ses devoirs: obéissance, docilité, respect...; et ne cesse de proclamer ses mérites, ceci afin de justifier sa prééminence sociale. C. Bigot met en relief, en fin de compte, l'échec de la bourgeoisie à se constituer en modèle de valeurs morales aux yeux du peuple[41]. Quoi qu'il en soit, la prise en charge de la société française par la bourgeoisie du siècle dernier, comporte de multiples valeurs idéologiques qui donnent la mesure de la complexité réelle de cette époque:

> ... foi dans la science, anticléricalisme, volonté de séculariser l'enseignement et la politique, de dégager l'Etat de toute influence de l'Eglise,

---

[39] Cité par R. Johannet, dans *Eloge du bourgeois français* (Paris: Grasset, 1926) 122-123.
[40] "Quelle épopée vaut l'histoire de cette classe moyenne, qui depuis des siècles n'a cessé de grandir, et qui... de rien, a fini par devenir tout." E. Maneuvrier fait ressortir la légitimité de cette conquête de l'appareil étatique par la bourgeoisie; il entreprend une justification de sa longue ascension historique: "... tant de services rendus, dans le gouvernement, les armées, l'industrie, le commerce, les lettres, les sciences, les arts... ont... pleinement justifié cet avènement de la bourgeoisie qui n'est autre chose que l'avènement du peuple même" (E. Maneuvrier 379).
[41] *Les Classes dirigeantes* (Paris: Charpentier, 1875) 301.

apologie de la démocratie représentative, patriotisme... défense de la propriété privée, l'héritage en somme des Lumières et de la Révolution[42].

En mettant en évidence quelques-unes de ces valeurs, nous nous proposons d'esquisser, dans les pages suivantes, un tableau de l'univers social des bourgeois du XIXème siècle, c'est-à-dire, l'ensemble des normes de comportement définies, légitimées et intériorisées par le processus de socialisation que constitue l'enseignement secondaire.

La politique de laïcité

Si l'éveil du nationalisme a coïncidé avec la formation d'une idéologie bourgeoise, notamment à partir de la mise en place de l'Ecole républicaine, il n'en demeure pas moins que la politique de laïcité a bel et bien représenté une des dimensions fondamentales du républicanisme français du XIXème siècle. Il est même permis d'avancer que, de par sa virulence et de par sa signification politique, la querelle scolaire du siècle dernier apparaît comme l'équivalent moderne de la querelle religieuse du XVIème siècle, ainsi que le laisse entendre F. Pécaut:

> L'oeuvre de sécularisation morale que (les sociétés catholiques) n'ont pas accompli au XVIème siècle par voie de réforme ecclésiastique ou religieuse, elles tentent de la faire par voie de réforme scolaire[43].

A vrai dire, bien que la volonté de laïciser l'appareil de l'Etat date du règne de Louis XIV[44], ce n'est qu'à la suite de la Révolution qu'elle prend toute son ampleur. L'école laïque et l'école congréganiste mènent, surtout à partir des années 1870, une lutte perpétuelle, lutte qui trouve une résolution officielle dans la séparation définitive de l'Eglise et de l'Etat en 1905. Il convient de souligner le caractère com-

---

[42] J.-P. Azéma et M. Winock, *La IIIème République* (Paris: Calmann-Lévy, 1976) 186.

[43] Cité par L. Capéran 259.

[44] Selon Y. Lequin, il existe une téléologie laïque "... destinée à renforcer la source de toute lumière en régime démocratique: l'Etat. On ne s'expliquerait sans doute pas sans cela le succès tout particulier du 'Grand Siècle' auprès d'esprits aussi peu suspects de complaisance à l'égard de la monarchie absolue. Louis XIV fraie, sans le savoir, la voie à MM. Jules Grévy ou Edouard Herriot: il laïcise l'Etat" (*Histoire des Français, XIX-XXème siècles* [Paris: Colin, 1984] III 275).

batif, voire militant des défenseurs de l'idée laïque en France pendant ces années, ceux-ci se fondant sur le culte du libéralisme issu des principes de 1789. On pourrait parler d'une dimension évangéliste prise par la laïcité, car on a affaire à une nouvelle foi qui condamne l'Eglise comme force obscurantiste, destinée à disparaître dans la nouvelle société républicaine. Plus précisément, le cléricalisme, dans la mesure où il représentait un vestige fâcheux de l'Ancien Régime, était considéré par les républicains comme le plus grand facteur de désordre social. Ainsi Jules Ferry part-il en guerre contre les dangers du jésuitisme et sa redoutable efficacité sociale, et non contre ceux du catholicisme. Selon lui, le principe de laïcité apparaît comme le fondement même de l'indépendance de l'Etat moderne:

> Ferry entendait bien que l'école laïque fût l'instrument d'une nouvelle unité spirituelle et morale du peuple français, indépendamment de toute référence chrétienne, et, qu'elle serait la formatrice de citoyens dévoués à la République, en même temps que respectueux et reconnaissants envers la bourgeoisie, armature essentielle du régime[45].

Si nous insistons sur la position défensive de la Troisième République à ses débuts, c'est qu'elle est aux prises avec un cléricalisme toujours menaçant. D'où la formation des groupes de pression voués à l'idéal de laïcité, telle que la Ligue de l'enseignement qui, entre 1865 et 1885, veille contre le danger d'une résurgence du pouvoir clérical. Après tout, depuis la promulgation de la Loi Falloux en 1850, assurant le statut privilégié de l'enseignement confessionnel au cours du Second Empire, la plupart des familles bourgeoises bien-pensantes confient l'éducation de leurs fils à l'Eglise, jugée plus apte à empêcher la formation d'une idéologie "subversive" issue de la Révolution

---

[45] P. Chevallier, *La Séparation de l'Eglise et de l'Ecole. Jules Ferry et Léon XIII* (Paris: Fayard, 1981) 424. Il convient de signaler à ce sujet l'énorme popularité du *Tour de la France par deux enfants* au début de la Troisième République, manuel qui a représenté une véritable bible de l'enseignement laïque pour des générations d'écoliers. Leçons d'histoire civique et de géographie vivante, apologie de l'industrie moderne, exaltation de l'unité nationale et d'une morale terrienne, ce livre scolaire synthétise à lui seul les traits constitutifs d'une nouvelle conception de la citoyenneté républicaine. Il est par ailleurs significatif que l'édition révisée de ce manuel, parue en 1906, juste après la loi de séparation de l'Eglise et de l'Etat, supprime toute référence à Dieu, que ce soit par l'élimination physique du crucifix (82) ou bien par la transformation de l'interjection "Mon Dieu" en "Hélas", expression édulcorée et, dès lors, pédagogiquement acceptable.

de 1848. On comprend, dans cette perspective, qu'à partir des années 1880, l'Ecole républicaine, afin de gagner la clientèle bourgeoise au niveau de l'enseignement secondaire, se trouve obligée d'assurer à ces mêmes familles une éducation morale particulièrement rigoureuse. Telle qu'elle est formulée par Jules Ferry, la conception de "neutralité" scolaire vise à dégager de l'ensemble des religions des dénominateurs communs d'ordre éthique et à faire respecter, dans un esprit oecuménique, toutes les croyances: "la bonne vieille morale de nos pères", formule qui lui est chère, constitue, à en croire L. Capéran, l'équivalent de "l'antique tradition spirituelle du peuple français"[46]. Un des principaux soucis des républicains tels que Buisson, Lavisse, Pécaut et Ferry, inspirés, à des degrés divers, par les principes du protestantisme libéral[47], consiste à dépasser l'étroitesse de la morale confessionnelle afin de transmettre les valeurs d'un moralisme hérité de Kant depuis l'école primaire jusqu'à l'Université, en passant par le lycée et le collège.

L'Ecole républicaine attache, on le sait, une valeur primordiale à la notion de mission et de vocation pédagogiques. A cet effet, l'esprit laïc, tout en fondant l'unité idéologique de l'Etat, postule une nouvelle conception du savoir, marquée, elle, par la sacralisation d'une culture nationale qui va, dès lors, prendre la relève des vérités religieuses. On ne saurait trop insister sur l'importance de cette valorisation religieuse dont la culture est chargée:

> La Culture est un domaine quasi sacré, dans lequel l'homme célèbre, par des rites divers, le culte de l'Humanité. L'éducation culturelle est toujours quelque peu une "éducation cultuelle"[48].

Il n'est guère exagéré de parler ici d'un renouveau de la sacralité au XIXème siècle, sacralité en l'occurrence laïque, dans la mesure où elle opère une transmission symbolique des valeurs de la culture. Le nouveau "clergé" républicain va s'efforcer d'ériger un "culte de la culture" en transformant les pratiques cultuelles — c'est-à-dire, les leçons

---

[46] L. Capéran 257.

[47] C'est ainsi que G. Duveau définit le rôle important joué par le kantisme auprès des Protestants libéraux et, par la suite, au niveau de l'enseignement secondaire et même à tous les autres niveaux de l'Ecole républicaine: "Dans le Secondaire, on assiste plutôt à une floraison de la pensée kantienne… Le professeur de philosophie déserte Descartes pour se mettre à l'école de Kant" (*Les Instituteurs* [Paris: Seuil, 1966] 118).

[48] B. Charlot, *La Mystification pédagogique: réalités sociales et processus idéologiques dans la théorie de l'éducation* (Paris: Payot, 1976) 45.

du catéchisme — en pratiques culturelles, fondées essentiellement sur le patrimoine français[49]. Ainsi, le musée en vient à incarner un nouvel espace sacré, et la constitution du "canon" littéraire au niveau de l'enseignement secondaire s'appuie sur un impératif religieux, le terme évoquant le canon biblique des textes sacrés. Constatant l'affaiblissement de la religion, A. Fouillée propose d'y substituer le culte des lettres, des arts et de la philosophie. D'après lui, "les lettres sont devenues peu à peu, et aujourd'hui sont presque seules les institutrices des vertus publiques nécessaires à la grandeur des peuples"[50]. On reconnaît là, la conception voltairienne de l'écrivain comme "législateur des moeurs" et, par extension, la notion de sacerdoce, de sainteté laïque qui trouve une parfaite expression dans le réflexe commémoratif propre à l'Ecole républicaine: grâce à la mise en place de l'Eloge par la culture académique, on célèbre le grand homme "... que l'on met plus ou moins consciemment à la place du Saint"[51]. Les lettres finissent, de la sorte, par devenir les véritables institutrices de la conscience morale de la France. Il n'est pas indifférent que Durkheim, fondateur de la sociologie moderne, discipline relevant des "humanités scientifiques" et constituant la science morale la plus apte à transmettre la philosophie laïque dans l'Université française, préconise un idéal pédagogique se donnant pour tâches le dévouement et le sacrifice. En fait, dans un passage qui sert à justifier la désaffection d'un Gendarme de Bévotte ou d'un Lavisse à l'égard de leur expérience scolaire, le sociologue dénonce le misonéisme inhérent à l'enseignement secondaire en France:

> ... l'organisation pédagogique nous apparaît comme plus hostile au changement, plus conservatrice, et traditionnelle peut-être, que l'église elle-même, parce qu'elle a pour fonction de transmettre aux générations nouvelles, une culture qui plonge ses racines dans un passé éloigné[52].

---

[49] Selon C. Bigot, l'Ecole remplit une évidente fonction culturelle dans la société, fonction qui va permettre l'avènement de l'âge républicain en France. L'Ecole doit "... développer le goût des arts et le sentiment de l'admiration. Les conférences, les expositions, les concerts, voilà les véritables églises de l'humanité moderne" (*Les Classes dirigeantes* 239).
[50] Cité par T. Ferneuil dans *"L'Enseignement au point du vue national* par M. A. Fouillée", *Revue Internationale de l'Enseignement* 21 (1891) 220.
[51] P. Bénichou, *Le Sacre de l'écrivain, 1750-1830. Essai sur l'avènement d'un pouvoir spirituel laïque dans la France moderne* (Paris: Corti, 1973) 239.
[52] *L'Evolution pédagogique en France* (Paris: Alcan, 1938) I, 6-7.

La codification d'un savoir laïc a pour corollaire la valorisation des sciences telles que l'histoire et la sociologie, seules susceptibles d'engendrer les valeurs morales et sociales propres à l'âge moderne[53]. Evoquer ici le culte de la science au XIXème siècle, c'est nécessairement tenir compte du rôle capital joué par le positivisme d'A. Comte dans l'élaboration de la politique de laïcité. Soucieux de véhiculer les valeurs de la Révolution, telles que la bonté de la nature humaine et l'efficacité de la raison, le positivisme prône la libération intellectuelle de l'homme grâce aux Lumières et rejoint par là la mission pédagogique des républicains. La science positive exalte ces facteurs du progrès en ce sens qu'ils vont permettre à la France d'entrer dans le monde moderne. L'attachement exclusif aux faits marque toutes les disciplines modernes; les valeurs positives — voir "la loi des trois états" — doivent donc régner dans l'univers scolaire. En ce qui concerne l'enseignement littéraire, l'oeuvre est envisagée, selon cette approche, sous forme de document qu'il convient de fouiller, d'où la notion d'une archéologie des faits littéraires. Comme on le verra, la démarche positiviste aboutit à la transposition des méthodes expérimentales dans l'étude des lettres, et notamment dans la pratique de l'explication de textes. Enfin, si les progressistes du siècle dernier, tels Littré et Ferry, souscrivent à la croyance d'une morale universelle, c'est des positivistes qu'ils s'inspirent, cette morale se voulant libérée des illusions théologiques, voire de tout dogme religieux:

> Les conceptions des religions révélées... sont reconnues incompatibles avec les exigences de la "science" moderne... La théologie sera remplacée par la sociologie, ou connaissance de l'Humanité[54].

La quête de la morale marquant le positivisme, et prenant la relève de la recherche du bonheur au XVIIIème siècle, contribue de manière

[53] Le positivisme de Comte suppose une philosophie de l'histoire ou, plus précisément, une esquisse de la formation culturelle de la France. Il postule que l'humanité se trouve au seuil du monde moderne, c'est-à-dire, à l'âge positif; c'est à la science qu'incombe la responsabilité d'expliquer et d'agir sur la réalité. Au demeurant, le positivisme comtien privilégie le culte documentaire des faits, qu'il convient d'inventorier, et attache une valeur scientifique à la datation; il souligne, enfin, le rôle du déterminisme dans la constitution des "sciences humaines", à savoir, l'histoire et la sociologie.

[54] F. Mayeur, "De la Révolution à l'Ecole républicaine", dans *Histoire générale de l'enseignement et de l'éducation en France* (Paris: Labat, 1981) 524-525.

significative, on le sait, à l'idéal de reconstruction nationale cher à l'Ecole républicaine et, par là-même, aux principes de démocratie républicaine.

L'avènement d'une "démocratie" républicaine

Afin d'assurer de façon définitive l'autonomie d'un pouvoir spirituel laïc, l'Ecole républicaine exalte l'idéal démocratique comme valeur fondamentale. La démocratisation progressive de la société française, voilà le moyen le plus sûr de permettre à l'Etat de s'affranchir de la tutelle cléricale et de faire entrer la France dans l'ère moderne. En fait, les lois de Jules Ferry constituent, à proprement parler, une tentative de démocratisation pédagogique dans la mesure où l'inégalité représente, à ses yeux, un des derniers vestiges de l'Ancien Régime et de loin le plus redoutable:

> Le siècle dernier et le commencement de celui-ci ont anéanti les privilèges de la propriété, les privilèges et les distinctions de classes... l'inégalité d'éducation... c'est le problème du siècle[55].

Issus de la vision optimiste sous-jacente à l'idée des droits de l'homme et du citoyen, les principes démocratiques communément admis par les républicains peuvent se résumer à une croyance en l'humanitarisme, à l'idée de progrès, à une volonté de promotion sociale (notamment de la part des "classes laborieuses"), à une notion de citoyenneté active supposant l'engagement du peuple au bien de la nation; à ceci s'ajoute enfin la doctrine de solidarité, idéal cher aux républicains "radicaux", tel Durkheim. C'est par la formation des futurs citoyens de la République que la démocratie peut aboutir à l'union sinon à la fusion des classes.

L'éducation fournit, à n'en point douter, la justification suprême du régime égalitaire instauré par la Troisième République et sa mission ultime. Nombreux sont ceux qui insistent sur la nécessité d'adapter une haute culture intellectuelle et morale aux besoins de la

---

[55] F. Mayeur, "De la Révolution à l'Ecole républicaine" 527. L'idéalisme républicain en matière de politique scolaire trouve des points d'appui au xviiième siècle chez Danton — "L'éducation, après le pain, est le premier besoin du peuple" — et au siècle suivant chez Proudhon — "... gouverner le peuple, c'est instruire le peuple; *démocratie*, c'est *démopédie*".

démocratie[56]. Pour maints esprits, en effet, l'avenir même de la démocratie dépend du développement de l'enseignement supérieur et, plus particulièrement, d'une mise en question des fonctions traditionnelles de la lecture et de l'écriture au sein de la société. C'est dans cette perspective qu'il convient de situer les revendications de Lanson en faveur de la nouvelle place accordée à l'histoire littéraire dans l'enseignement supérieur, car l'Université française des années 1880 est obligée, selon lui, de promouvoir un patrimoine culturel de moins en moins connu. Les finalités socio-politiques de la nouvelle pédagogie sont telles que cette pédagogie doit s'adresser à l'"électeur de demain"; il s'agit, en dernier ressort, d'un "acte de propagande démocratique et social"[57]. Il est tout aussi évident qu'une telle vision pédagogique n'est pas dépourvue d'élitisme, comme le laissent entendre les propos d'E. Maneuvrier:

> L'oeuvre urgente, l'oeuvre démocratique par excellence, est donc la régénération de nos systèmes d'éducation aristocratique. Pour réformer une armée, il faut songer tout d'abord à ses cadres; de même, on doit commencer à faire la démocratie par le haut[58].

Un des traits saillants de l'Ecole républicaine, c'est, de toute évidence, le décalage entre les principes d'égalitarisme démocratique et l'élitisme de la nouvelle caste dirigeante, décalage qui fait ressortir le prestige social attaché aux modèles culturels véhiculés par l'enseignement secondaire et, enfin, la primauté du travail intellectuel sur le travail manuel.

L'enseignement du français

Si l'on admet que tout enseignement relève d'une discipline donnée — d'où la nécessité pour les "élèves-disciples" de se soumettre aux instances réglementaires d'un savoir particulier — il convient de s'inter-

---

[56] Selon l'optique de Jules Ferry, la mission des humanités au sein d'une démocratie s'impose avec netteté, à tel point que l'on peut se demander si sa conception de l'humanisme ne relève pas d'une idéologie impérialiste qui n'est guère étrangère à la politique d'expansion culturelle chère à l'Alliance française: "C'est par la grande culture intellectuelle que les démocraties grandissent et conquièrent leur place au soleil" (cité par E. Lintilhac dans "La Réforme de 1902", *Revue Internationale de l'Enseignement* 65 [1913] 340).

[57] J. Toutain, "L'Enseignement du français", *Revue Internationale de l'Enseignement* 63 (1912) 263.

[58] E. Maneuvrier 381. La remarque de S. Citron s'inscrit dans cette même perspective: "Dans l'idéologie républicaine, l'idée de démocratie est inséparable de celle d'élite

roger sur la constitution formelle des disciplines vers la fin du XIXème siècle, c'est-à-dire, leur découpage au sein des sciences humaines telles que nous les connaissons encore aujourd'hui. On sait la relative importance de l'éducation (la pédagogie) comme discipline privilégiée[59], de la sociologie durkheimienne comme science morale, et de la philologie et de l'archéologie qui, par leur valorisation de l'étude des sources, représentent tout au long du siècle les entreprises de la reconstruction française. Mais c'est avant tout le tronc commun des disciplines littéraires, c'est-à-dire, l'histoire, la philosophie et le français, qui en viennent à incarner les nouveaux savoirs canoniques de l'Université française. Nous avons déjà évoqué la conception héroïque propre à l'historiographie républicaine et, dans la mesure où elle atteint un statut scientifique par la mise en valeur d'une méthode, l'Histoire constitue bel et bien la discipline maîtresse des sciences humaines. Toutefois, il ne faut pas perdre de vue que l'histoire et la philosophie se rattachent essentiellement à un enseignement littéraire, et représentent, à des degrés divers, des branches de la littérature[60]. Cela dit, il va de soi qu'une compréhension satisfaisante de la notion de "formation" littéraire au XIXème siècle doit reposer sur un examen de l'enseignement du français à tous les niveaux scolaires.

Selon les analyses de R. Balibar, l'institutionnalisation d'un "français national" relève d'une entreprise républicaine dont l'enjeu consiste à faciliter pour tous l'accès à la langue maternelle. Etant donné la démocratisation et l'universalisation du français dès 1789[61], l'unité linguistique de la France constituait un objectif politique de premier ordre. On sait que, encore vers 1850, la multiplicité des patois, des dialectes et des langues autonomes comme le breton ou le basque est telle que la plupart des élèves à l'école primaire envisage le français

---

dirigeante: la 'démocratie' s'accomplit dans l'acte d'ouvrir l'élite à une fraction plus large de la nation" ("Enseignement secondaire et idéologie élitiste entre 1880 et 1914", *Le Mouvement Social* 96 [1976] 86).

[59] A. Compagnon va jusqu'à définir cette discipline comme "... la théologie de la nouvelle Sorbonne" (*La Troisième République des lettres* [Paris: Seuil, 1983] 87).

[60] Le statut mal défini des littéraires, qui existe encore de nos jours, procède de l'ampleur de l'enseignement des lettres au milieu du xixème siècle, marqué par une certaine indistinction des disciplines. Aux dires de J. Onimus, le professeur de lettres est à la fois historien, moraliste, psychologue et critique (*L'Enseignement des lettres et la vie* [Paris: Desclée de Brouwer, 1965] 135).

[61] R. Balibar considère l'instruction linguistique au xixème siècle comme "... droit et... devoir civiques inscrits dans la Constitution" (*L'Institution du français* [Paris: PUF,

comme une langue littéraire; la francisation d'un peuple linguistique-
ment hétérogène ne saurait donc s'accomplir sans une politique du
langage qui privilégie une formation grammaticale commune à tous
les jeunes Français ou, selon une formule heureuse, "la grammatisa-
tion de masse républicaine"[62]. Ainsi, l'enseignement primaire du français vise à former des citoyens capables de participer aux institutions
politiques de la Troisième République et, par suite, de bénéficier des
possibilités de promotion sociale. Chose plus importante, peut-être,
l'apprentissage du français en tant que langue nationale est perçu
comme une obligation morale parfaitement indispensable à la formation du Français moyen. C'est ainsi qu'A. Chervel définit la grammaire scolaire du XIXème siècle comme "... un catéchisme linguistique, car elle se donne comme une vérité absolue..."[63]. Evoquer la
grammaire scolaire de cette époque, c'est nécessairement mettre en
cause une pédagogie essentiellement directive, voire "corrective". Dans
cette perspective, A. Chervel met en évidence une analogie d'ordre
méthodologique entre cette pratique grammaticale et l'enseignement
des *Fables* à l'école primaire entre les années 1820 et 1850. Il s'agit,
en effet, de présenter à l'élève une récitation correcte des règles du
petit Lhomond et des oeuvres de La Fontaine[64]. On voit, par là, que
l'apprentissage systématique des lettres s'insère dans un enseignement
littéraire essentiellement normatif: "faire ses lettres", c'est acquérir une
compétence linguistique qui permet à l'élève d'atteindre au statut de
"lettré".

L'enseignement du français au niveau secondaire prend, de même,
au cours du siècle, un aspect dogmatique. Tantôt les professeurs font
des cours où la présentation des faits côtoie celle des jugements que
les élèves doivent réciter — comme l'atteste P. Clarac[65] — tantôt ils

1985] 179). D. Maingueneau, de son côté, définit en ces termes l'enjeu idéologique
des révolutionnaires en matière de langue: "(il s'agit d'un)... véritable conflit pour
la conquête du pouvoir symbolique: par sa politique en matière de langue, l'intelligentsia révolutionnaire entend réformer les structures mentales traditionnelles, censées
liées à l'existence de patois, pour faire reconnaître sa seule langue comme légitime.
C'est un seul et même mouvement qui impose légitimité politique et linguistique"
(*Les Livres d'école* 241).

[62] R. Balibar, *L'Institution du français* 152.
[63] *Et il fallut apprendre à écrire à tous les petits Français* (Paris: Payot, 1977) 27.
[64] *Et il fallut apprendre à écrire* 146. Voir appendice.
[65] *L'Enseignement du français* (Paris: PUF, 1964) 33.

apparaissent comme des "redresseurs de torts" qui excellent à signaler les erreurs de jugement des élèves. Selon une pédagogie linguistique soucieuse avant tout d'éviter les incorrections, on érige en modèle le bon usage de la langue dont fait preuve l'élève de français. Ainsi, la dictée — première expérience scolaire de l'élève subordonné à la parole du maître[66] — sert à contrôler, et ceci jusqu'à la fin de la classe de troisième, l'apprentissage du français écrit alors que la récitation fait valoir les qualités de diction propres à chaque élève. On peut donc avancer que la pratique de la dictée renforce les qualités introverties de l'élève tandis que l'art de la récitation exalte la dimension extravertie de ce dernier. Par ailleurs, les deux pratiques supposent, on le voit, un idéal de perfection linguistique par le biais de modèles prescriptifs, un culte de la langue considérée comme bien national; elles sont de plus liées à la formation de la personnalité de l'élève car, commettre une "faute" de français, une impropriété grammaticale, c'est faire preuve d'une "faute" de goût, voire d'inélégance morale. Dans ce même ordre d'idées, on peut évoquer les conseils méthodologiques dispensés par Dupanloup aux classes de cinquième: "Sévérité inflexible

---

[66] Il convient d'évoquer ici la fameuse dictée que Mérimée a soumise à la cour de Napoléon III, devenue par la suite, jusqu'aux années 1960, l'exercice scolaire par excellence, redouté des élèves qui se trouvaient obligés de maîtriser toutes les subtilités de l'orthographe et de la grammaire du français:

> Pour parler sans ambiguïté, ce dîner à Sainte-Adresse, près du Havre, malgré les effluves embaumés de la mer, malgré les vins de très bons crus, les cuisseaux de veau et les cuissots de chevreuil prodigués par l'amphitryon, fut un vrai guêpier.
> Quelles que soient et quelque exiguës qu'aient pu paraître, à côté de la somme due, les arrhes qu'étaient censés avoir données à maint et maint fusilier subtil la douairière et le marguillier, bien que lui ou elle soit censée les avoir refusées et s'en soit repentie, va-t'en les réclamer pour telle ou telle bru jolie par qui tu les diras redemandées, quoiqu'il ne te siée pas de dire qu'elle se les est laissé arracher par l'adresse des dits fusiliers et qu'on les leur aurait suppléées dans toute autre circonstance ou pour des motifs de toutes sortes.
> Il était infâme d'en vouloir pour cela à ces fusiliers mal bâtis et de leur infliger une raclée, alors qu'ils ne songeaient qu'à prendre des rafraîchissements avec leurs coreligionnaires. Quoi qu'il en soit, c'est bien à tort que la douairière, par un contresens exorbitant, s'est laissé entraîner à prendre un râteau et qu'elle s'est crue obligée de frapper l'exigeant marguillier sur son omoplate vieillie.
> Deux alvéoles furent brisés, une dysenterie se déclara, suivie d'une phtisie.
> "Par saint Martin, quelle hémorragie!" s'écria ce bélître. A cet événement, saisissant son goupillon, ridicule excédent de bagage, il la poursuivit dans l'église tout entière.

pour toute faute d'orthographe;... insister sur les règles de la ponc-
tuation et leur application"[67]. Quoique les recommandations de
Dupanloup s'appliquent à l'enseignement confessionnel, l'analyse que
fait A. Chervel de la grammaire scolaire au XIXème siècle s'avère
tout aussi valable pour l'enseignement laïc:

> (La grammaire scolaire exerce) une fonction de normalisation, de stan-
> dardisation, par l'exigence d'une soumission à une règle unique pour
> tous... (il s'agit d'une) fonction répressive... Ecole sévère de discipline,
> d'obéissance, apprentissage du respect des dogmes et du sens de la hié-
> rarchie... (La grammaire scolaire vise enfin à) enfermer l'élève dans
> la classe, (à) discipliner les plumes et les esprits, (à) normaliser les indi-
> vidus et leur langage[68].

Tout porte à croire que l'enseignement du français s'apparentait à
une discipline militaire, et la création des "bataillons scolaires" dans
les écoles primaires françaises, chargées de la revanche morale après
1870, prend ici tout son sens[69].

Saisir l'enseignement du français au XIXème siècle dans toute son
ampleur, c'est faire état de la cohabitation de cette langue avec le latin.
Lors de la première moitié du siècle, en effet, l'enseignement du français ne se distingue guère, au niveau secondaire, de celui des langues
anciennes; jusqu'aux années 1850, le français scolaire est calqué sur
le modèle latin: les deux langues font partie de l'horaire commun de
l'enseignement classique. Le latin est perçu comme un outil pédagogique, une sorte de médiation culturelle permettant une connaissance
supérieure du français. Le processus par lequel l'étude des langues
anciennes s'est subordonnée à la langue nationale s'insère dans les
finalités de l'Ecole républicaine qui, par les réformes de Jules Simon
(1872) et de Jules Ferry (1880), et par la constitution de l'enseigne-

---

[67] *De la haute éducation intellectuelle* (Paris: Douniol, 1866) III, 542. La formule de Duruy
évoque aussi la boutade: "Dis-moi comment tu ponctues, je te dirai comment tu
penses".

[68] *Et il fallut apprendre à écrire* 281.

[69] Dans une mise en garde contre l'esprit d'engourdissement qui risque d'envahir
les écoles primaires, E. Anthoine compare l'exaltation que doit susciter le maître
d'école à celle du soldat: "Debout, maîtres et maîtresses! Levez-vous éveillés; lisez,
travaillez pour vous-mêmes, ajoutez à vos connaissances, intéressez-vous à votre
tâche!; efforcez-vous de faire toujours mieux; entretenez votre intelligence comme
le soldat entretient son arme, point rouillée, prête à l'action, nette et claire, affilée
et tranchante" (*A travers nos écoles* [Paris: Hachette, 1887] 41).

ment secondaire moderne (1890), érige le français en discipline autonome. Alors que le latin est généralement associé à l'Eglise et à une époque révolue, le français représente, lui, la langue scolaire par excellence; il incarne la "langue sacrée" des temps modernes et il en vient en quelque sorte à symboliser l'avenir. C'est dans ce contexte qu'il convient de situer les propos du ministre Fallières qui, commentant les réformes scolaires de 1880, proclame "… la prédominance rendue au français, la diminution de certains exercices latins, reconnus illusoires pour la masse des élèves"[70]. Prendre sa place légitime auprès du latin, c'est aussi, pour le français scolaire, acquérir le statut privilégié de langue classique, qui puise dans un classicisme national, et l'observation d'A. Fouillée est, sur ce point, révélatrice:

> … les études classiques, que l'on croit "antiques", doivent être conçues comme des études nationales, ayant pour but le maintien de l'esprit national, de la langue nationale, du goût national, enfin de l'influence nationale[71].

Etant donné les vertus éducatives propres à l'enseignement du français, dont la plus significative réside assurément dans la formation intellectuelle de l'élève, on comprend que la langue maternelle prenne la relève des langues mortes en tant que fondement d'un classicisme scolaire valorisant les lettres françaises. La volonté de fonder un enseignement du français à partir du français seul s'explique aussi par le fait que la langue maternelle représente une composante fondamentale de la culture nationale; d'autre part, cette volonté met en évidence une conscience ethnique. Ainsi, la correction et la clarté constituent les normes d'une langue qui se veut chargée d'une mission universaliste[72]. On comprend, dans cette même perspective, la

---

[70] *Statistique de l'enseignement secondaire en 1887* (Paris: Imprimerie Nationale, 1889) x. Dans cette même perspective, D. Mornet exalte la supériorité du français par rapport au latin en tant qu'instrument de formation morale: "Des leçons inimitables encloses dans les textes latins il ne reste donc rien que nos textes français n'aient imité vingt fois et glorieusement surpassé" ("Culture française et culture latine", *Revue Pédagogique* 59 [1911] 304).

[71] Cité par R. Balibar dans *L'Institution du français* 386.

[72] J. Duron souligne la valeur universelle du français comme "… ouverture aux civilisations jointe à un sens de l'unité humaine… la langue française… est elle-même apparue très vite comme un bien commun de l'esprit, une *patrie sans frontières*, tout ensemble le latin et le grec des temps modernes" (*Langue française, langue humaine* [Paris: Larousse, 1963] 158).

priorité absolue du français sur les autres langues vivantes, car lui seul hérite du titre de "langue littéraire" et garde par là une supériorité incontestée par rapport à l'anglais et l'allemand, dont la valeur essentiellement utilitaire est dûment observée par l'Ecole républicaine:

> (L'enseignement de la langue nationale) implique un investissement idéologique, culturel, et tout un mode de vie, alors que (l'enseignement des langues étrangères) se limite à une destination secondaire[73].

Selon Boudhors, la "crise du français", notée par de nombreux pédagogues au tournant du siècle, s'expliquerait par la "cohabitation" de l'enseignement du français avec celui des langues vivantes, cohabitation perçue comme dangereuse[74]. Les partisans de la culture classique, tels H. Parigot et "Agathon", déplorent la décadence de la langue française et de l'enseignement littéraire. Prônant un retour à la rhétorique, ils s'en prennent à l'inculture générale de la classe bourgeoise, aux manuels scolaires qui ne suscitent aucune réflexion critique de la part des écoliers et, enfin, aux conséquences fâcheuses de la réforme de 1902 qui, jugée par trop spécialisée, finit par renforcer le déclin général au niveau des qualités et des valeurs de style[75].

Somme toute, la prépondérance du français dans l'Ecole républicaine s'accorde avec une perception communément admise selon laquelle la langue nationale représente la discipline privilégiée vers laquelle toutes les autres convergent:

> ... l'étude du français constitue... à bon droit le centre de gravité de notre enseignement. Elle commande toutes les autres disciplines puisque son objet constitue leur instrument... Nulle discipline ne concerne aussi étroitement l'être moral... — parce que fondée sur la lecture des

---

[73] D. Milo, "Les Classiques scolaires", dans *La Nation (Les Lieux de Mémoire)*, P. Nora, éd. (Paris: Gallimard, 1986) II, 3:546). C'est au sein d'une notion de "citoyenneté linguistique" qu'E. Genouvrier situe la valeur socio-culturelle de l'enseignement du français dans l'Ecole républicaine: "Cette langue est investie d'un rôle symbolique unique: elle supporte la construction de notre identité personnelle, sociale, nationale et, avec elle, les fantasmes et les conflits qui s'y rapportent... maîtres de l'orthographe et de l'instruction civique, de la grammaire et de la morale, de la récitation et de la leçon d'histoire,... (les 'hussards noirs de la République') ont contribué à installer ensemble la loi de la nation et celle de sa langue" (*Naître en français* [Paris: Larousse, 1986] 18; 130-132).

[74] G. Varenne, "A propos des conférences du musée pédagogique sur l'enseignement du français", *Revue Universitaire* 18 (1909) 244.

[75] H. Parigot, "La Crise du français", *Revue Hebdomadaire* 11 (1910) 141-165. "Agathon", lui, définit la crise du français comme une "... décadence définitive et sans

chefs-d'oeuvre, elle met l'imagination de l'enfant au contact des grandes pensées et des grands actes[76].

Ayant pour effet de "classer" ceux qui l'ont reçu — il s'agit en l'occurrence d'une classe lettrée — l'enseignement secondaire du français érige les lettrés en détenteurs d'un savoir institué, voire ritualisé. Bien culturel au sens propre, la langue maternelle en vient à incarner une *lingua franca* morale permettant le discours public. Elle apparaît aussi, et de manière plus significative, comme une entreprise d'acculturation servant à la reproduction et à la circulation des valeurs.

Pratiques scolaires

Si nous tentons de dresser ici un inventaire des pratiques scolaires qu'ont connues les étudiants de lettres au XIXème siècle, c'est que, aux yeux de ces derniers, faire ses "devoirs", c'est participer en quelque sorte à la culture. L'étude des textes vise en partie à la mise en valeur des règles, le choix des "exemples" ne faisant qu'illustrer le bienfondé d'une conception normative de la littérature. L'ensemble d'exercices communément utilisés dans le domaine de l'enseignement secondaire français se ramène aux narrations, aux maximes à développer, aux lieux communs de morale ou de critique et, de manière plus notable vers la fin du siècle, à la composition et à l'explication de textes. Or, plutôt que de constituer une simple gymnastique intellectuelle, de telles pratiques renvoient à des "lieux de mémoire" culturels. Les termes mêmes qui servent à désigner ces objets de l'univers scolaire — lieu commun, mémoire, devoir — relèvent tous d'une expérience commune, et laissent transparaître une finalité socio-culturelle plus large. Rappelons, enfin, que pour R. Barthes, l'expérience de la littérature à l'école, ou plus précisément de l'histoire de la littérature, est étroitement liée aux pratiques scolaires: "La littérature, c'est ce qui s'enseigne, un point c'est tout"[77].

retour"... "Il est très vrai qu'on n'a jamais plus mal écrit le français qu'aujourd'hui" (*L'Esprit de la nouvelle Sorbonne* 240, 234).

[76] *Encyclopédie pratique de l'éducation en France* (Paris: Institut Pédagogique National, 1960) 601.

[77] "Réflexions sur un manuel", dans *L'Enseignement de la littérature*, S. Doubrovsky et T. Todorov, éds. (Paris: Plon, 1971) 170. Il convient de mettre la boutade de Barthes en rapport avec ce jugement de Lanson, qui envisage "l'enseignement littéraire" comme une sorte d'oxymoron, car il se ramène à un processus d'imprégnation plutôt qu'à l'objet d'un apprentissage systématique: "La littérature n'est pas objet de savoir: elle est exercice, goût, plaisir. On ne la *sait* pas, on ne l'*apprend* pas: on

Jusqu'à l'avènement de l'Ecole républicaine, et encore au-delà, "faire ses lettres" en France, c'est s'initier aux principes de la rhétorique, hérités de l'enseignement jésuite[78]. Cet enseignement se caractérise par l'apprentissage des règles sous-jacentes à l'art du discours et, par suite, à la composition, par une valorisation du "morceau choisi", car la pratique de la récitation est fondée sur la reproduction orale des morceaux d'éloquence, cette dernière supposant un art de la lecture expliquée, sinon dirigée. Il convient aussi d'ajouter à ces traits l'imitation systématique du discours d'un grand écrivain et, enfin, la primauté de la mémoire, aptitude intellectuelle qu'il faut constamment exercer. Il s'agit avant tout de développer les compétences techniques des élèves, d'où l'insistance, dans les exercices de composition, sur l'*amplificatio* plutôt que sur l'*inventio*, et ceci grâce au canevas fourni par le professeur; d'où aussi la mise en valeur de préceptes et d'exemples au sein d'une pédagogie fondée sur la pratique mimétique. Le discours scolaire ici mis en jeu est volontairement réitératif et la reproduction des pratiques discursives est, on le voit, marquée par la passivité de l'élève[79]. C'est ainsi que P. Lejeune compare cette méthode à un "cours d'artisanat" dans lequel l'apprentissage technique mène à la compréhension, et il fallait, selon cette méthode, "comprendre par coeur" de même qu'il fallait "apprendre par coeur"[80]. Défenseur fervent de l'enseignement classique, Dupanloup évoque, lui, le déroulement d'une classe de rhétorique idéale:

> ... il est bon que la récitation ait quelquefois une certaine solennité: les leçons doivent être alors de longs et beaux morceaux français, latins ou grecs... Le moment de la récitation arrivé, il faut exiger de tous les élèves, encore plus qu'en Seconde, un scrupuleux silence, une respectueuse attention...[81]

---

la pratique, on la cultive, on l'aime" (cité par P. Lejeune dans "L'Enseignement de la 'littérature' au lycée au siècle dernier", *Le Français Aujourd'hui* 28 [1975] 23).

[78] Voir à ce propos M. Fumaroli, *L'Age de l'éloquence: rhétorique et 'res literaria', de la Renaissance au seuil de l'époque classique* (Genève: Droz, 1980).

[79] C'est en ces termes qu'A. Luzi dénonce les abus de l'enseignement rhétorique: "... communication unidirectionnelle (de celui qui possède la connaissance... à celui qui en est dépourvu)... opiniâtre reproduction de l'identique,... inépuisable mécanisme du déjà dit (les interrogations, les dissertations en classe) où l'on ne fait qu'appliquer le mécanisme d'identité de l'autorité" ("Entre sociologie et sémiologie: la didactique de la littérature", *Etudes Françaises* 23 [1987] 27).

[80] "L'Enseignement de la 'littérature' au lycée au siècle dernier" 16, 19.

[81] *De la haute éducation intellectuelle* III, 581.

Le célèbre évêque d'Orléans loue la mâle vigueur des pratiques scolaires dans la mesure où elles s'insèrent dans la tradition de l'enseignement classique:

> Ces vigoureux exercices qui constituent (les Humanités), les études grammaticales, le thème, la version écrite, les compositions latines, toute cette robuste et salutaire gymnastique de l'esprit...[82]

Selon cette pédagogie confessionnelle, l'enseignement de la grammaire doit être dogmatique, à l'instar de l'enseignement du catéchisme. Le thème et la version possèdent, aux yeux de Dupanloup, une valeur intellectuelle incontestable en ce sens qu'ils aboutissent à une connaissance approfondie de la langue, à la différence des méthodes pédagogiques qui laissent place à l'à-peu-près.

L'introduction de la notion d'histoire littéraire en 1840, sous le ministère de V. Cousin, marque l'avènement du discours français, le moment où les auteurs français deviennent la principale source de sujets de composition au niveau du baccalauréat. Mais la méconnaissance générale des écrivains du patrimoine national à cette époque est universellement reconnue, et le manque de préparation des candidats est tel que plus de la moitié échoue aux examens du baccalauréat-ès-lettres[83]. En fait, l'explication des auteurs français, exercice relativement nouveau dans les années 1850, est fondée sur une démarche avant tout philologique, comme le montrent les Instructions Officielles de 1854: "... il faut que (le professeur) détermine la valeur des mots et la propriété des termes, leurs rapports, leurs acceptions diverses"[84]. L'évolution de l'explication de textes au cours du siècle met en évidence, on le verra, le passage d'un enseignement quasi littéral à un enseignement plus nettement littéraire. Alors que la liste des auteurs français dressée en 1803 sous le ministère de Fontanes vise à subordonner l'étude de ces derniers à celle des anciens,

---

[82] *Seconde lettre de M. l'évêque d'Orléans* (Paris: Douniol, 1873) 15.

[83] M. Gontard, *L'Enseignement secondaire en France de la fin de l'Ancien Régime à la loi Falloux (1750-1850)* (Aix-en-Provence: Edisert, 1984) 219.

[84] Cité par T. Hordé dans "L'Enseignement de l'histoire littéraire: les Instructions Officielles au xixème siècle", *Le Français Aujourd'hui* 72 (1985) 52. Le témoignage d'A. Cahen est, à ce sujet, fort révélateur: "... dans notre langue d'écoliers, *l'explication* tout court, c'était la traduction à livre ouvert des auteurs anciens" ("L'Etude du français dans l'enseignement secondaire en France", *Revue Internationale de l'Enseignement* 67 [1914] 112).

V. Cousin, lui, tente en 1840 de mettre l'explication française du baccalauréat sur un pied d'égalité avec l'explication latine et grecque.
Toutefois, ce n'est qu'à partir du ministère de Jules Ferry en 1880
que les auteurs français acquièrent un statut autonome dans l'enseignement secondaire, et deviennent des classiques dignes de servir eux-
mêmes de maîtres à penser pour la jeunesse[85].

La disparition de la rhétorique dans les années 1880 correspond
à l'avènement de l'histoire littéraire et, plus particulièrement, au règne
de la composition française et de l'explication de textes. Supprimé
au baccalauréat en 1881, le discours latin cède la place à la composition française, mais il convient de signaler que celle-ci est conçue avant
tout comme un "discours français" fort différent de la dissertation littéraire au sens moderne. Exercice ayant pour effet de fortifier l'aptitude discursive de l'élève, le Dialogue des Morts, qui recourt à la
rhétorique de la *laudatio funebris*, reste en vigueur jusqu'à la fin du siècle.
Cet exercice oblige l'élève à rédiger une composition sous forme de
dialogue entre deux auteurs à l'occasion d'une rencontre imaginaire.
On assiste ainsi à des dialogues fictifs qui rassemblent Molière tour
à tour avec Plaute (1897), Boileau (1897) et Rousseau (1900)[86]. Ins-
tituée dès 1874 dans les classes de troisième, la composition française,
se voulant un modèle de précision et de vérité, suppose une plus large
place accordée au développement d'un plan ainsi qu'un recours aux
"leçons de choses" qui relèvent d'une sorte d'empirisme scolaire. La
gamme des sujets de composition se révèle immense, cet exercice
fourre-tout englobant non seulement des questions littéraires et historiques, mais aussi des pensées morales à commenter. Face à la nécessité de proposer des devoirs inspirés des sujets sempiternels posés aux
examens, un professeur anonyme constate:

[85] Pour une étude systématique de l'évolution des programmes littéraires dans l'enseignement secondaire en France au XIXème siècle, voir A. Chervel, *Les Auteurs français, latins, grecs au programme de l'enseignement secondaire de 1800 à nos jours* (Paris: INRP
et Ed. de la Sorbonne, 1986).

[86] B. Perez et E. Malvoisin, et al., *La Composition de Rhétorique, recueil de tous les sujets
de compositions françaises donnés à la Sorbonne de 1893 à 1898* (Paris: Croville-Morant,
1898) 396; T. Delmont, *Nouveau recueil de compositions françaises* (Paris: Poussielgue,
1911) 451; le Père Caruel, *Etudes sur les auteurs français* (Tours: Cattier, 1901) 669.
On peut, du reste, rattacher le Dialogue des Morts à la pratique de l'éloge académique, dont la fonction rituelle consiste à restaurer la grandeur des aïeux en vue de
la postérité.

Et quels sont ces sujets? Toujours une pensée ou une maxime plus ou moins sibylline à discuter; car dès que l'enfant commence à tenir une plume, il faut que l'école l'érige en philosophe au petit pied, qu'elle l'étourdisse d'une logomachie pédantesque, sinon tendancieuse, avec la conscience morale et la personnalité humaine pour refrain[87].

Enfin, conformément à la promotion de l'enseignement du français, dès 1880, la version (exercice de traduction dans la langue de l'élève) commence à l'emporter sur le thème.

Mais c'est surtout l'explication de textes qui incarne le mieux la nouvelle pédagogie adoptée par l'Ecole républicaine. Loué par les Instructions Officielles de 1890, cet exercice sert à vérifier la validité de la lecture: "… ce qui est en jeu est la correcte interprétation du texte, la production d'un sens autorisé, canonique, contrôlé". Axée sur une démarche inductive, l'explication valorise le texte qui, lui, donne lieu à une leçon et à un enseignement particuliers, au lieu d'exalter la primauté d'une culture de goût. Pratiquer l'art de la lecture ou, plus précisément, du "savoir-lire", c'est, pour l'étudiant de lettres, s'attribuer le rôle du critique et, par suite, celui du professeur de français, dont la tâche consiste, selon Sainte-Beuve, à "savoir lire et apprendre à lire". Chose plus importante, peut-être, l'explication de textes, loin de se limiter à un simple exercice de mémoire, vise à éveiller l'intelligence critique chez l'étudiant. Dans la mesure où la politique laïque prône la culture du jugement, l'esprit du libre examen, cette pratique scolaire répond aux finalités de l'Ecole républicaine. Orientée vers l'analyse des faits concrets et des connaissances positives, elle finit par mettre en valeur la méthode expérimentale. Selon Lanson, en effet, l'explication de textes constitue un exercice plus démocratique que celui de l'ancienne rhétorique, car elle s'adresse à l'esprit critique, au goût et à la faculté de jugement propres aux élèves[88]. L'émergence

---

[87] "La Composition française. Comment l'enseigner?" (anonyme), *Comment enseigner. Bulletin pratique de pédagogie secondaire* 1 (1912) 77. Après avoir pris à partie l'insistance excessive sur les sujets moraux, qui "… inspirent généralement aux élèves une profonde terreur…", G. Dulong s'en prend à un abus scolaire fort répandu à l'époque, à savoir, "… obliger les élèves à parler de ce qu'ils ne peuvent connaître de la vie mondaine, de l'esprit de société et de conversation…"

Quant au choix des sujets moraux, il recommande des sujets "… où nos élèves peuvent avoir une expérience et des idées personnelles" ("L'Enseignement du français dans la classe de première", *Revue Universitaire* 17 [1908] 107).

[88] M. Charles, "La Lecture critique", *Poétique* 34 (1978) 143-144. Aux dires d'A. Chervel, dès les années 1860, on comprend de moins en moins le français classique:

de l'explication de textes comme exercice scolaire canonique s'explique par le déclin de la culture du goût et par le dépérissement de la culture classique vers la fin du XIXème siècle, comme l'atteste à juste titre A. Compagnon:

> L'explication de textes dut être inventée lorsque les textes ne firent plus partie du fonds commun, du patrimoine culturel hérité de la famille, afin de continuer à enseigner une littérature devenue ancienne, tout aussi étrangère pour la masse des élèves que la littérature grecque ou latine[89].

Cette perspective socio-critique s'avère tout aussi valable pour rendre compte de la place essentielle tenue par l'histoire littéraire dans l'enseignement secondaire et supérieur à cette époque. Selon le fondateur de cette méthode, la clientèle bourgeoise du milieu du XIXème siècle était bien plus littéraire que celle de 1910. Lanson attribue la baisse progressive du niveau culturel de la bourgeoisie à l'influence familiale, au déplacement de la culture dû à l'essor de la presse et aux grandes crises socio-politiques de la fin du siècle. Par ailleurs, l'enchevêtrement des doctrines littéraires depuis le romantisme — Parnasse, réalisme, symbolisme, naturalisme — a pour effet de mettre en question l'idéal du goût classique. Le déclin de l'enseignement classique est lié, comme on l'a vu, à la perception généralisée d'une "crise du français" au tournant du siècle. Et, comme il n'y a aucune solution de continuité entre les buts de l'ancienne rhétorique et ceux de l'explication de textes, il convient d'évoquer à ce sujet la conscience malheureuse de maints professeurs de français qui, formés par l'ancienne méthode rhétorique, ont du mal à se recycler et à introduire le positivisme dans leurs cours par le biais de l'histoire littéraire.

Histoire littéraire

Comprendre la lente émergence de l'histoire littéraire depuis 1840, c'est d'abord tenir compte du fait que la querelle qui divise professeurs de rhétorique et partisans de l'histoire littéraire, et qui va en

---

"La naissance de l'explication française se produit précisément au moment où l'on s'aperçoit que la langue des textes classiques du xviième, du xviiième siècle, n'est plus en usage, qu'on ne la comprend plus très bien, que tout a changé dans les mots, dans les tournures, non pas beaucoup, mais suffisamment pour qu'il faille 'expliquer'" ("Sur l'origine de l'enseignement du français dans le secondaire", *Histoire de l'Education* 25 [1985] 10).

[89] *La Troisième République* 131.

s'intensifiant jusqu'à la fin du siècle, apparaît avant tout comme une crise de méthodologie. Le passage de la rhétorique à l'histoire litté-raire met en jeu une tension permanente entre la critique admirative propre à la tradition des belles-lettres et l'adhésion au statut scienti-fique, sous-jacente au lansonisme. Dès le milieu du siècle, en fait, un journal officiellement consacré à la propagation d'une pédagogie républicaine recommande de nouveaux programmes du baccalauréat où l'histoire littéraire prendrait une place essentielle:

> Puisque l'examen doit porter principalement sur la littérature, pour-quoi donc avoir supprimé les questions d'histoire littéraire? Des con-naissances de cette nature, l'appréciation des grands écrivains et de leurs chefs-d'oeuvre, valent cent fois mieux pourtant que les règles de la ver-sification grecque, que les définitions de la catachrèse, de la litote, etc., et que toute cette vieille rhétorique, dont le bagage pédantesque n'a jamais servi et ne servira jamais ni à l'écrivain, ni au critique, ni à l'orateur[90]!

L'influence qu'ont encore les professeurs de rhétorique à l'Université en 1880 est telle que les législateurs républicains se trouvent obligés de recourir à des compromis, à des demi-mesures, pour ne pas s'alié-ner ces professeurs. Ainsi, bien que la réforme de 1880 introduise des notions d'histoire littéraire dans les programmes, celles-ci sont limi-tées aux classes de seconde et de rhétorique. De même, ce n'est qu'en 1902 que la désignation officielle de la "classe de rhétorique" se trans-forme en "classe de première". Il est évident que les professeurs de rhétorique se voient obligés de subir une nouvelle formation profes-sionnelle qui se ramène à une initiation à l'histoire des lettres fran-çaises — et le célèbre manuel de Lanson, paraissant en 1894, représente, à leurs yeux, un manuel de recyclage. Les Instructions accompagnant les programmes de 1880 recommandent en effet que

---

[90] *L'Education Républicaine*, le 10 décembre 1849. L'emprise de la méthode rhétorique dans l'enseignement supérieur en France, encore vers la fin du xixème siècle, est constatée par J. Wogue: "Notre Université... renferme encore quelques esprits, qui croient à la vertu immanente des vieilles humanités, à la grâce efficace de la critique ancienne pour former la jeunesse et qui trouvent absurde cette adjonction de l'his-toire aux programmes littéraires; élevés dans le culte et l'admiration des chefs-d'oeuvre, ils repoussent l'érudition sous toutes ses formes, comme attentatoire à la religion dont ils sont les pontifes; pour eux, s'extasier devant le 'bon sens' de Boileau et le 'mauvais goût' de Pradon, demeure l'alpha et l'oméga de l'enseignement" ("L'Ensei-gnement de l'histoire littéraire dans les lycées et collèges", *Revue de l'Enseignement Secon-daire et de l'Enseignement Supérieur* 13 [1890] 403).

les professeurs de rhétorique s'inspirent des principes de l'explication de textes dans leurs classes de grec et de latin[91]. Malgré les directives officielles, l'enseignement rhétorique persiste jusque vers la fin du siècle et contribue à la désaffection croissante des étudiants de lettres à cette époque.

La naissance de l'histoire littéraire coïncide avec les débuts de l'enseignement moderne du français et avec la constitution historique de la littérature comme discipline scolaire. L'enseignement de la littérature française, qui prend dès lors un statut autonome et devient une réalité institutionnelle, entre dans une période de stabilité relative entre 1880 et 1950. Afin de comprendre comment l'étude littéraire en vient à constituer une discipline privilégiée dans l'Ecole républicaine, un point de mire pour les autres disciplines, enfin, une entreprise civilisatrice mettant en jeu un pouvoir de formation intellectuelle, il est nécessaire de s'interroger sur les finalités pédagogiques sous-tendant la genèse de l'histoire littéraire. L'instauration du lansonisme correspond d'abord à une volonté d'imprégner le Secondaire d'un enseignement scientifique, d'une discipline intellectuelle qui faisait défaut dans l'enseignement à base de rhétorique. Il ne faut pas sous-estimer l'audace du projet de Lanson dans l'univers scolaire français de la Belle Epoque, à savoir, l'application de l'appareil méthodologique relevant des sciences exactes (histoire et sociologie) à la littérature. Etant donné la relation organique liant l'enseignement supérieur et l'enseignement secondaire, la méthode lansonienne servant à former les futurs professeurs de lycée, on comprend que l'histoire littéraire constitue la "théorie", le savoir au niveau supérieur, alors que l'explication de textes incarne, comme on l'a vu, la "pratique", le savoir-faire au niveau secondaire. Destiné à la formation des esprits scientifiques, le lansonisme s'efforce de mettre au point un appareil critique suffisamment technique pour rivaliser avec l'Histoire, discipline déjà consacrée par l'Ecole républicaine. C'est ainsi que Lanson, qui pense, par sa méthode, aboutir à une démocratisation des belles-lettres, envisage l'histoire littéraire comme une branche de l'histoire de la civilisation:

> La littérature française est un aspect de la vie nationale: elle a enregistré, dans son long et riche développement, tout le mouvement d'idées et de sentiments qui se prolongeait dans les faits politiques et sociaux ou se déposait dans les institutions[92].

[91] J. Wogue 404.
[92] Cité par E. Lintilhac dans "La Nouvelle Sorbonne", *Revue Internationale de l'Enseignement* 66 (1913) 79.

Quoique Lanson en vienne à dénoncer une conception exclusivement positiviste de la littérature qui ramène celle-ci à un ensemble de faits préalablement établis, il n'en demeure pas moins que l'idéal positiviste informe l'idée qu'il se fait de l'érudition littéraire. Conformément à cette idée, la méthode lansonienne, fondée sur le culte du document et sur la collection minutieuse des faits, doit mettre en évidence des vérités objectives irrécusables[93]. C'est précisément ce préjugé "scientiste" propre au positivisme littéraire qui a induit Renan en erreur. L'auteur de *L'Avenir de la science* envisage le discours scolaire comme substitut éventuel au contact immédiat avec les textes: "L'histoire littéraire est destinée à remplacer en grande partie la lecture directe des oeuvres de l'esprit humain"[94]. Si Lanson, de son côté, se soucie de réserver strictement l'usage de l'histoire littéraire à l'enseignement supérieur, c'est qu'il est conscient des abus de cette méthode au niveau secondaire: il l'appelle même un "fléau", voire "une école de psittacisme", dans la mesure où elle rend inutile la lecture directe des textes[95].

Outre sa prétention scientifique, l'histoire littéraire contribue de manière directe à la formation du civisme républicain; à l'instar de l'histoire et de la philosophie, elle se révèle particulièrement apte à former le citoyen. Au lieu d'être un facteur de division, à la manière de la critique dogmatique d'un Brunetière ou de la critique impressionniste d'un Faguet, le lansonisme s'efforce, du moins en principe, de surmonter les différences de goût. Il prône au contraire le consensus aboutissant à la solidarité et à l'unité de la nation. Comme l'a fort bien dit à ce sujet A. Compagnon: "... l'histoire littéraire est avant toute chose une idéologie (l'idée d'une littérature nationale)"; et, dans cette perspective, le lycée ne dispense pas seulement les éléments essentiels de la culture générale, mais il finit par incarner "... la vraie France profonde, l'atelier de fabrication des Français authentiques"[96]. La création du panthéon scolaire et laïc suppose, d'une part, la sélection d'un ensemble de chefs-d'oeuvre littéraires ayant le mérite de synthétiser les traits marquants d'une époque. D'autre part, à cette valorisation

---

[93] Cette conception idéaliste de l'érudition peut se définir ainsi: "... de la multiplication de petites découvertes doit arithmétiquement résulter l'affirmation d'une vérité incontestable" (*Histoire littéraire de la France de 1848 à 1918* [Paris: Ed. Sociales, 1977] v, 502).

[94] *L'Avenir de la science* (Paris: Calmann-Lévy, 1890) 226.

[95] Cité par A. Mareuil dans *Littérature et jeunesse d'aujourd'hui; la crise de la lecture dans l'enseignement contemporain* (Paris: Flammarion, 1971) 75.

[96] *La Troisième République* 8, 16.

des oeuvres s'ajoute une "survalorisation" des "grands écrivains" qui personnifient, à des degrés divers, les qualités du génie français. C'est ainsi que Lanson envisage la littérature française en fonction d'une vaste caractérologie nationale, d'une série continue de portraits de l'"âme" française, bref, d'un fonds d'identité nationale dont participe chacun de ces "grands écrivains": le "tendre" Racine, le "glorieux" Corneille, l'"aimable" Molière. Afin de comprendre l'organisation de l'éducation littéraire à l'Ecole républicaine, il convient de souligner l'importance de cette iconographie où les "grands écrivains" servent d'objets de commémoration, à la manière des saints ou des figures historiques. Selon la conception d'histoire littéraire chère à Jules Ferry, les professeurs doivent se garder d'études fragmentaires d'auteurs qui empêchent les élèves de saisir "... la place que les auteurs (occupent) dans le développement du génie national et dans l'histoire". L'étude de la littérature doit se fonder, selon lui, sur les catégories fixées par Nisard[97]. Enfin, la mise en place du panthéon littéraire s'accompagne d'une sorte de version scolaire de la légende des siècles; d'après Barthes, il existe une certaine individualité, voire une personnalité morale dans la définition sommaire des quatre grands siècles de littérature française: "XVIème siècle = vie débordante; XVIIème siècle: unité; XVIIIème siècle: mouvement; XIXème siècle: complexité"[98].

Selon la division tripartite de l'histoire littéraire établie par Nisard, il existe trois stades d'évolution: une période d'enfance, marquée par les origines, une période de maturité, marquée par la floraison, et une période de vieillesse, marquée par la décadence. Au sein de cette tradition littéraire organique, Nisard, dont la doctrine exerce une influence réelle sur l'enseignement secondaire français dès les années 1860, privilégie le XVIIème siècle au point de l'identifier comme la source exclusive des oeuvres littéraires ayant une valeur éducative[99]. Moment remarquable d'unité nationale et de restauration de l'ordre politique et esthétique, la période classique sert de base à la constitu-

---

[97] *Direction de l'enseignement supérieur (règlements et circulaires)* (Paris: Ministère de l'Instruction Publique, 1880) 4.

[98] "Réflexions sur un manuel" 171.

[99] On trouve, chez J. Lemaître, une remise en valeur de la littérature française comme fondement d'une culture classique légitime: "... je maintiens... je recommande et... j'entends même fortifier l'enseignement de notre littérature classique, de cette littérature qui contient toute morale et toute beauté et qui, considérée comme éducatrice des esprits, nous peut tenir lieu de tout, étant ensemble gréco-latine et française, antique et moderne, païenne et chrétienne" (*Opinions à répandre* [Paris: Société Française d'Imprimerie et de Librairie, 1901] 143).

tion du canon pédagogique dans l'Ecole républicaine[100]. On comprend, dans cette perspective, les revendications de Lanson, qui s'évertuait à mettre en question le statut privilégié du XVIIème siècle dans les programmes, à adopter le jugement célèbre de Michelet qui, lui, préférait considérer le XVIIIème siècle comme le "Grand Siècle":

> ... lorsqu'au XIXème siècle, l'Université fixa ses programmes, le XVIIIème siècle fut exclu pour des motifs politiques et religieux... C'est une absurdité de n'employer qu'une littérature monarchique et chrétienne à l'éducation d'une démocratie qui n'admet aucune religion d'Etat[101].

Les principes de démocratie, de nationalisme, de justice et de solidarité, qui faisaient partie intégrante de la politique de laïcité républicaine, trouvent un solide point d'ancrage dans l'héritage révolutionnaire du XVIIIème siècle; l'orientation même de la pensée de Lanson témoigne de ce remplacement des valeurs du XVIIème siècle par celles, plus nettement progressistes, du XVIIIème siècle[102]. Tout en faisant écho aux soucis de Lanson, le témoignage de Gendarme de Bévotte a le mérite de souligner à quel point l'Ecole républicaine organise les programmes littéraires en fonction d'un mythe à la fois éthique et esthétique du classicisme. Selon lui, les auteurs se rattachant à la tradition sceptique de la Renaissance (Rabelais, Montaigne) ou bien s'inspirant d'une veine ironique (Voltaire, Diderot, d'Alembert) "... étaient au ban de l'Université de la IIIème République"[103]. Somme toute, l'instauration de l'histoire littéraire au sein de l'Ecole républicaine aboutit à la défense de l'esprit français ainsi qu'à

---

[100] Quoiqu'elle s'adresse aux fondements idéologiques de l'enseignement littéraire au XVIIIème siècle, J. DeJean met en lumière une problématique qui se révèle pertinente pour notre propos: "... schools continued throughout the eighteenth century to rely almost exclusively on literary texts to teach all subjects... In a standardized, national educational program whose primary goal was to use the teaching of literature to form model Frenchmen, educators realized that the newly recognized French literary tradition should play a major role... pedagogical authorities initiated the process of teaching teachers how the works of literary moderns could be held up as models of Frenchness" ("Teaching Frenchness", *French Review* 61 [1988] 399).

[101] "Dix-septième siècle ou dix-huitième?" *L'Enseignement du français* (Paris: Alcan, 1911) 35-36.

[102] A. Compagnon trace avec netteté l'évolution critique de Lanson entre 1894 et 1905: après son édition de l'oeuvre de Bossuet en 1894, Lanson, récemment attaché à la défense de Dreyfus et à la séparation de l'Eglise et de l'Etat, fait paraître en 1905 une édition de Voltaire (*La Troisième République* 98 sqq).

[103] *Souvenirs d'un universitaire* 50.

la valorisation du mythe scolaire du classicisme, dont J. Seba met en évidence les implications idéologiques:

> (Chez Lanson), la période classique est présentée en termes esthétiques, comme le paradis perdu de la bourgeoisie (fin de l'histoire, règne des individus). La téléologie lansonienne signifie que ce paradis est à reconquérir.

J. Seba définit de la sorte le lansonisme comme "... l'inculcation de l'idéologie esthétique et philosophique baptisée 'classicisme'"[104]. Sur un autre plan, enfin, R. Duchêne s'interroge, lui, sur les raisons pour lesquelles

> ... le dit "Grand Siècle" s'accordait à la mentalité d'une époque comme le Second Empire... qui (le) célébrait comme un temps particulièrement glorieux. Pourquoi le XVIIème siècle a-t-il paru alors, et éventuellement à d'autres époques, particulièrement convenir à ce qu'on voulait enseigner aux élèves, voire à leur "dressage" intellectuel?[105]

Humanisme et morale

C'est en fonction de la trinité "cousinienne" — le vrai, le beau et le bien — que l'idéologie humaniste du XIXème siècle trouve sa meilleure définition. La position triomphaliste de cette idéologie tout au cours du siècle s'explique par la référence permanente à une transcendance où se situent les valeurs humanistes, c'est-à-dire, un recours constant à l'encadrement religieux d'une pensée essentiellement laïque. En fait, dans la mesure où l'éclectisme philosophique de V. Cousin s'appuie sur la notion de "juste milieu", il vise à l'idéal de réconciliation nationale cher à la Monarchie de Juillet. Mais on trouve, dès le ministère Villemain des années 1820, une mise en valeur de l'étude des lettres dans les collèges royaux, cette étude étant intimement liée à la formation des citoyens au sein d'une monarchie constitutionnelle. Dans son *Rapport au roi sur l'instruction secondaire* (1843), Villemain accorde une place privilégiée aux humanités, à ce "... cours d'étude qui semble le mieux fait pour donner une préparation générale à toutes les professions savantes et pour former le coeur et l'esprit de l'homme"[106]; les recommandations du ministre de l'Instruction

---

[104] "Critique des catégories de l'histoire de la littérature: téléologie et réalisme chez Lanson", *Littérature* 16 (1974) 56-57.

[105] "Le XVIIème siècle dans l'enseignement supérieur français", *Le XVIIème Siècle Aujourd'hui*, CMRS 17 (1974) 18-19.

[106] *Rapport au roi sur l'instruction secondaire* (Paris: Imprimerie Royale, 1843) 18-19.

publique laissent transparaître, du reste, la notion moderne de "reproduction culturelle" en tant qu'objectif primordial de l'humanisme[107]:

> ... l'éducation intellectuelle et morale des lettres... n'a pas pour mission de transformer, mais... elle doit assurer le recrutement successif, dans tous les travaux de l'esprit, dans tous les devoirs publics, dans toutes les vocations généreuses dont cette société s'honore[108].

Quelques-uns des traits constitutifs d'un humanisme français qui s'épanouit pleinement dans l'Ecole républicaine se ramènent à une notion conservatrice de "culture générale", servant au recrutement de l'élite intellectuelle; au goût de la culture au sein d'une valorisation traditionnelle des belles-lettres; à l'idéalisme esthétisant qui érige le beau et l'homme éternels en valeurs suprêmes; et, enfin, à la volonté d'enseigner les "vérités durables" héritées de Nisard et dont l'idéal de *mediocritas* aboutit au perfectionnement moral. Et c'est la classe de philosophie, sommet de l'enseignement secondaire, synthèse pédagogique et critique, qui était la grande dispensatrice de la culture générale et représentait, vers la fin du siècle, le stade ultime de la formation intellectuelle du jeune citoyen français.

Il convient par ailleurs de montrer que cette conception communément admise de l'humanisme est liée au triomphe du modernisme culturel du XIXème siècle, en ce sens que les humanités "modernes", fondées pour l'essentiel sur les oeuvres du XVIIème siècle français, l'emportent définitivement sur les humanités classiques. C'est ainsi que le déclin des études classiques s'accompagne d'une résurgence des études relevant de la culture nationale. Dès lors, les lettres françaises peuvent, au même titre que les lettres antiques, servir de fondement à une éducation libérale[109].

---

[107] Voir à ce sujet les analyses de P. Bourdieu et J.-C. Passeron, qui mettent en lumière les mécanismes par lesquels l'institution scolaire vise à perpétuer les différences sociales et, ce faisant, finit par renforcer les valeurs de classe (*La Reproduction: éléments pour une théorie du système d'enseignement* [Paris: Minuit, 1970]). Dans ce même ordre d'idées, on peut citer le propos d'A. Croiset, selon lequel l'humanisme était perçu au XIXe siècle comme une *perennis philosophia*, une idéologie commune servant à lier les disciplines: "... on donne à nos enfants la même éducation exclusivement littéraire que donnaient les Jésuites il y a deux siècles à un petit nombre de jeunes privilégiés destinés à une vie oisive" ("Objet de l'étude du français", dans *L'Enseignement du français* [Paris: Alcan, 1911] 4).

[108] *Rapport au roi* 21-22.

[109] "Discours de M. Blanchet", *Revue de l'Enseignement Secondaire et de l'Enseignement Supérieur* 10 (1889) 61. Selon M. Blanchard, la littérature française peut fort bien

Si nous évoquons la primauté du modernisme culturel à cette époque, c'est que la culture secondaire, seule dispensatrice des humanités classiques, vise à définir une modernité où la dimension technique
du savoir est rigoureusement exclue. On comprend, dans cette optique, le mépris général des compétences technologiques développées
par l'enseignement "spécial" au XIXème siècle, dont les diverses filières
ont, à la manière des *Realschulen* allemands, une orientation à finalité
professionnelle et, de ce fait, bien plus spécialisée. L'insuccès relatif
de l'enseignement spécial par rapport à l'enseignement secondaire traditionnel, qui se prolonge, comme on l'a vu, en plein XXème siècle,
témoigne de la supériorité incontestée de l'humanisme littéraire par
rapport à l'humanisme scientifique. Dans la mesure où les humanités classiques sont constamment en butte aux assauts de l'utilitarisme
et de la recherche des valeurs matérielles, la profession de foi humaniste à laquelle se livre Renan prend ici tout son sens: "(la vie de
l'esprit)… (lui)… paraissait comme la seule noble; toute profession
lucrative me semblait servile et indigne de moi"[110]. Le décalage radical entre culture et production montre à l'évidence que l'humanisme
littéraire, porteur de l'héritage culturel, est tout à fait coupé de la vie
réelle; il manifeste même un parti pris d'hostilité à l'égard du monde
contemporain. Dans le dessein d'"immuniser" les Français contre
l'attrait de l'actualité et le goût des changements, l'humanisme traditionnel constitue non seulement une barrière culturelle, mais encore
une soupape de sûreté contre la subversion, en l'occurrence, une
défense suprême contre toute résurgence de la fièvre révolutionnaire.
C'est ainsi que Dupanloup part en guerre contre les doctrines issues
du XIXème siècle, tels l'utilitarisme, la démocratie, le matérialisme
et l'athéisme. Il s'oppose à son siècle au nom des valeurs proprement
humanistes, ces "grandes et saintes choses" qu'il entend à tout prix
conserver[111]. Sa critique porte, en dernier ressort, sur le relâchement
généralisé de la discipline dans le domaine social, familial et, par-
dessus tout, scolaire:

> il y a aujourd'hui une frivolité, un goût d'amusement, une mollesse uni-
> verselle, un affaiblissement des caractères et des âmes, qui énervent

constituer la base d'une éducation humaniste; par "littérature", il entend "… une
longue série de monuments formant l'expression d'une Société dans ses états succes-
sifs" (*L'Enseignement littéraire* [Beauvais: Laffineur, 1876] 6).
[110] *Souvenirs d'enfance et de jeunesse* 86.
[111] *Seconde lettre* 53. Selon sa mise en cause de la décadence progressive de l'instruction publique en France, ce qu'il faut éviter à tout prix, c'est "… le nivellement démocratique de l'esprit français" (52).

tout, dans les familles et dans la société, et dont l'influence se fait sentir
à l'éducation (et) à tout le reste...[112]

Dupanloup met en évidence, enfin, une conception religieuse de
l'enseignement humaniste:

> ... il faut... se garder d'altérer le caractère de nos institutions littérai-
> res, qui doivent demeurer fortes, et rester parmi nous l'asile, le sanc-
> tuaire de la haute culture de l'esprit. Il ne faut pas oublier que si les
> études qui constituent les Humanités ne font ni l'industriel, ni le com-
> merçant, ni le militaire, ni l'ingénieur, elles font plus, elles font l'homme,
> et je dirai le Français[113].

L'acquisition d'une culture humaniste au XIXème siècle suppose
une pédagogie des lettres privilégiant les écrivains classiques, por-
teurs, eux, d'un fonds culturel commun propre à la classe lettrée. Loin
de répondre à un idéal cosmopolite, les valeurs que l'on dégage des
oeuvres classiques s'adressent aux exigences de l'esprit national. Se
trouvant chargés de la gestion de la culture française, les professeurs
de lettres adhèrent à une conception muséographique de la littérature dans laquelle les classiques représentent des points de passage
obligatoires. Ils adoptent en quelque sorte une approche évangéliste
de l'enseignement littéraire qui, dans la mesure où elle repose sur le
culte des personnalités, envisage la littérature comme une espèce d'au-
tobiographie nationale. Selon Monseigneur Petit de Julleville, en effet,
on ne saurait renier les classiques français sans "... cesser d'être nous-
mêmes"; ce sont des "autorités nationales", des "maîtres naturels"[114].
Le critique exhorte les lettrés français de son temps à se montrer bons
disciples des grands écrivains du patrimoine, car c'est en sachant se
soumettre à une discipline qu'ils peuvent se montrer dignes de tels
maîtres[115]. Enfin, l'emprise de la culture humaniste sur l'Université

---

[112] *Seconde lettre* 52.

[113] *Seconde lettre* 53. On trouve chez E. Lintilhac, maître de conférences à la Sorbonne dans les années 1880, une illustration analogue de la valeur particulièrement
formatrice des humanités: "Par cette austère, mais plus large culture, par les *huma-
niores litterae*, (les littéraires) continuent à faire des hommes plus hommes, mais d'abord
des Français plus français" ("La Nouvelle Sorbonne" 82).

[114] "Les Classiques français", *Revue Universitaire* 9 (1900) 329.

[115] "Les Classiques français" 330. Le jugement plus récent de F. Ponge sur les humanités est pertinent en ce sens que celles-ci comportent une évidente valeur ethnologique: "... ce qui nous vient de la bibliothèque,... de nos humanités, s'est intégré
à notre nature profonde, à notre température, à ce qui est le plus subjectif en nous,
de façon matérielle, c'est dans notre physiologie" ("Entretien", *Les Nouvelles Littéraires*, le 30 décembre 1976, 7).

française est telle que l'on peut parler à juste titre d'un cloisonnement au sein de l'enseignement supérieur, d'un décalage entre la production littéraire contemporaine et la critique officielle. On assiste, de plus, à la fabrication d'un moule culturel figé et, de ce fait, à la transmission d'une culture de plus en plus désuète, comme le fait bien remarquer R. Fayolle:

> De plus en plus coupée de l'art vivant, la critique se réfugie peureusement dans l'apologie et l'étude du passé: célébration morose de l'idéal classique au nom duquel sont fustigées les formes insolites de la littérature contemporaine, développement de l'histoire littéraire érudite, fondée sur les bases d'une critique rétrograde qui a pour effet de détourner la jeunesse étudiante de l'observation et de la compréhension du présent[116].

Afin d'apprécier le niveau auquel l'humanisme privilégie la rectitude des jugements littéraires, il est nécessaire de mettre en évidence le fait que l'enseignement de la "culture générale" suppose un ensemble de connaissances relevant de multiples disciplines. Le témoignage de J. Lemaître est, à ce propos, révélateur:

> J'ai été cinq ans professeur de rhétorique. En dépit du baccalauréat, et des programmes, je parlais de mille choses à mes élèves, et je crois avoir développé en eux la sensibilité esthétique et le sens moral... J'entends que tous les professeurs, et notamment ceux de littérature et d'histoire, soient, dans leur enseignement particulier, par les réflexions dont ils sauront l'entremêler et par la manière même dont ils le donneront, des professeurs de morale et de philosophie[117].

Une pareille conception oecuménique de l'enseignement littéraire dans les années 1880 laisse transparaître une complémentarité entre la formation de la culture littéraire et la formation de la culture morale. Avant de s'interroger sur la validité de cette observation, il convient de préciser le rôle particulier joué par le corps enseignant dans l'Ecole républicaine.

Baptisés par Péguy les "hussards noirs de la République", les instituteurs font office de missionnaires de l'idéologie républicaine, s'attachant à laïciser les valeurs éthiques. L'émergence d'une conscience politique chez les instituteurs date des années 1860, mais c'est grâce aux lois scolaires des années 1880 qu'ils bénéficient à la fois d'une pro-

---

[116] *Manuel d'histoire littéraire de la France (1913-1976)* (Paris: Ed. Sociales, 1982) VI, 759.
[117] J. Lemaître, *La Patrie française* 130, 135.

motion sociale et d'une autonomie professionnelle. En fait, la dignité que l'on reconnaît au maître d'école de la Troisième République est fondée sur l'action éducatrice de ce dernier, qui se manifeste par l'exemplarité de son caractère et par la profondeur de sa vie morale. Modèle de vertu et de modération, il doit à tout moment donner l'exemple en faisant preuve d'une conduite irréprochable: "... tout professeur enseigne, en même temps que ce qu'il *sait*, surtout ce qu'il *est*"[118]. Un engagement à tel point personnel de la part de l'enseignant à cette époque s'applique tout aussi bien aux professeurs du secondaire, véritables prêtres de la culture, qui prenaient conscience de la dimension sacerdotale de leur fonction[119]. Bien qu'ils se réclament des principes de démocratie républicaine, ces professeurs ne sont guère enclins à mettre en question les valeurs sociales de la Troisième République car, comme l'atteste G. Vincent: "... (ils) sont élitistes, hostiles à tout enseignement de masse, et par là-même attachés aux 'humanités classiques'"[120]. Mus par une conception très élevée de leur office, les professeurs de l'enseignement secondaire en viennent à incarner le rôle de distributeurs de la culture dont la mission est de sauvegarder l'idéal des humanités classiques. Plus précisément, leur enseignement est perçu, selon la formule heureuse de Péguy, comme "... la citadelle... de la culture en France", obligé de défendre celle-ci contre les incursions d'une culture contemporaine et en même temps de passer sous silence les contradictions sociales ou politiques de cette époque. L'auteur de *Notre patrie* se livre à un éloge dithyrambique des vertus de ces serviteurs de la "mission civilisatrice" de la France, exaltant leur

> indestructible probité (et) piété... (leur) invincible (et) insurmontable attachement de race et de liberté à leur métier... à leur ministère..., (leur) inébranlable attachement à la vieille culture, qui... était la vieille vertu..., (leur) héroïque attachement au vieux métier, au vieux pays, au vieux lycée[121].

Selon les impératifs du rôle "clérical" des professeurs de lettres ayant la charge des grands textes du patrimoine, il s'agit, d'abord, de dégager de ces textes un ensemble de leçons sociales et morales, d'exercer

---

[118] J. Desjardins, *L'Ecrivain et son ombre* (Paris: Gallimard, 1953) 18.
[119] Selon Gendarme de Bévotte: "... (les professeurs) comprennent la grandeur et l'intérêt national de leur rôle d'éducateurs et... ils l'exercent avec une véritable foi" (*Souvenirs d'un universitaire* 224).
[120] "Les Professeurs de l'enseignement secondaire dans la société de la 'Belle Epoque'", *Revue d'Histoire Moderne et Contemporaine* 13 (1966) 83.
[121] *Notre jeunesse* (Paris: Gallimard, 1959) II, 529.

sur l'élève une influence bénéfique par une volonté de personnaliser l'expérience littéraire, bref, d'aboutir à une entreprise de moralisation par la littérature. Un tel processus s'accorde parfaitement avec l'appareil de moralisation républicaine, qui vise à s'assurer à l'échelle nationale des modes de comportement particuliers au sein d'une morale dépourvue de toute référence aux religions révélées. Telle qu'elle est véhiculée par l'instruction civique, cette "morale indépendante" prend, comme on l'a vu, le relais de la religion et reprend à son compte les éléments constitutifs de l'humanisme: "... la religion n'est autre chose que l'aspiration de l'homme vers le bien, le vrai, le beau"[122]. Si l'enseignement littéraire se ramène à une "leçon de choses morales professées par des écrivains de génie" (*Instructions Officielles de 1890*)[123], le rôle du professeur de lettres consiste, plus particulièrement, à montrer à quel point ces écrivains peuvent servir de guides éthiques et même de directeurs de la conscience nationale. Tantôt on s'adresse à l'imagination des adolescents par des exemples d'héroïsme, tantôt on met en valeur des thèmes de la dignité humaine et de la solidarité sociale. On a affaire à une sorte de pédagogie "caractérielle" en ce sens que les élèves apprennent des leçons par le biais du caractère même de leurs maîtres. Pédagogie fondée, d'autre part, sur l'idéal d'exemplarité, dans la mesure où l'écrivain de génie et le professeur, médiateur officiel des chefs-d'oeuvre, partagent tous deux le statut privilégié d'*exemplum*, et dans la mesure où l'élève se laisse diriger par un souci de la distinction académique. Eveiller la réflexion morale des élèves en vue d'un idéal de développement personnel et civique, voilà un des principaux objectifs de l'enseignement littéraire dans l'Ecole républicaine.

Selon le témoignage de J.-M. Amar, professeur d'humanités en 1811, il existe un lien indissociable entre le goût et la morale: "il faut attaquer sans crainte et combattre sans relâche toutes les erreurs du goût, parce qu'elles sont devenues des erreurs de morale"[124]. La vérité

---

[122] Cité par Y. Katan, "L'Enseignement de la morale et de l'instruction civique sous la IIIème République jusqu'en 1914", dans *Etudes dédiées à Madeleine Gravitz* (Paris: Dalloz, 1982) 424.

[123] Cité par C. Falcucci dans *L'Humanisme dans l'enseignement secondaire en France au XIXème siècle* (Toulouse: Privat, 1939) 417.

[124] Cité par R. Fayolle dans "Du régent d'humanités et de rhétorique au professeur de français", *Le Français Aujourd'hui*, 2ème supplément au numéro 45 (1972) 4. Il

étant inaltérable, il est nécessaire, d'après lui, de restaurer le goût français par l'enseignement rhétorique, par l'art du bien dire et du bien écrire propre à la tradition des belles-lettres. D'où la hiérarchie des disciplines scolaires au XIXème siècle, la nécessité de faire la part entre l'enseignement des sujets académiques qui relèvent, à proprement parler, de l'instruction, et la notion bien plus élevée d'éducation morale. Ayant déjà évoqué le rôle capital joué par la morale dans la conception même de la pédagogie durkheimienne, nous pouvons constater qu'en France à cette époque, la notion de civilisation prend essentiellement une connotation morale; de même qu'une éducation du goût a pour effet de former des Français réticents à toute idée de spécialisation et, par là, susceptibles de s'attribuer "... le rôle de fournisseurs d'idées générales à l'humanité"[125], les valeurs françaises de sociabilité, de politesse et de tolérance doivent servir de modèles à d'autres nations. Ainsi, selon cet idéal de rayonnement culturel — civiliser, c'est bel et bien moraliser — l'éducation morale suppose l'apprentissage des préceptes universels tout aussi bien que le savoir-faire et le savoir-vivre. Et si nous nous permettons d'envisager la culture française au XIXème siècle sous la forme d'une nouvelle religion laïque, il ne faut pas sous-estimer l'efficacité morale de cette culture.

D'après une enquête sur l'enseignement de la morale dans les lycées et les collèges dans les années 1890, portant en particulier sur les classes

---

convient de rattacher cette notion de *faute* morale et, par la suite, celles de *faute* de jugement, *faute* de goût, *faute* de ton, à ce que nous avons appelé une pédagogie de la correction; selon une formule relevant de l'enseignement jésuite, "la bonne correction fait la bonne éducation" ("qui aime bien châtie bien"). A ceci s'ajoutent d'autres exemples d'équivalence lexicale, tels "trop", "trop peu", "pas assez", "ne pas faire assez", qui en viennent à représenter autant de formes de la démesure morale. Dans cette perspective, si les élèves français doivent se soucier de ne pas faire de *faute* de français, c'est que celle-ci apparaît, on l'a vu, comme une violation de la langue maternelle (alors que les élèves anglais ou américains commettent des "erreurs" ("mistakes" ou bien "errors"). Tandis que les élèves français font leurs *devoirs*, les élèves anglais ou américains font leurs "assignments". Mis à part ces exemples, qui relèvent des pratiques scolaires, on peut se demander, enfin, à quel point le modèle linguistique "comme il faut" détermine des modes de comportement à la fois psychologique et sociologique.

[125] L. Marin, *La Nécessité en France d'un enseignement secondaire fondé sur la langue maternelle et la culture nationale à l'exclusion des langues mortes* (Paris: Imprimerie Nationale, 1922) 6.

de terminale, tant sur le plan théorique que méthodologique, cet enseignement se trouve diffusé de manière généralisée à travers toutes les
disciplines, de la classe de philosophie jusqu'à celle de mathéma-
tiques[126]. Ce n'est pas de leçons de morale formelles dont il s'agit,
mais bien plutôt d'une approche oblique permettant au professeur de
susciter chez l'élève une prise de conscience des manifestations littéraires de la beauté et de la grandeur. M. Bernès fait le bilan de la
totalité des devoirs dans sa conception de l'enseignement moral dans
le cycle secondaire; il décrit en particulier le programme d'une classe
de quatrième vers 1900 comme un amalgame de "... devoirs domestiques, devoirs sociaux,... ...devoirs civiques, ...devoirs personnels".
Parmi les "devoirs sociaux", il cite des principes appartenant à une
espèce de catéchisme laïque, c'est-à-dire, des impératifs d'ordre économique: "... respect de la propriété... (dénonciation du) vol et (de)
la fraude sous toutes ses formes... caractère sacré des promesses et
des contrats"[127]. Bernès accorde, par ailleurs, une place de choix à
la culture morale dans l'ensemble des activités scolaires:

> ... dans l'étude de l'histoire, dans l'explication de textes, dans le choix
> des devoirs, dans tous les exercices scolaires et dans toutes les circons-
> tances de la vie quotidienne, une part doit être faite à la culture morale
> et sociale[128].

S'efforçant d'éviter à tout prix de démoraliser les jeunes lycéens, le
professeur de lettres envisage le lycée comme une extension non seulement de la famille mais aussi de la patrie, et dont le but suprême est
la formation du citoyen. Sa tâche principale consiste à dégager les
éléments constitutifs d'une morale républicaine susceptible d'unir les
Français, bref, de servir de facteur d'intégration sociale[129]. Fondée

---

[126] A. Darbon, "L'Enseignement de la morale au lycée", *Revue Universitaire* 16
(1907) II.
[127] "L'Enseignement moral social dans l'enseignement secondaire en France", *Congrès International de l'Enseignement des Sciences Sociales* (Paris: Alcan, 1900) IX. Bernès
fait ici allusion au cours de morale en classe de quatrième, cours très impopulaire
qui a été supprimé du programme au début des années 1920.
[128] "L'Enseignement moral" 28.
[129] C. Nicolet s'interroge sur le rapport entre la morale républicaine et la constitution des sciences au XIXème siècle: "... toute vraie science est aussi 'morale' en soi,
c'est-à-dire, productrice non seulement du vrai, mais du bien". Il insiste sur l'importance d'enseigner cette morale: "... non de manière dogmatique... mais en la dédui-
sant et en la prouvant rationnellement. Du même coup, la morale, entraînant avec

sur des préceptes universellement admis, cette morale a, enfin, le mérite de dépasser les querelles dogmatiques et de créer les conditions du consensus nécessaire à la constitution de l'Ecole républicaine.

elle la sociologie, débouche sur une pédagogie" (*L'Idée républicaine en France [1789-1924]* [Paris: Gallimard, 1982] 489).

PREMIÈRE PARTIE

CRITIQUE UNIVERSITAIRE

2. L'émergence du culte moliéresque: réception critique de Molière de la Révolution à 1870

Pourquoi Molière?

Telle que nous l'avons envisagée jusqu'ici, l'Ecole républicaine constitue un miroir institutionnel dans lequel se reflètent les principaux bouleversements socio-culturels et idéologiques en France au XIXème siècle. Outil conceptuel de premier ordre dans cette étude, elle fait figure en même temps de cadre intellectuel global mettant en évidence les diverses catégories explicatives que nous avons examinées. Outre la valeur essentiellement formative prise par l'Ecole républicaine, il existe deux activités complémentaires qui ne pourraient se concevoir hors de l'institution scolaire, à savoir, la critique littéraire ou exégétique et les pratiques scolaires elles-mêmes. Plus précisément, nous nous proposons d'étudier, dans une première partie (chapitres 2 et 3), l'histoire de la critique exégétique de Molière au siècle dernier, puis, dans une seconde partie (chapitre 4), nous entendons mettre en lumière les multiples répercussions de cette critique sur l'évolution des pratiques pédagogiques à cette époque, c'est-à-dire, la mise en évidence d'un discours scolaire particulier ayant pour objet l'auteur du *Misanthrope*. Il va de soi que ce point d'articulation fondamental entre l'histoire de la critique et celle de la pédagogie nous permettra de mieux saisir le fonctionnement même de la culture française au XIXème siècle, car ces pratiques font toutes deux partie de l'histoire globale de la culture pendant la période qui nous intéresse.

On pourrait se demander, à juste titre, pourquoi le choix de Molière s'avère plus légitime pour notre propos que celui de La Fontaine, de

Corneille ou bien de Racine qui, eux aussi, ont constitué des objets de lecture et ont été érigés en classiques scolaires au XIXème siècle. Nul ne mettrait en doute que La Fontaine servait de bréviaire des classes, de fournisseur d'aphorismes et de proverbes susceptibles d'entrer dans la mémoire collective. De même, alors que le théâtre de Corneille incarnait un certain mythe de la grandeur morale, celui de Racine exaltait un idéal d'élégance formelle, voire de perfection classique. Cependant, l'originalité de Molière tient à ce qu'il s'est le plus approché du statut de génie universel à cette époque; sa valeur culturelle est en grande partie symbolique en ce sens qu'elle fait partie intégrante de la prise de conscience par la France de sa littérature. Dans cette réflexion permanente de la conscience littéraire des Français sur elle-même, l'émergence de Molière apparaît comme un fait incontestable; elle laisse pressentir une figure qui va au-delà des couples communément admis: Rabelais-Montaigne, Descartes-Pascal, Corneille-Racine, Voltaire-Rousseau. De même que d'autres cultures nationales pouvaient se prévaloir de génies universels — l'Angleterre et Shakespeare, l'Allemagne et Goethe, l'Italie et Dante, l'Espagne et Cervantes... — la France du XIXème siècle a désigné Molière comme le représentant attitré des traits caractéristiques de son identité nationale. C'est ainsi que Sainte-Beuve tenait Molière pour le "Shakespeare français", le symbole de tout le théâtre[1], le grand écrivain d'une culture se voulant universelle qui seul mériterait de représenter la France à un congrès international imaginaire où viendraient s'asseoir les grands auteurs de tous les temps. De la même façon, on trouve chez Nisard un hommage analogue dans lequel Molière a droit au titre de dramaturge national par excellence; comme le dit E. Equey:

> Quant à la comédie, Molière en a donné le premier et le dernier modèle. Il n'est pas seulement le plus grand des comiques, mais il est la comédie elle-même. Hors de lui, point de salut!...[2]

A ceci il convient d'ajouter que l'adulation croissante du poète comique au cours du siècle, laquelle prend des proportions mythiques chez les "moliéristes", est intimement liée au mythe du classicisme français qui transparaît dans la comédie moliéresque par le biais des valeurs tels que le bon sens et la modération. Comme nous le verrons, Molière apparaît comme un des classiques scolaires les plus "ren-

[1] *Portraits littéraires* (Paris: Didier, 1852) II, 3-61. Voir aussi, à ce sujet, R. Molho, *L'Ordre et les ténèbres, ou la naissance d'un mythe chez Sainte-Beuve* (Paris: Colin, 1972) 379.
[2] E. Equey, *Désiré Nisard et son oeuvre* (Berne: Staempli, 1902) 67.

tables" car il est un des plus sûrs garants de la continuité de la nation, l'objet d'une fête culturelle existant indépendamment de l'Ecole, et finissant par là-même par devenir un "classique d'Etat". Auteur "con-génitalement" français, symbole de la "race" gauloise, il fait l'objet, plus que tout autre auteur scolaire, d'un discours louangeur s'inscri-vant parfaitement dans la stratégie commémorative propre à la Troisième République. La présence des grands écrivains dans le Pan-théon littéraire étant le signe d'une unité mythique de la nation, au-delà des dissensions réelles, L. Bérard considère Molière comme un "héros de la pensée et de la langue" qui personnifie à merveille l'esprit français:

> Jusque dans leurs discordances, parmi la diversité des siècles, des idées, des religions, (ces grands écrivains) témoignent de l'identité et de la permanence du génie français... le culte de Molière a créé entre tous les régimes, en France, comme un lien de solidarité historique ad-mirablement propre à figurer en un symbole agréable la transmission et la continuité du pouvoir... Il n'est point de génie qui reproduise tous les traits du visage et de l'âme d'un peuple... mais Molière... a le mieux représenté l'un des grands courants d'histoire et de race dont se com-pose notre tradition[3].

Critique et pédagogie

Afin de présenter dans toute son ampleur le statut de Molière dans l'Ecole républicaine, il est nécessaire de recourir, comme nous nous le sommes proposé au premier chapitre, à une sociologie de la con-naissance susceptible, selon nous, de mettre en lumière le problème fondamental de la transmission du savoir, c'est-à-dire, le processus par lequel le discours critique se transforme en discours scolaire. Mis à part les répercussions évidentes de la critique officielle sur l'appareil scolaire — formation des professeurs, établissement des programmes, rôle des examens, efficacité des manuels, etc. — on peut estimer d'abord que la relation organique liant la critique et la pédagogie au XIXème siècle est à l'image du rapport de complémentarité qui doit nécessairement exister entre ces deux niveaux institutionnels que sont l'enseignement supérieur et l'enseignement secondaire. Un premier niveau d'analyse nous permet de constater, d'une part, la production des connaissances, la mise en place d'une critique créatrice ou bien érudite, notamment de la part des écrivains et des universitaires. A

---

[3] *Au Service de la pensée française* (Paris: E. Paul, 1925) pp. xx-xxi, 40, 52, 53.

cela s'ajoute, d'autre part, et ceci correspond à notre seconde démarche méthodologique, la diffusion de ces connaissances par le biais des manuels scolaires; la critique vulgarisatrice vise à disséminer de manière systématique les découvertes de la critique exégétique au niveau de l'enseignement secondaire. En somme, la distinction fondamentale qui s'opère ici se définit en fonction de deux ordres spécifiques, à savoir, la connaissance et la pratique des textes.

Notre enquête sur l'acculturation des Français du siècle dernier ou, plus précisément, sur l'histoire de leur scolarisation à cette époque, débouche, comme on l'a vu, sur la constitution et le découpage des disciplines au sein des sciences humaines. Or les deux activités auxquelles nous nous attachons — à savoir, la critique et la pédagogie — atteignent un niveau d'autonomie dans l'Ecole républicaine et deviennent des pratiques institutionnelles contribuant, chacune à sa manière, à la formation de cette discipline qu'est l'enseignement du français, lequel prend de plus en plus d'importance au XIXème siècle[4]. Dans la mesure où elles partagent un ensemble de références et de valeurs communes, ces pratiques constituent, à elles seules, la culture littéraire de cette époque et, par conséquent, s'avèrent nécessaires à l'acquisition de la compétence littéraire. Elles représentent différents modes de diffusion des oeuvres du patrimoine culturel et, si nous privilégions, dans cette étude, la comédie moliéresque, c'est pour faire ressortir les divers moyens d'accès à cette comédie à mesure que le savoir se distribue du niveau de l'enseignement supérieur à celui de l'enseignement secondaire. De plus, chaque pratique correspond à un destinataire particulier. La pédagogie s'adresse, de toute évidence, au public scolaire alors que la critique exégétique — par définition lieu d'énonciation plus élevé — s'adresse à un public plus large. Dès lors, il est intéressant de noter qu'il existe un décalage remarquable entre discours critique et discours scolaire, et que le premier ne se produit que lorsque les critiques d'alors s'interrogent sur la littérature contemporaine et non sur les oeuvres du panthéon pédagogique, comme le montre fort bien P. Lejeune:

---

[4] G. Delfau et A. Roche visent à démontrer la naissance de la profession de critique au milieu du XIXème siècle: "... l'émergence du concept de littérature et la formation d'un public bourgeois entre 1750 et 1850 *professionnalisent* l'activité d'écrivain... la profession de critique paraît être une conséquence seconde de l'essor de la presse et de la mise en place de l'enseignement supérieur... Sainte-Beuve était le dernier des 'critiques'. Avec Taine s'instaure la 'critique', dans la mesure où la littérature

Des hommes comme Nisard, à l'époque romantique, et Brunetière, à l'époque symboliste, s'efforcent de ne pas mélanger leur activité de professeur, qui se cantonne dans le passé, et leur activité de critique, en général très pessimiste sur la décadence de leur époque[5].

Toutefois, la cohabitation de la critique et de la pédagogie dans la France des lendemains de la Révolution trouve sa meilleure illustration dans l'émergence d'une critique professorale soucieuse des exigences d'un public scolaire de plus en plus vaste. Le travail de professeurs, tels que Geoffroy, La Harpe, Saint-Marc Girardin et Nisard, puis vers la fin du siècle, Brunetière, Faguet et Lemaître, a donné lieu à la publication de nombreux cours de littérature destinés à un "grand public" déjà scolarisé[6]. D'où la démarche essentiellement normative et dogmatique qui caractérise la critique professorale tout au long du siècle.

En examinant les objectifs de la critique dix-neuvièmiste, dans la mesure où celle-ci s'est répercutée sur la constitution des programmes scolaires, on constate que les propos d'un Nisard ou d'un Sainte-Beuve ont souvent servi de point de départ à des sujets de composition française, ou bien ont fourni aux professeurs les lignes générales d'un canevas leur permettant d'illustrer des modèles de composition. Dans cette perspective, l'histoire littéraire représente, aux yeux des futurs professeurs de lycée élèves de l'Ecole Normale Supérieure, un appareil critique et technique, une théorie scientifique de la littérature française, bref, un savoir fondé sur une tradition critique bien établie. Devenus enseignants, ces professeurs ont dû adapter cette démarche critique aux besoins de l'enseignement secondaire. C'est ainsi que l'explication de textes s'instaure, on l'a vu, comme pratique littéraire par excellence, comme exercice qui permet l'acquisition d'un savoir-faire. L'art de la lecture — ou plutôt du "savoir-lire" — n'amène-t-il pas l'élève à s'approprier, selon une démarche mimétique, le rôle du critique sinon celui du professeur? C'est dans ce sens qu'il convient de situer, enfin, la dénonciation — formulée par Lanson après coup — des abus entraînés par l'histoire littéraire dans les lycées français

est posée comme objet de science, c'est-à-dire libérée de tout *a priori* esthétique ou moral" (*Histoire/Littérature* [Paris: Seuil, 1977] 23, 36, 67).

[5] Lejeune 19.

[6] Selon les finalités de l'enseignement secondaire, le manuel scolaire représente non seulement un livre de référence, mais aussi en quelque sorte un cours imprimé servant de complément au cours oral.

entre 1880 et 1900 et, sur un autre plan, l'erreur significative de Renan, selon qui l'histoire littéraire devait se substituer à la lecture directe des textes.

La bibliographie moliéresque est, on le sait, massive, voire gigantesque. D'après une récente enquête, c'est lors de la deuxième moitié du XIXème siècle qu'elle a pris un essor quantitatif prodigieux: entre 1850 et 1900, période qui nous intéresse tout particulièrement, mille cinq cents titres ont été publiés, chiffre à mettre en rapport avec les trois cents titres qui ont vu le jour entre 1800 et 1850[7]. Il va sans dire que, devant cette masse d'ouvrages critiques, un tri s'impose, et la sélection que nous opérons reflète les courants exégétiques les plus significatifs du XIXème siècle. Alors que nous privilégions l'histoire de la réception critique de Molière à partir de l'avènement de l'Ecole républicaine, nous présentons aussi les principales lectures de son oeuvre allant de la Révolution jusqu'à 1870. Leur examen nous permettra de mieux saisir le caractère plus ou moins continu de cette exégèse au fil du siècle et de montrer par là-même que l'oeuvre de Molière donne lieu à un débat permanent encore de nos jours.

Bien que la critique moliéresque au XVIIIème siècle soit marquée dans son ensemble par un certain assèchement et par une tendance à enfermer les comédies dans les limites d'un académisme néoclassique, il faut noter que le théâtre de Molière servait de cheval de bataille à des philosophes soucieux de valoriser des pièces particulières en fonction de leurs propres préoccupations. Ainsi, alors que Voltaire envisage *Tartuffe* comme une mise en cause des dangers du fanatisme religieux, Rousseau, dans sa célèbre *Lettre à d'Alembert* (1758), formule une thèse qui aura un profond retentissement sur l'évolution des lectures de Molière au XIXème siècle, tant sur le plan du discours critique que sur celui du discours scolaire; l'immoralité fondamentale du poète comique se traduirait par une démonstration de la vertu ridiculisée dans le personnage d'Alceste. A ces diverses images de Molière façonnées par les philosophes s'ajoute la perspective révolutionnaire de Fabre d'Eglantine qui, dans sa *Suite au Misanthrope* (1790), se livre à une idéalisation de la vertu d'Alceste; dans cette pièce, Philinte apparaît comme un courtisan flagorneur qui s'attache à

---

[7] Voir, à ce sujet, F. Nepote-Desmarres, "Un Molière de la variété", thèse dactylographiée, 3ème cycle (Paris-Nanterre, 1984) 3.

défendre un ordre politique essentiellement corrompu. Notons encore que, même si l'on admet la désaffection du public à l'égard de Molière dans la seconde moitié du siècle, il n'en demeure pas moins que l'Académie Française organise en 1769 un concours ayant pour sujet un éloge du poète comique, concours remporté par le moraliste Chamfort. On peut mentionner, enfin, l'ouvrage édité en 1777 par L. Beffara, *L'Esprit de Molière*, catalogue de sujets ayant rapport à la morale et à la philosophie moliéresques. Fondé sur un principe de classement anthologique, cet ouvrage servira de modèle, on le verra, à d'autres tentatives analogues au siècle suivant. Plus précisément, il présente en ordre alphabétique un ensemble de maximes, de portraits et de réflexions tirés de diverses comédies, chaque entrée étant illustrée par une ou plusieurs citations et par un bref commentaire. Ainsi trouve-t-on à "jalousie":

"Ses impressions nous entraînent. L'Amour la pardonne lorsqu'on s'est abusé" — Alcmène, femme d'Amphitryon, à Jupiter, qu'elle prend pour son mari, dont il a pris la figure — "La jalousie a des impressions...// Et que jamais n'oubliera ma douleur" (II, 6)[8].

Lectures de la période romantique

Jean-François Cailhava

S'étant posé en adorateur de Molière — selon une histoire peut-être apocryphe, il aurait porté une épingle avec une dent de son idole — J.-F. Cailhava annonce l'idolâtrie moliéresque qui prendra toute son ampleur dès les années 1880. Dans ses *Etudes sur Molière* (1802), ce "moliériste" avant la lettre examine tout le répertoire du dramaturge, pièce par pièce, et donne son "sentiment" sur chacune d'elles: il traite de divers sujets: le titre, le genre, le style, les personnages, l'exposition, le dénouement, la liaison des scènes, la "contexture" (c'est-à-dire, le souci d'économie théâtrale), ainsi que la valeur de la "moralité" de certaines pièces. Outre ce souci de classement systématique, qui se manifeste aussi dans son traitement du jeu des acteurs et de la distribution des rôles, J.-F. Cailhava prend pour tâche l'étude des sources et les circonstances dans lesquelles les diverses comédies ont vu le jour. Mais c'est surtout sur la dimension morale de l'oeuvre de Molière qu'insiste l'auteur, sur les nombreuses leçons d'expérience pratique qui se

[8] *L'Esprit de Molière* (Paris: Lacombe, 1777) 2: 73.

dégagent de tout son répertoire comique. Alors que *Sganarelle, ou le cocu imaginaire* souligne les égarements auxquels l'esprit jaloux est en proie, *L'Ecole des Femmes* met à nu le danger réel des mésalliances. "Philosophe profond", Molière excelle à peindre les conséquences néfastes de cette noirceur morale incarnée par Tartuffe. Dans *Le Misanthrope*, la morale atteint, de même, un statut particulièrement élevé:

> Je vois bien celui (c'est-à-dire, le but moral) que s'est proposé l'auteur, en faisant couvrir de mépris une coquette, en persiflant une prude, en tournant en ridicule un bel esprit de cour; mais que nous apprend Alceste? Que même la vertu doit avoir l'aménité pour compagne, et cette moralité, ainsi que les beautés de la pièce, ne sont certainement pas à la portée de tout le monde...[9]

Si J.-F. Cailhava voit dans *Les Amants magnifiques* une démystification de l'astrologie, une sorte de fourberie intellectuelle qui plaît à un siècle philosophique, il considère *Le Malade imaginaire* comme le couronnement de l'oeuvre de Molière, sa pièce la plus philosophique dans la mesure où elle offre une espèce de thérapeutique par le biais du rire; car ce qu'il s'agit de soigner, c'est une "maladie aussi universelle que dangereuse", qui se ramène pour l'essentiel à un attachement fanatique à la vie et en même temps à une peur excessive de la maladie et de la mort.

Népomucène Lemercier

Professeur de littérature classique à l'Athénée, N. Lemercier fait paraître en 1817 son *Cours analytique de littérature générale*. Le deuxième tome de cette oeuvre constitue une histoire du genre comique, depuis les Anciens (Aristophane, Térence et Plaute) jusqu'à Molière, "ce père du rire et de la franche gaîté" qui a amené le genre à son point de perfection esthétique. Lemercier opère un classement assez exhaustif des conventions dramaturgiques et éthiques qui font partie intégrante de la comédie: les unités, le vraisemblable, le ridicule — qu'il subdivise par la suite en "ridicule général et particulier" et en "ridicule éternel et éphémère" — les caractères, les moeurs, la moralité, le style, etc.; le critique analyse alors chacune de ces conventions en fonction de l'histoire du genre comique.

Lemercier met en valeur la portée universelle du théâtre de Molière, sa puissante efficacité morale, susceptible de s'adresser à tous les

---

[9] *Etudes sur Molière* (Paris: Debray, 1802) 143-144.

milieux et à tous les âges. Il loue en particulier la perspicacité propre à l'oeil critique du "contemplateur" et s'oppose par là au point de vue de la critique idéaliste et catholique sur Molière. Ainsi, à la malédiction célèbre de Bossuet sur le poète comique ("Malheur à vous qui riez, car vous pleurerez!"), Lemercier répond:

> Quelle dureté fanatique en cette apostrophe! quelle délectation cruelle à se retracer la mort d'un homme de génie qui expira, non sur la scène, mais dans les bras de deux religieuses soeurs de charité, dont il avait toujours pris soin, qui furent inconsolables de sa perte... Quel ton d'intolérance en cette doctrine! quel appareil de rigueur! quelle emphatique sévérité![10]

On comprend, dans cette même perspective, que le critique exalte le dénouement de *Tartuffe* dans la mesure où il satisfait pleinement aux exigences morales du public; il attribue par ailleurs une expression de fraternité authentique dans les paroles de Cléante sur la charité et la modération qu'il ne voit pas dans les sermons "peu évangéliques" de Bossuet. C'est la virulence de la satire moliéresque contre la fausse dévotion qui donne lieu à l'éloge suivant:

> ... vous *hypocrites* et *cafards*, ah! sauvez-vous de sa préserve; le diable est moins à fuir pour vous que Molière. Plus de salut dans ce monde pour les faux dévots et les charlatans de religion, depuis qu'il a surpris leur zèle intéressé, leurs figures béates, leur contrition feinte, leur sournoise convoitise, et leurs roulements d'yeux![11]

De tels propos s'accordent, de toute évidence, avec une conception, héritée du XVIIIème siècle, et que l'on retrouve, par exemple, dans l'*Eloge de Richardson* de Diderot, conception qui suppose un rapport étroit entre le génie et la bonté morale.

Ce qui frappe, dans la critique de Lemercier, c'est une pudibonderie qui l'oblige à recourir à maints euphémismes, lui évitant de prononcer le mot "cocu"... Il fait preuve par là de l'extrême délicatesse qui marque la bonne société sous l'Empire et sous la Restauration, d'une pudeur qui répugne à cette raillerie gauloise "... que Molière affichait en plein titre au coin de toutes les rues de la ville!"[12] Ainsi, on assiste, au lendemain de la Révolution, à une épuration de Molière, à la mise en place d'un académisme officiel qui l'érige en "observateur

---

[10] *Cours analytique de littérature générale* (Paris: Nepveu, 1817) 458-459.
[11] *Cours analytique* 32.
[12] *Cours analytique* 207.

de moeurs", et cette attitude se manifeste chez de nombreux critiques de cette époque.

Si Lemercier met en relief l'emprise des puissances imaginaires et, par là, trompeuses, chez les héros moliéresques, c'est pour démontrer à quel point la notion du ridicule s'appuie sur l'exploitation des diverses passions. Une telle théorie des passions est sous-jacente à l'entreprise de guérison par le rire à laquelle se consacre Molière. Sur un autre plan, enfin, l'analyse que fait Lemercier de *Dom Juan* est tout à fait digne d'intérêt. La noirceur du protagoniste, son caractère franchement infâme, sont tour à tour mis en évidence par sa méchanceté, son impiété et, chose plus importante, son hypocrisie, dernier masque lui permettant d'agir en toute impunité. On trouve ici une distinction judicieuse entre le mécanisme dramatique de la péripétie du dénouement de *Tartuffe* et celui qui s'opère à la fin de *Dom Juan*:

> Cette péripétie du *Festin de Pierre* est l'opposé de celle du *Tartuffe*, en ce que l'imposition, dans cette autre pièce, lève le masque dès qu'on l'a pénétré; et que, dans celle-ci, l'athée prend le masque, afin qu'on ne le pénètre plus. Ce changement de parti est le dernier coup de pinceau qui seul pouvait ajouter quelque nouvelle empreinte hideuse au visage de l'impiété[13].

Aux yeux de Lemercier, enfin, le théâtre doit nécessairement se faire tribune et, dès lors, la portée sociale de *Dom Juan* apparaît comme un fait incontestable; la "leçon" qui saute aux yeux est immédiatement saisie grâce au spectacle de cette noirceur morale que représente l'hypocrisie — et cette appréhension est d'autant plus perceptible si l'on considère que le protagoniste porte le masque en toute connaissance de cause.

Geoffroy

On trouve, chez Geoffroy aussi, un certain chevauchement entre les tâches de professeur et celles de critique. Critique dramatique officiel sous l'Empire, Geoffroy enseigne dès les années 1790 et le fruit de ses conférences, dont certaines datent du tournant du siècle, se trouve publié dans son *Cours de littérature dramatique* en 1819. Prenant la relève de Rousseau, qui fustigeait l'immoralité de l'auteur du *Misanthrope*, il met en évidence la susceptibilité du spectateur, dont la délicatesse est blessée par *Sganarelle, ou le cocu imaginaire*; le titre origi-

---

[13] *Cours analytique* 311-312.

nal de cette farce, se trouvant épuré chez lui, se transforme en *Sganarelle, ou le mari qui se croit trompé*. Ayant reproché à Molière la grivoiserie de cette pièce, Geoffroy en vient à préciser, de manière générale, que la négligence des devoirs réciproques entre un époux et sa femme est non seulement répréhensible en soi, mais finit par nuire à l'harmonie des moeurs publiques et risque d'aboutir à la dissolution même de l'ordre social. Ici comme ailleurs, le théâtre de Molière donne lieu chez lui à une réflexion constante sur la comparaison entre les moeurs françaises sous l'Empire et celles du siècle de Louis XIV. Alors qu'au XVIIème siècle on "savait son monde" et, par conséquent, on restait à sa place, la nouvelle société issue de la Révolution est marquée, selon lui, par un manque de bon sens. Mû par un désenchantement général, Geoffroy n'entrevoit aucune possibilité de régénération morale dans la jeunesse des années 1810. Son éloge de la "sagesse" paternelle de Chrysale dans *Les Femmes savantes* est lié à son voeu d'une société meilleure. Toutefois, il ne voit à son époque que le règne du matérialisme, de l'amour-propre et du libertinage, aboutissant à la dépravation morale et, par là, à l'affaiblissement des liens sociaux les plus importants. Telle qu'il la présente dans le passage suivant, sa philosophie sociale laisse pressentir la théorie de l'anomie qui sera formulée par Durkheim vers la fin du siècle:

> Des pères égoïstes, des femmes et des filles qui abjurent leur sexe, des fils dénaturés, des domestiques insolents et fripons: nulle amitié, nulle confiance... Je ne vois pas dans cet ordre de choses ce qu'il y a de si heureux, ni pour le gouvernement, qui par là se trouve dépouillé de toute sa force morale, ni pour les citoyens jetés seuls dans la société parmi des inconnus... Telle est la nature du bonheur que procure la dissolution des familles et l'anéantissement des affections naturelles...[14]

La tendance qu'a Geoffroy à déchiffrer la société française sous l'Empire à la lumière des valeurs du Grand Siècle se montre aussi dans son analyse de *L'Avare* où, selon lui, le devoir du dramaturge consistait à faire ressortir les effets avilissants de l'avarice. Ainsi, le portrait détaillé d'Harpagon révèle tour à tour son isolement progressif, sa paranoïa, son attachement exclusif à l'argent au détriment de tous les membres de sa famille. Le critique se plaît alors à démontrer que

---

[14] *Cours de littérature dramatique* (Paris: Blanchard, 1819) i, 304-305. Pour une formulation de la théorie durkheimienne de l'anomie, voir *Le Suicide; étude de sociologie* (Paris: F. Alcan, 1897).

la convoitise, péché capital, n'est plus un vice à la mode au début du XIXème siècle; seule "l'avidité du gain" existe alors que le goût de la thésaurisation ne se manifeste plus au même degré. Dans cette perspective, l'usure serait plutôt liée à une économie mercantile, telle qu'elle se développe au XVIIème siècle, et ferait place à la dissipation des biens. Geoffroy esquisse ici une théorie de l'échange économique d'après laquelle l'avarice apparaît comme une pratique essentiellement antisociale:

> Le prodigue ne fait de tort qu'à lui et aux siens; l'avare nuit à la société en interrompant la circulation. Cela est si vrai, que l'avarice ou même l'économie un peu serrée, généralement répandue parmi les grands et les riches, détruirait le commerce et ruinerait l'Etat[15].

Si Molière s'est élevé, grâce à *L'Ecole des Femmes*, au rang des "poètes philosophes", c'est qu'il a été un des premiers à prôner une conception plus large de l'honnêteté mondaine, conception qui admet volontiers des divertissements tels que bals, fêtes et spectacles. Ecole de la libéralisation morale, la comédie moliéresque contribue ainsi aux "progrès de la civilisation", d'où le succès retentissant de *L'Ecole des Femmes* en 1662. Au total, l'effet salutaire de ce théâtre, selon le critique, résiderait dans son pouvoir d'affiner les moeurs de la bourgeoisie et du peuple — "les dernières classes" — sous le règne de Louis XIV. En revanche, Geoffroy reproche à Molière d'avoir "défiguré" la morale en centrant *L'Ecole des Femmes* sur des plaisanteries gauloises à l'égard du mariage: "il prit pour objet éternel de ses railleries, l'autorité des maris et la foi conjugale, les deux plus fermes appuis des moeurs"[16]. Dans ce même ordre d'idées, il s'en prend aux maximes du mariage et à la "déraison" de Chrysalde, en l'occurrence, son attitude philosophique envers le cocuage. Dans un esprit d'indignation vertueuse, le critique dénonce cette "pernicieuse morale" qui a pour objet l'adultère:

> Quoi! l'adultère *est de soi une chose indifférente*! Quel peut être le *bon côté* d'un crime qui désorganise la famille, qui la déshonore, qui détruit les plus douces affections sociales et empoisonne tout le bonheur domestique? (315)

Geoffroy regrette, de même, la grossièreté du rire qui éclate dans *George Dandin*. A titre d'exemple, il évoque les coups de bâton qu'ad-

---

[15] *Cours de littérature* 370-371.
[16] *Cours de littérature* 315.

ministre Angélique à son mari, action particulièrement malséante, à ses yeux, pour une femme; il s'agit, en un mot, d'un sacrifice au goût populaire. Malgré son ton condescendant, le critique discerne, dans cette pièce, des traits d'une morale bien plus élevée, notamment l'échange entre George Dandin et sa femme dans l'Acte II, scène 2. Enfin, Geoffroy fait état en quelque sorte de la réception de *George Dandin*: alors que les gens illustres de la Cour ont bien apprécié le rire franc et gai de la pièce, les bourgeois et les gens du peuple ont affiché un mépris souverain envers cette manifestation d'un comique qui est indigne d'eux.

La Harpe

Professeur au lycée rue Saint-Honoré depuis 1786, La Harpe considère Molière comme "le premier des philosophes moralistes", à la fois victime des contraintes socio-politiques propres à la monarchie louis-quatorzienne et, par conséquent, précurseur de la Révolution. S'engageant, de plus, dans la voie de ce qui deviendra plus tard le subjectivisme romantique, il loue la vocation théâtrale du poète comique en raison de sa hauteur morale et finit par brosser un portrait personnel fort élogieux, dans lequel Molière apparaît comme un paragon de vertu:

> Il était d'un caractère doux et de moeurs pures. On raconte de lui des traits de bonté. Il était adoré de ses camarades, quoiqu'il leur fît du bien (sic); et il mourut presque sur le théâtre, pour n'avoir pas voulu leur faire perdre le profit d'une représentation[17].

Plus que tout autre création littéraire, la comédie moliéresque puise sa valeur dans son observation profonde de l'homme naturel. A la différence de Corneille et de Racine, Molière ne s'est beaucoup appuyé ni sur des sources anciennes ni sur des sources modernes. A en croire La Harpe — qui simplifie peut-être un peu — on a affaire, dans une très grande mesure, à une création théâtrale originale et authentique. De même, l'auteur du *Misanthrope* surpasse de loin des successeurs tels que Regnard, Dancourt et Dufresny. La qualité maîtresse de son écriture dramatique étant le naturel, lui seul peut se comparer à juste titre avec Racine, tant sur le plan de la peinture de l'amour que sur celui de la beauté poétique des vers. A titre d'exemple, La Harpe évoque les trouvailles poétiques de la scène où Alceste et Célimène finissent par se réconcilier (IV, 4):

---

[17] "Idées sur Molière", dans *Oeuvres* (Paris: Verdière, 1820) V, 66-67.

"Ah, çà, n'ai-je pas lieu de me plaindre de vous?"… Revoyez cent traits de cette force, et si vous avez aimé, vous tomberez aux genoux de Molière, et vous répéterez ce mot de Sadi: "Voilà celui qui sait comme on aime!"[18]

Prolongeant l'image d'un Molière philosophe, propre au XVIIIème siècle, La Harpe voit dans son théâtre une sorte de véhicule d'une sagesse qui s'approfondit à mesure que l'on acquiert de l'expérience dans la vie, sagesse à la mesure "des hommes mûrs et des vieillards"[19].

Auger

Dans son *Discours sur la comédie et la vie de Molière*, Auger, secrétaire perpétuel de l'Académie Française, présente une image à tel point louangeuse du poète comique en tant que génie universel sans pareil, qu'il pressent certaines formulations des moliéristes de la fin du siècle. Cheval de bataille particulièrement efficace, Molière fait preuve d'un génie comique dont l'éclat oblige les autres pays à "se dépouiller… de toute prévention nationale". L'éloge suivant laisse pressentir la genèse d'un discours universaliste sur Molière qui, loin d'être un facteur de discorde, est perçu plutôt comme source d'harmonie:

Par la plus glorieuse exception, Molière ne rencontre, en aucun temps, en aucun lieu, ni émule, ni vainqueur. La Grèce et Rome n'ont rien qui puisse être comparé: leurs plus fanatiques adorateurs en conviennent. Les peuples nouveaux n'ont rien qu'ils lui puissent opposer: eux-mêmes le reconnaissent sans peine,… tous les pays, comme tous les siècles, semblent unir leurs voix pour le proclamer l'auteur unique, le poète comique par excellence[20].

Auger cite, dans cette même optique, le propos célèbre de l'acteur anglais Kemble, que l'on retrouve à plusieurs reprises dans la critique moliéresque du XIXème siècle:

Molière a peint tous les hommes, tous font leurs délices de ses ouvrages; tous sont fiers de son génie. Les petites divisions de royaumes et de siècles s'effacent devant lui. Tel ou tel pays, telle ou telle époque n'ont pas le droit de se l'approprier. Il appartient à l'univers; il appartient à l'éternité![21]

[18] "Idées sur Molière" 62.
[19] "Idées sur Molière" 64.
[20] *Discours sur la comédie et vie de Molière* (Paris: Firmin-Didot, 1827) pp. LXXVII-LXXVIII.
[21] Cité par A. Latouche dans "De la comédie de Molière", *Revue Critique* 21 (1844) 431.

Abordant l'étude des pièces particulières, Auger en vient à s'interroger sur le ressort du comique sous-jacent aux comédies de caractère, pièces qu'il juge plus sérieuses que les comédies d'intrigue ou les comédies de moeurs et auxquelles il accorde donc une place de choix dans le répertoire de Molière. Ce comique prend une valeur d'avertissement: le cas de *Tartuffe*, par exemple, illustre à merveille le caractère vulnérable de ceux qui se laissent diriger par une "crédulité dévote". Auger se livre par ailleurs à une étude des représentations des diverses couches sociales chez Molière. D'une part, il insiste sur l'étendue de la bourgeoisie, "classe mitoyenne" qui touche par ses deux extrémités des catégories sociales relevant soit de la noblesse — des hobereaux de province tels que les Sotenville et les Escarbagnas — soit des rangs inférieurs de la bourgeoisie (Gorgibus, Sganarelle), voire même de la paysannerie, et l'on songe alors à ce riche manant qu'est George Dandin. De manière générale, la noblesse, telle qu'elle est peinte par Molière, qu'elle soit de la cour, de la ville ou de la province, se trouve rabaissée. Ainsi, la "qualité" du Clitandre de *George Dandin* et celle de Dorante dans *Le Bourgeois Gentilhomme*, n'empêche pas qu'ils soient jugés comme des personnages opportunistes et même corrompus.

Nisard

L'apparition de l'*Histoire de la littérature française* de Nisard en 1840 semble avoir comblé une lacune dans l'histoire de la critique littéraire au XIXème siècle. Première histoire systématique des lettres françaises, cette oeuvre se distingue des travaux critiques de vulgarisation d'E. Géruzez et de J. Demogeot, qui connaîtront de multiples rééditions au cours du siècle[22]. Avant de traiter l'analyse nisardienne du théâtre de Molière, qui occupe une place privilégiée dans l'*Histoire*, il convient d'examiner brièvement la doctrine esthétique de celui qui, en tant que directeur de l'Ecole Normale Supérieure à partir de 1857, exercera une influence considérable sur la formation des professeurs

[22] E. Schérer met en évidence la valeur historique de l'ouvrage critique de Nisard: "M. Nisard a fait un livre qui manquait à la France. Nous n'avions point d'histoire de notre littérature… M. Nisard est le premier, il est le seul qui ait traité, dans son ensemble et dans ses détails, un sujet qui touche de si près à notre gloire. On peut dire qu'il a élevé un monument aux lettres françaises" ("*Histoire de la littérature française* par D. Nisard", dans *Etudes sur la littérature contemporaine* [Paris: Calmann-Lévy, 1885] I, 171-172).

sous le Second Empire et même au-delà. Architecte du dogme classique, Nisard estime que l'universitaire de son époque doit fonder
son autorité sur les grands écrivains du XVIIème siècle et y puiser
sa conception de la culture générale[23]. Le caractère impérieux de sa
vision du classicisme est tel que les chefs-d'oeuvre littéraires authentiques ne peuvent voir le jour et s'épanouir qu'à une époque de
"maturité" historique. Selon lui, ce principe irréductible qu'est le
découpage des périodes de l'histoire littéraire s'opère en fonction des
termes mêmes de l'évolution de l'humanité: "... aux trois stades de
la vie, enfance, maturité, vieillesse, correspondent les trois stades de
l'histoire, ascension, apogée, décadence"[24]. L'exaltation nisardienne
de l'idéal classique constitue une réaction contre les progrès continus
de la société industrielle, une profonde hostilité à l'égard d'une culture contemporaine perçue comme décadente. Si le critique dénonce
l'individualisme romantique et le libéralisme littéraire sous toutes leurs
formes, c'est que le romantisme, dans la mesure où il est nourri de
littératures étrangères (c'est-à-dire, modernes et non classiques), est
taxé d'antipatriotisme. Persuadé de l'existence d'une littérature propre
à chaque groupe ethnique, Nisard finit par instaurer l'habitude de
définir certains auteurs par rapport à l'"esprit français". Les représentants privilégiés du génie national faisant office de propagateurs de
vérités dogmatiques et servant de modèles de bon goût, on comprend
sans peine la conception nisardienne de la littérature en tant que source
de nourriture spirituelle[25]. Enfin, de sa lecture des chefs-d'oeuvre du
XVIIème siècle, Nisard dégage les éléments d'une esthétique qui
préconise la discipline et la valeur de la contrainte, esthétique qui informe en partie le néo-classicisme d'un Valéry ou d'un Gide ("l'art
meurt de la liberté et naît de la contrainte")[26].

[23] On se reportera, à ce sujet, au propos d'E. Equey, qui souligne la contribution
critique de Nisard: "La doctrine universitaire, avec Villemain et Saint-Marc Girardin, ne s'était pas encore dépouillée complètement des apports de l'époque précé-
dente. Nisard eut le mérite et la gloire de ramener le corps professoral au vrai
classicisme" (99).

[24] J.-F. Halté et A. Petitjean, *Pratiques du récit* (Paris: Cedic, 1977) 18.

[25] D'où l'emploi d'une métaphore nutritive dans son jugement sur La Fontaine: "La
Fontaine est le lait de nos premières années, le pain de l'homme mûr, le dernier
mets substantiel du vieillard" (cité par E. Equey 83). Comme dans le cas de Molière,
l'auteur des *Fables* apparaît alors comme un grand écrivain s'adressant aux lecteurs
de tous les âges.

[26] Considérant Nisard, au tournant du siècle, comme le "maître incontesté des esprits",
A. Croiset résume ainsi les traits constitutifs de la doctrine nisardienne, fondée sur

Si l'on s'interroge sur l'exclusivisme de Nisard, on s'aperçoit que le dynamisme de l'évolution historique fait défaut chez ce critique par trop attaché à des catégories explicatives figées. C'est ainsi que son étroitesse l'empêche de juger l'apport de Voltaire, Rousseau, Chateaubriand et Hugo, ceux-ci étant, selon lui, sans commune mesure avec les modèles classiques. Les souvenirs scolaires de C. Bigot, exprimés sous forme d'une notice nécrologique consacrée au maître, font ressortir la désaffection des élèves de l'Ecole Normale Supérieure face à la doctrine étroite de Nisard:

> M. Nisard… n'était pas seulement un classique, mais le plus rigoureux et le plus étroit des classiques. De tous les adversaires du romantisme, il avait été le plus exclusif et plus violent[27].

C. Bigot met en cause le passéisme de son ancien maître, son esprit rétrograde qui l'avait amené à prêcher un retour au XVIIème siècle comme l'unique source de salut pour un pays en voie de décadence. Ce qu'il reproche à Nisard, ce n'est pas seulement son attachement à la morale mondaine de l'honnête homme, mais aussi sa volonté de "… réduire toute l'éducation littéraire au développement du goût… Ce culte du bon goût, en morale aussi bien qu'en littérature, c'était la religion de M. Nisard"[28]. Après avoir proclamé la supériorité des lettres contemporaines sur les chefs-d'oeuvre du XVIIème siècle, ce réquisitoire se poursuit ainsi:

> Nous ne nous résignions point à reporter notre idéal en arrière, à n'être que les Français de la décadence. On lisait peu à l'Ecole l'*Histoire de la littérature française* de M. Nisard; et, si on la lisait, c'était plutôt pour y chercher des arguments contre la thèse de l'auteur qu'en sa faveur…

des "vérités durables": "Quelles vérités? Celles qui se rapportent à la nature essentielle de l'homme et de la société, aux conditions éternelles du vrai, du beau, et du bien. La morale chrétienne tempérée d'humanisme, le rationalisme cartésien débarrassé de ce qu'il avait de trop rigoureux, la beauté classique en ce qu'elle avait de plus régulièrement harmonieux et raisonnable, tout cela constituait une sorte de doctrine qui se tenait à merveille, qui répondait à une longue tradition, et qui dominait toutes les branches de l'enseignement. C'était bien là une *perennis philosophia*, une philosophie traditionnelle et permanente qui, sans exclure certaines nuances personnelles, se continuait à travers les âges avec assez de noblesse et de régularité pour offrir aux jeunes esprits un bel idéal, capable de les soutenir et les orienter" (*L'Enseignement du français* [Paris: F. Alcan, 1911] 4-5).

[27] *Revue Internationale de l'Enseignement* 15 (1888) 429.

[28] "Désiré Nisard — souvenirs de l'Ecole Normale", *Revue Bleue* 15 (1888) 432, 435.

Personne ne fit moins de classiques que... le classique M. Nisard, directeur de l'Ecole normale[29].

Signalons, enfin, que le parti pris monarchique de Nisard avait de quoi aliéner la plupart des normaliens qui, alors, étaient d'orientation plutôt républicaine.

La critique nisardienne du théâtre de Molière s'attache à classer l'ensemble des pièces selon les catégories suivantes: comédies de caractère, de moeurs et d'intrigue. Privilégiant la haute comédie, où la dimension morale de la conduite des différents personnages est mise en relief, Nisard estime que chacun de ces personnages est jugé selon la valeur de son caractère: on connaît ou bien la récompense d'une attitude vertueuse et sage ou bien le châtiment d'un comportement vicieux et répréhensible. On a affaire à une sorte de justice distributive qui assigne peines et récompenses; la satisfaction du public dépend, au dénouement, du bon fonctionnement du mécanisme de correction. Ainsi, dans *L'Ecole des Maris*, Sganarelle échappe au châtiment, ce qui, en général, est le fait des personnages les plus ridicules chez Molière. Cette théorie de la "correction proportionnelle" s'applique fort bien au *Misanthrope*. Même si la condamnation est infligée par le ridicule aux divers prétendants de Célimène, elle n'est pas apte à les corriger. Le châtiment d'Arsinoé est tel que cette dernière se trouve condamnée à rester dans les limites de sa triste solitude de prude. Dans la mesure où son orgueil le pousse à se croire "le seul probe" de la pièce, où son esprit de contradiction dissimule mal une *libido dominandi*, Alceste mérite bien, selon lui, sa punition au dénouement. Toutefois, Nisard n'entrevoyant aucune conversion chez Célimène, la rupture finale entre Alceste et sa favorite est perçue comme un événement qui va bénéficier au protagoniste en ce sens que celui-ci va échapper à un mariage qui ne peut qu'échouer. Quant à *Tartuffe*, enfin, le critique se soucie de dégager de cette comédie sa valeur d'avertissement en signalant la révolte morale de Molière contre la noirceur du faux dévot.

Sur un plan plus général, Nisard prend soin de rattacher l'ensemble des maximes propres à ce théâtre, tels l'amour du bien et du vrai et l'idéal du naturel et de la bienveillance, à l'affectivité du dramaturge: "tout cela est sorti du coeur de Molière". Alors que les tragédies de Corneille ou de Racine suscitent chez les spectateurs un plaisir d'ordre esthétique, la satisfaction que l'on tire des comédies

[29] "Désiré Nisard" 434.

moliéresques est d'ordre essentiellement éthique. Le critique insiste ici sur les liens affectifs, voire sur l'intimité profonde qui s'établit entre le dramaturge et les spectateurs:

> On sort d'une représentation du *Cid* ou d'*Athalie* avec une profonde admiration pour le génie; on sort d'une pièce de Molière avec l'amitié pour l'homme. Les autres se tiennent plus sur la cime; Molière vit au milieu de nous[30].

Dans la mesure où "Molière met tous les goûts d'accord", il incarne une parfaite modération lui permettant d'encourager l'unanimité et d'atteindre un plus haut degré d'harmonie sociale; bref, son rire est un facteur de solidarité humaine. Nisard démontre alors que l'univers de la comédie, avec ses scènes prises sur le vif, met en jeu un processus d'identification particulièrement efficace: malgré la différence des moeurs d'une époque à une autre, la permanence des travers humains est telle que les spectateurs ne se sentent guère dépaysés devant des scènes évoquant une époque révolue. Le critique s'attache, plus précisément, à mettre en évidence la filiation historique entre la bourgeoisie du XVIIème siècle et celle du XIXème, c'est-à-dire, la communauté d'intérêts qui relie les différentes manifestations historiques de cette classe sociale:

> De toutes les conventions elle (la comédie) est la plus près (sic) de la réalité: ce sont nos moeurs, nos scènes de famille, nos travers, c'est nous... Ces moeurs ont été celles de nos ancêtres; leurs travers nous appartiennent. Nous revendiquons nos marquis d'aujourd'hui, dont les parchemins sont à la caisse du sceau[31].

Nisard entreprend enfin une définition célèbre de l'"esprit français". Marquée avant tout par la permanence, la notion même d'esprit français lui permet de tracer son histoire littéraire. Le tableau nisardien de la littérature française met en valeur un esprit essentiellement pratique, esprit comportant deux ordres de vérités: les vérités philosophiques — "ce qui se fait" — et les vérités morales — "ce qu'il faut faire". La primauté des vérités morales est ici évidente, en ce sens que toute connaissance doit prendre une dimension éthique et s'adresser à l'ensemble de la population: "... la connaissance pour arriver

---

[30] *Histoire de la littérature française* (Paris: Firmin-Didot, 1849) 120.
[31] *Histoire de la littérature française* (1849) 126.

au devoir: tel est le fond de l'esprit français"[32]. Cette définition de l'homme de génie qui se plaît à communiquer des vérités communes — véritable "écho sonore" selon la conception romantique — s'applique, en fin de compte, particulièrement bien à Molière:

> L'homme de génie, en France, c'est celui qui dit ce que tout le monde sait. Il n'est que l'écho intelligent de la foule; et s'il ne veut pas nous trouver sourds et indifférents, il faut qu'au lieu de nous étonner de ses vues particulières, il nous fasse voir notre intérieur, et, comme le dit Montaigne, qu'il nous avertisse de nous-mêmes[33].

Autres textes

Quoique les textes suivants n'appartiennent pas, à proprement parler, à la critique exégétique sur Molière au XIXème siècle, ils représentent divers aspects de sa fortune critique dans un sens plus largement culturel. Nous examinerons brièvement le *Dictionnaire de littérature et de morale, par Molière*, ouvrage anonyme paru en 1837, et quelques-uns des textes entourant la construction du monument Molière à Paris en 1844.

Conformément à plusieurs traités de rhétorique de cette époque qui, marqués par un souci de nomenclature rigoureuse, présentent un savoir fortement classé et passablement théorique, le *Dictionnaire de littérature et de morale* fait le bilan de tous les concepts d'ordre moral (amour, bonheur, bonne conduite, honnêteté, vertu, etc.) apparaissant dans le théâtre de Molière. Sous forme alphabétique, chacun de ces concepts est illustré par une ou plusieurs citations de Molière. Outre le classement systématique qu'offre ce livre de référence, on y trouve un souci proprement esthétique, car les citations, agrémentées de petits dessins, sont richement décorées d'un double liseré; la mise en valeur typographique de la formule s'inscrit ainsi dans cette organisation du texte. Aux termes proprement moraux s'ajoute bon nombre de mots désignant divers groupes d'expressions concrètes, ainsi que des vocables désignant divers groupes socio-professionnels, commençant par "archers" et aboutissant à "valets", en passant par des termes concrets de toute sorte, tels "argent", "bâton", "bonne chère", "chasse", "consultation médicale", "costumes", "dot" (par opposition à "dot en économie"!), "escobarderie", "fagots", "gérontomanie", "inversions", "jeu", "luxe", "opéra", "paille", "perfidie", "rhume", "saignée", etc. Par ailleurs, il est intéressant de noter que l'on trouve, dans la

[32] *Histoire de la littérature française* (Paris: Firmin-Didot, 1879) 13.
[33] *Histoire de la littérature française* (1879) 14-15.

"table des mots", non moins de 498 termes répertoriés! Cet index quasi exhaustif est suivi d'une analyse de toutes les pièces de Molière, traitées purement en fonction de leur progression dramatique (c'est-à-dire, d'acte en acte, et de scène en scène). Pour n'en donner qu'un exemple, l'Acte premier de *L'Avare* est organisé de telle sorte que dans la plupart des cas un seul terme sert à caractériser chaque scène: "I, 1 — Flatterie; I, 2 — Parents; I, 3 — Avarice, Méfiance; I, 4 — Inconvénient des richesses; I, 7-10 — Dot; I, 7 — Mariage; I, 8 — Caractère". En somme, bien avant l'ère de l'informatique et de l'hypertexte, ce petit ouvrage remarquable apparaît comme un excellent instrument de référence, et sert en quelque sorte de précurseur au travail critique du même ordre qu'est *La Thématique de Molière* de J. Truchet[34].

Fait culturel de premier ordre, la construction du monument Molière, face à la maison dans laquelle est mort le dramaturge (rue de Richelieu) s'insère dans l'entreprise de muséification des gloires nationales propre au civisme commémoratif du XIXème siècle. Faisant partie intégrante du paysage urbain moderne, cette statue sera, comme maintes autres de l'époque, liée à l'affirmation de la politique laïque et relèvera, à partir de la Troisième République, d'une conception sacrée de la culture[35]. C'est de l'initiative privée d'un acteur de la Comédie-Française, écrivant au préfet de Paris, qu'est née l'idée de transformer une simple fontaine en un monument à l'honneur de Molière: "C'est dans cette lettre que se trouve le premier germe apparent de l'idée sanctionnée plus tard par la ville et par l'état. Le monument de Molière n'a donc été qu'un heureux accident"[36]. Dans une histoire du monument par A. Martin, suivie d'un éloge poétique fourni par L. Colet, maîtresse de Flaubert, on apprend que la statuaire sert de manière générale à vulgariser les actes héroïques de la nation

---

[34] J. Truchet, et al., éds, *Thématique de Molière; six études suivies d'un inventaire de thèmes de son théâtre* (Paris: SEDES, 1985),

[35] De même qu'il existait des "guerres des manuels" au sein de l'Ecole républicaine, il existait, sous la Monarchie de Juillet, une "guerre des statues" tournant autour de la notion même du sacré dans la culture française du XIXème siècle, comme le laisse transparaître le commentaire suivant de L. Veuillot: "Sous le règne de Louis-Philippe, lorsque l'on élevait un monument public à Molière, en face de la maison où il est mort, l'idée vint de placer la statue de Bourdaloue sur la fontaine de la place Saint-Sulpice. On objectera que Bourdaloue avait été jésuite, et il n'eut pas de statue" ("Molière et Bourdaloue", *Revue du Monde Catholique* 5 [1863] 645).

[36] H. Babou, "Les Ephémérides de Molière", *Revue de Paris* 25 (1844) 184. Selon A. Nicolet, il s'est constitué une sorte de mouvement en faveur de la construction de ce monument, un phénomène de propagande civique qui a peut-être déclenché le moliérisme, mouvement qui allait battre son plein dans les années 1880 ("Histoire des études sur Molière", *Edda* 39 [1939] 430).

française[37]. Dans le cas particulier de Molière, on insiste sur l'immense popularité du dramaturge auprès du peuple, sur son rôle en tant que législateur social ayant le don de le faire rire. A. Martin souligne enfin l'influence profonde qu'exerce la comédie moliéresque sur les moeurs françaises au fil des années. Par sa peinture de l'amour dans toute son ampleur, cette comédie, dans la mesure où elle contribue à une épuration du goût et à un raffinement des sentiments, achemine la France vers un idéal de vie vertueuse. Selon le témoignage de L. Colet, plutôt qu'à la chasse aux écus, Molière pousse les Français des années 1840 à se montrer sous un jour patriotique:

> Si vous fûtes si grands, ô Molière, ô Shakespeare!
> Si tant de vérité dans vos oeuvres respire,
> C'est que par votre voix la nature a parlé.
> ...
> Enfin, si tu vivais de nos jours, ô Molière,
> Tu maudirais surtout, de ta voix rude et fière
> L'amour de l'or, ardente et vile passion
> Qui consume et qui perd la génération!
> Cet amour a tué l'amour de la patrie[38].

Enfin, l'inauguration du monument donne l'occasion à A. Latouche d'émettre, dans une pièce de circonstance, le jugement suivant:

> Le 15 janvier, on a inauguré le monument destiné à Molière. M. le préfet de la Seine et Paris tout entier ont couronné publiquement Molière, le poète, l'excommunié. Cet hommage était dû à la mémoire du génie le plus vaste et le plus français que nous ayons eu... c'était la postérité qui réhabilitait Molière hué, conspué de son vivant par l'ignorance et l'hypocrisie: les deux ennemis des progrès de l'esprit humain[39].

Après avoir signalé la satire virulente que l'on décèle chez Molière, et qui donne à la comédie de ce dernier une dimension aristophanesque, A. Latouche s'interroge, à l'instar du jugement de Stendhal en 1830[40], sur les raisons pour lesquelles le rire moliéresque ne touche plus le public des années 1840. Pour Stendhal, en effet, étant donné

---

[37] L. Colet, *Le Monument de Molière* (Paris: Paulin, 1843) 6.
[38] *Le Monument* pp. v-vi.
[39] "De la comédie de Molière", *Revue Critique* 21 (1844) 423-424.
[40] Théodore Bernard (Du Rhône) — alias Stendhal, "La Comédie est impossible en 1836", *Revue de Paris* 28 (1836) 73-85.

le règne des impostures de tout ordre, la question qu'il se pose: "La comédie est-elle possible?" ne peut recevoir qu'une réponse négative. A. Latouche préfère, lui, exalter la profondeur philosophique de *Dom Juan*, comédie dans laquelle Molière

> ... a mis aux prises le ciel et l'enfer: c'est le dix-huitième siècle personnifié. Son Dom Juan va devenir le type élégant et licencieux de toute la nation de Shakespeare avec Lord Byron[41].

Lectures du Second Empire

Louis de Cormenin

Dans un article paru dans la *Revue de Paris* en 1851 ("Comédie sociale. Les types de Molière"), L. de Cormenin voit en Molière l'apôtre de l'individualisme, principe, selon lui, en voie de disparition dans la France de 1850. Il se plaint en particulier du rôle excessif joué par l'Etat dans la société: les appareils universitaires et militaires ainsi que l'administration civile en général représentent, à ses yeux, des menaces réelles pour l'individualisme. A cet état général de désaffection s'ajoute une prise de position conservatrice vis-à-vis des profonds remous sociaux en France depuis 1789, aboutissant à une mise en question radicale de l'efficacité politique des mouvements révolutionnaires. De plus, à l'instar de Geoffroy, on trouve dans la critique littéraire de L. de Cormenin une réflexion constante sur la modernité dans une perspective politique, artistique et morale.

Afin d'illustrer sa thèse, L. de Cormenin établit une immense typologie moliéresque. Cet inventaire systématique des multiples types chez Molière montre le haut degré d'individualité sous-jacent à l'idéal d'humanité. On peut se faire une idée de la société française du XVIIème siècle dans toute son ampleur en songeant à la multiplicité des croquis comiques qui finissent par prendre une valeur allégorique chez ce critique:

> (Molière) a, tour à tour... représenté le mariage par George Dandin et Sganarelle; la tutelle par Arnolphe; la jeunesse, par Isabelle; l'amour, par Léandre; la droiture de coeur, par Henriette; la coquetterie, par Célimène; l'honnêteté tranquille, par Elmire; l'intrigue, par Scapin, Frosine et Mascarille; le bon sens fin, par Ariste, Clitandre, Béralde, Philinte; le bon sens au gros sel de cuisine, par Martine, Nicole ct Toinette; la tromperie, par Tartuffe et Trissotin... la bourgeoisie, par M.

[41] "De la comédie de Molière" 429.

Jourdain et George Dandin; la noblesse véreuse, par Dorante; la noblesse scélérate par Dom Juan; la noblesse sottement vaniteuse, par la famille de Sotenville et la comtesse d'Escarbagnas; la noblesse élégante et polie par Clitandre...[42]

Alors que les figures de mari, tels Sganarelle et George Dandin, sont bafouées et n'échappent pas au cocuage, le mari au XIXème siècle n'est plus, d'après L. de Cormenin, objet de ridicule car il bénéficie de la protection du Code civil. Le critique cite à ce propos des pièces de Scribe pour montrer que l'autorité conjugale se trouve rehaussée à son époque: la réhabilitation théâtrale du mari aux temps modernes s'accompagne de la dénonciation du séducteur. On assiste, de même, à une nouvelle conception de la paternité au XIXème siècle, selon laquelle les pères de famille ne se situent plus dans une hauteur détachée. Malgré l'évolution morale qui s'est accomplie depuis le règne de Louis XIV, les types de Molière ne laissent pas de rester éternels et de s'adresser aux spectateurs d'une époque moderne.

Sainte-Beuve

Fondateur de la critique biographique, Sainte-Beuve, le plus grand exégète français du XIXème siècle, se livre parfois à une lecture subjectiviste du théâtre de Molière, qui projette des données biographiques du dramaturge dans son oeuvre; ainsi, les déboires conjugaux d'Arnolphe mettraient en scène les premières infidélités d'Armande Béjart. Toutefois, Sainte-Beuve corrige cette démarche romantique en mettant ses lecteurs en garde contre la tendance à identifier, par le biais de "clefs" historiques, l'auteur à ses personnages. La dramaturgie moliéresque jouissant de sa propre autonomie, les divers protagonistes finissent par prendre une existence indépendante de celle de l'auteur. La critique biographique de Sainte-Beuve signale néanmoins le rôle des traits de physionomie — "la mâle beauté du visage de Molière" — ainsi que la disposition du dramaturge à être en proie à la mélancolie. Le passage suivant met en évidence le contraste paradoxal entre la personnalité de Molière et celle de Shakespeare, et leur création dramatique respective:

Molière et Shakespeare sont de la race primitive, deux frères, avec cette différence... que dans la vie commune Shakespeare, le poète des pleurs

---

[42] *Revue de Paris* 1 (1851) 83-84. Signalons ici que L. de Cormenin se trompe sur le statut social de George Dandin, riche paysan qui s'est mal marié avec Angélique, fille des Sotenville.

et de l'effroi, développait volontiers une nature plus riante et plus heureuse, et que Molière, le comique réjouissant, se laissait aller à plus de mélancolie et de silence[43].

Sainte-Beuve peint enfin un portrait du poète comique peu satisfait de sa vie, et chagriné par l'idée de ne pas être l'objet d'une plus grande estime auprès du public.

Avant de considérer d'autres aspects de la critique beuvienne de Molière, et particulièrement de celle qui porte sur l'oeuvre plutôt que sur l'homme, il serait bon d'examiner de manière plus générale la conception d'ensemble sous-jacente à cette critique d'inspiration professorale. Il faut insister, d'abord, sur l'influence profonde que l'oeuvre de Sainte-Beuve a exercée sur l'évolution de l'enseignement littéraire au XIXème siècle, tant sur le plan du personnel enseignant que sur celui de l'ensemble des écoliers. En fait, sa carrière l'amène à "… privilégier son rôle de professeur de littérature sur celui d'intermédiaire entre la production de son époque et le public des nouveaux lecteurs"[44]. Outre leur influence sur de nombreux sujets de thèse et d'articles, les écrits de Sainte-Beuve ont fourni, comme on le verra, de multiples devoirs de classe. Ses leçons se sont répercutées sur les manuels ainsi que sur les méthodes d'histoire littéraire communément admises, et M. Pellisson souligne l'impulsion nouvelle que l'auteur des *Causeries du lundi* donne à ces méthodes:

> Jusque vers le milieu du XIXème siècle, dans la plupart des chaires, l'enseignement des lettres était figé, ankylosé, demi-mort. Sainte-Beuve lui a donné du mouvement et de la vie… grâce à lui, les humanités sont devenues plus humaines[45].

Par sa critique des méthodes universitaires des années 1850 — il prend à partie en l'occurrence la censure qui s'exerce tant sur le choix des textes modernes que sur celui des textes anciens — Sainte-Beuve prépare les réformes scolaires de J. Simon en 1872. Plus précisément, il opère un élargissement de la notion de classicisme, qui jouera un rôle non négligeable dans l'élaboration des programmes scolaires même avant l'instauration de l'Ecole républicaine; dorénavant, ceux qui sont chargés de l'enseignement supérieur doivent atteindre à un équilibre entre l'érudition scientifique et le goût mondain. En fait, il se constitue un "mythe critique du XVIIème siècle" cher à Sainte-Beuve qui,

[43] *Portraits littéraires* (Paris: Didier, 1852) II, 49.
[44] G. Delfau et A. Roche 41.
[45] "A propos du centenaire de Sainte-Beuve", *Revue Pédagogique* 45.2 (1904) 533.

plus que tout autre exégète de l'époque, mérite d'être qualifié de "classique moderne" et d'échapper ainsi à la critique rétrograde dans laquelle s'enferme Nisard[46]. Ainsi s'explique peut-être la raison pour laquelle l'exégèse beuvienne n'a pas vieilli au même degré que celle de Nisard ou de Saint-Marc Girardin vers la fin du siècle. Selon l'exploitation symbolique du XVIIème siècle qu'a entreprise Sainte-Beuve, les écrivains de cette époque sont utilisés comme source de citations parmi les lettrés contemporains, bref, comme signes de rapprochement culturel, justifiant ainsi le lien de filiation historique entre ces époques, comme le souligne fort bien R. Molho: "... le XVIIème siècle a été de façon de plus en plus nette le centre vivant de la culture beuvienne"[47]. On comprend, dans cette perspective, la tendance qu'a Sainte-Beuve à transformer les noms illustres du XVIIème siècle en symboles:

> L'histoire littéraire, politique ou artistique devenait ainsi un dictionnaire où les noms propres transformés en symboles formaient comme les noms communs d'une nouvelle langue littéraire ou psychologique[48].

Ainsi, Corneille en vient à incarner l'idéal du sublime, Mme de Sévigné, l'amour maternel, Bossuet, la grandeur, La Fontaine,

> ... la sagesse réaliste et pratique... Les personnages de Molière fournissent une abondante galerie de symboles. Trissotin représente naturellement le mauvais goût précieux. Le nom d'Alceste évoque l'idée de désenchantement amer[49].

Enfin, dans la mesure où il formule la notion de "famille d'esprits", Sainte-Beuve contribue à la création d'une sorte d'album de famille national; la permanence de certains courants littéraires à travers les âges et le recours aux considérations de "caractère national", de "génie" et de "race" font partie intégrante de cette démarche. Grâce à l'apport fondamental de la critique beuvienne, une culture littéraire nationale aura droit de cité dans l'Ecole républicaine.

Sainte-Beuve accorde à Molière une place à part dans le panthéon littéraire: ce dernier appartenant de fait à "une classe d'hommes hors de ligne", il prend rang parmi les cinq ou six génies universels de la littérature occidentale. Génie dramatique complet, intemporel et par-

---

[46] Voir à ce sujet R. Molho, *L'Ordre et les ténèbres, ou la naissance d'un mythe chez Sainte-Beuve* (Paris: Colin, 1972).

[47] *L'Ordre et les ténèbres* 22.

[48] *L'Ordre et les ténèbres* 9.

[49] *L'Ordre et les ténèbres* 10-11.

faitement équilibré, Molière, tout en faisant partie du XVIIème siècle, s'en détache de manière plus éclatante que d'autres contemporains. Du fait qu'il a imité de nombreux modèles, l'auteur comique se montre bien plus lié au XVIème siècle, et en particulier à Rabelais, que l'ensemble des écrivains classiques. Abordant la satire virulente de l'hypocrisie religieuse que l'on trouve dans *Dom Juan* et *Tartuffe*, Sainte-Beuve prête à la comédie moliéresque une valeur de pressentiment; ses pièces présagent "la triste fin d'un beau règne", c'est-à-dire, l'atmosphère morose entraînée par le règne de Mme de Maintenon et la révocation de l'Edit de Nantes. Quant à la scène du Pauvre, elle annonce, selon lui, l'idéal de philanthropie humanitaire propre au XVIIIème siècle. Précurseur de la Révolution, le dramaturge entrevoit, presque un siècle avant Beaumarchais, les préjugés de caste et les divers abus qui ne feront que croître au XVIIIème siècle: "le *Tartuffe*, à la veille de 89, parlait aussi net que *Figaro*"[50]. Après avoir défini l'espace parcouru entre le haut et le bas comique par les rôles respectifs d'Alceste et de Sganarelle[51], Sainte-Beuve se plaît à dégager une "poésie du comique" de ce théâtre, poésie que Molière excelle à créer soit par le biais de la libre fantaisie de ses farces soit par l'observation morale de ses comédies de caractère. Le critique met en relief l'évolution progressive du théâtre moliéresque, de la farce primitive aux comédies les plus sérieuses, le tout couronné d'une perpétuelle "fantaisie du rire".

Dans un siècle qui a connu, grâce en grande partie aux progrès continus de la scolarisation, une diminution remarquable de l'analphabétisme, Sainte-Beuve souligne le fait que le XIXème siècle — "incomparable moment de triomphe pour Molière" — s'est nourri de l'oeuvre du poète comique; apprendre à lire, c'est nécessairement s'initier à cette oeuvre: "chaque homme de plus qui sait lire est un lecteur de plus pour Molière"[52]. En somme, la critique de Molière à laquelle s'est livré au cours de sa vie l'auteur des *Portraits littéraires* se montre en général particulièrement nuancée. Allant au-delà des poncifs relevant de la rhétorique académique, l'éloge célèbre que le critique consacre au dramaturge prend un accent dithyrambique et met en évidence une véritable "moliérophilie" qui inspirera par la suite maints

---

[50] *Portraits littéraires* 60.

[51] "Alceste apparaît; Alceste, c'est-à-dire, ce qu'il y a de plus sérieux, de plus noble, de plus élevé dans le comique, le point où le ridicule confine au courage, à la vertu... Sganarelle embrasse les trois quarts de l'échelle comique, le bas tout entier, et le milieu qu'il partage avec Gorgibus et Chrysale; Alceste tient l'autre quart, le plus élevé. Sganarelle et Alceste, voilà tout Molière" (*Portraits littéraires* 22).

[52] *Portraits littéraires* 61.

auteurs adorateurs du poète comique. Cet éloge présente l'ensemble des justifications du culte fervent que la France du XIXème siècle voue à son "premier farceur"; chaque reprise du refrain "Aimer Molière" apporte une preuve de plus, qu'elle soit d'ordre dramaturgique, moral, politique ou bien humanitaire. Ce qui ressort de cette tirade, au total, ce n'est pas seulement que Molière peut, à juste titre, servir de guide à la conscience morale, mais que son oeuvre prend une valeur thérapeutique pour une nation en proie à des dissensions politiques et religieuses depuis le XVIème siècle. Sainte-Beuve a le mérite d'être un des premiers à signaler cette valeur primordiale:

> Aimer Molière, c'est être guéri à jamais, je ne parle pas de la basse et infâme hypocrisie, mais du fanatisme, de l'intolérance et de la dureté en ce genre, de ce qui fait anathématiser et maudire... Aimer Molière, c'est être également à l'abri... de cet autre fanatisme politique, froid, sec et cruel, qui ne rit pas, qui sent son sectaire, qui... trouve moyen de pétrir et de combiner tous les fiels et d'unir dans une doctrine amère les haines, les rancunes et les jacobinismes de tous les temps... Aimer et chérir Molière, c'est être antipathique à toute *manière* dans le langage et dans l'expression; c'est ne pas s'amuser et s'attarder aux grâces mignardes, aux finesses cherchées, au marivaudage en aucun genre, au style miroitant et artificiel. Aimer Molière, c'est n'être disposé à aimer ni le faux bel esprit ni la science pédante; c'est aimer la santé et le droit sens de l'esprit chez les autres comme pour soi[53].

Saint-Marc Girardin

Professeur à la Sorbonne, Saint-Marc Girardin présente son *Cours de littérature dramatique* entre 1843 et 1863. L'autorité universitaire dont il jouit met en lumière son influence non seulement sur les pratiques

---

[53] *Oeuvres complètes de Molière* (Paris: Calmann-Lévy, 1884) v, 277-278. L'éloge beuvien sert de point de départ à ce sujet de composition, posé au niveau de l'enseignement secondaire spécial à Caen en 1892: "Sainte-Beuve a dit: 'Aimer Molière, j'entends l'aimer sincèrement et de tout son coeur, c'est, savez-vous, aimer en soi une garantie contre bien des défauts, bien des vices et des travers d'esprit'. Développer cette pensée" (*Annales du baccalauréat* [Paris: Nony, 1892] 10). Du reste, R. Benjamin s'inspire de toute évidence de ce même discours pour formuler l'observation suivante: "Il suffit d'avoir l'esprit droit et le coeur sain pour aimer Molière. Et il n'est nul besoin de fiches, ni de gloses, ni de critiques, ni de maîtres de conférences..." (cité par J. Tenant dans "La Critique de Molière", *Les Amitiés Foréziennes et Vellares* 1 [1921] 121). Selon cette approche "affectueuse", l'amour du dramaturge dépasse une connaissance critique de son oeuvre. Représentant exemplaire du bon sens — que J. Dutourd considère comme "la vertu essentielle du classicisme" — le poète comique jouit, aux yeux

scolaires sous le Second Empire et au-delà, mais aussi sur la critique dramatique proprement dite, comme le signale M. Descotes:

> Avec Saint-Marc Girardin, qui reste un enseignant, s'instaure une forme de critique appliquée à traiter le sujet, didactique, volontiers dogmatique. Ainsi se prépare l'épanouissement d'une génération de journalistes qui, formée aux solides leçons de l'Université, va, en gros à partir du Second Empire, légiférer en matière de théâtre[54].

Saint-Marc Girardin s'intéresse avant tout à l'analyse psychologique des personnages dramatiques, d'où l'orientation particulière de ses cours de morale, qui portent sur l'histoire d'un sentiment (l'amour paternel, l'amour filial, etc.) ou d'une institution sociale (le mariage) dans un contexte théâtral depuis l'Antiquité jusqu'à l'époque contemporaine. L'évolution historique du sentiment donné met en évidence un progrès moral incontestable, et le critique souligne le rôle du christianisme dans la continuité de ce progrès. A ceci s'ajoute chez lui une valorisation du rôle historique joué par la bourgeoisie, une justification, sur tous les plans, des "privilèges" et de la domination qu'exerce cette classe sur la société française du XIXème siècle. C'est ainsi qu'il définit, au cours d'une conférence, son idéal de suprématie bourgeoise: "Soyons médiocre. La vraie supériorité est d'être à sa place"[55]. Ainsi, dans sa lecture de *Dom Juan*, il jette le discrédit sur le protagoniste, "grand seigneur méchant homme", tout en conférant à M. Dimanche, créancier bourgeois, un statut quasi héroïque. Selon lui, les hommes "... sont plus sages dans leurs affaires que dans leurs idées... M. Dimanche se moquera de vous, aujourd'hui surtout que M. Dimanche est électeur, député ou ministre, et que vous, de votre côté, vous n'êtes plus gentilhomme, puisqu'il n'y en a plus"[56].

Pour apprécier l'intérêt de la critique de Saint-Marc Girardin, il convient de se limiter à une problématique particulière, à savoir, la condition de la femme et le thème du mariage, telle qu'elle se manifeste dans le théâtre de Molière. D'abord, on trouve dans ce théâtre

---

de ce critique contemporain, d'une même réputation de probité: "C'est l'homme le plus droit et le plus loyal qu'on puisse rencontrer dans toute l'histoire de la littérature française" ("Molière ou l'héroïsme du bon sens", dans *Contre les dégoûts de la vie* [Paris: Flammarion, 1986] 209, 216).

[54] *Histoire de la critique dramatique en France* (Paris: J.-M. Place, 1980) 212.

[55] Cité par L. W. Wylie dans *Saint-Marc Girardin, Bourgeois* (Syracuse, N.Y.: Syracuse University Press, 1947) 157.

[56] Cité par C. Louandre dans *Oeuvres complètes de Molière* (Paris: Charpentier, 1858) II, 58.

une peinture relativiste du mariage, et le dramaturge s'efforce de déter-
miner le bonheur conjugal en fonction des qualités morales de la
femme. Par le biais d'une parodie de la consultation burlesque de
Panurge à propos du projet de mariage, Saint-Marc Girardin fait ressortir la part fondamentale de l'arbitraire qui entre nécessairement
en jeu, Agnès et Angélique détournant Panurge de ce projet, Eliante
et Léonore l'encourageant à opter pour le mariage. Le conservatisme
social du critique se traduit avec vigueur dans son analyse des *Précieuses ridicules*, où il exalte l'honnêteté de Gorgibus, dont la doctrine
s'applique particulièrement bien, d'après lui, à la société moderne.
Comme il existe à son époque de plus nombreuses sauvegardes destinées à assurer les devoirs de la femme, Saint-Marc Girardin va
jusqu'à faire un rapprochement paradoxal entre Gorgibus et Proudhon, tous deux s'accordant sur la seule solution qui s'impose à la
femme — il s'agit en l'occurrence de la femme bourgeoise — en société:
"mère de famille ou courtisane". Il est parfaitement impossible, selon
lui, de concevoir le bonheur féminin en dehors du mariage; depuis
sa jeunesse, la femme doit toujours se laisser diriger par son guide,
que ce soit la direction maternelle ou bien l'omniprésence du devoir.
Abordant *Amphitryon*, le critique dénonce le côté scabreux de la morale
de cette pièce, qui est dépourvue de la valeur édifiante que l'on trouve
dans la version originale de Plaute. Alors que celui-ci, de même que
Rotrou, se livre à une exaltation de l'honneur conjugal dans le personnage d'Alcmène, "sainte et noble épouse" qui sert de protagoniste,
l'Alcmène moliéresque, reléguée à une place secondaire, ne fait pas
preuve de la même honnêteté exemplaire. Molière est jugé coupable
dans la mesure où il se refuse à louer "la sainte idée du mariage".

Saint-Marc Girardin s'emploie néanmoins à défendre Molière contre
les accusations d'immoralité lancées par l'auteur de la *Lettre à d'Alembert*. Ainsi, à l'encontre de la thèse soutenue par Rousseau, *George Dandin* ne met pas en jeu une apologie de l'adultère, car le mal n'a aucune
force de séduction chez le spectateur:

> Le mal nous fait rire, parce qu'il sert de châtiment à la vanité ridicule…
> Il ne prêche et n'endoctrine pas. Il amuse notre frivolité, ce qui est peut-
> être déjà un tort; il ne tend pas à pervertir notre conscience[57].

Dans son examen de la signification morale de la conduite de George
Dandin et de sa femme, le critique en vient à démontrer que, malgré

---

[57] *Cours de littérature dramatique* (Paris: Charpentier, s.d.) v, 147.

la brutalité de son mari, la conduite d'Angélique ne laisse pas d'être répréhensible; on n'est donc pas en droit de prendre le parti de la mal mariée. D'autre part, la brutalité d'un mari ne doit pas, en principe, légitimer l'adultère. Dans sa défense du droit marital chez Molière, Saint-Marc Girardin dénonce le passage tendancieux qui étend le cas particulier à la règle générale:

> ... (Molière) ne conclut jamais du fait au droit, d'une scène de comédie à un code de législation, d'un conte de Boccace à une thèse de philosophie morale, d'Agnès ou d'Angélique à l'impossibilité de rencontrer une honnête femme, de Trissotin à la sottise des gens de lettres, de Tartuffe à l'hypocrisie de tous les dévots, de George Dandin à l'illégitimité du droit marital[58].

Au lieu de créer une pièce à thèse, le dramaturge établit une sorte d'équivalence morale entre George Dandin et sa femme n'engageant nullement le spectateur. Comme le ridicule de chacun est également souligné, de même que l'on condamne ce couple lamentable, ni l'un ni l'autre ne mérite l'absolution du spectateur. Si le critique s'interroge sur la portée révolutionnaire des revendications égalitaires de George Dandin à la veille de 1789, il n'en reste pas moins que la dimension politique de la pièce et le drame personnel du protagoniste s'excluent mutuellement. Enfin, s'il faut dégager une leçon de cette comédie, comme de tout le théâtre de Molière, c'est que l'on ne doit pas se marier hors de son rang; à cela s'ajoutent d'autres qualités nécessaires à un bon mariage, à savoir, la liberté, l'estime et l'égalité d'âge.

D'après Saint-Marc Girardin, c'est bel et bien Henriette, héroïne des *Femmes savantes*, qui représente l'idéal féminin le plus élevé chez Molière et le porte-parole du dramaturge en matière de philosophie conjugale. Outre sa modestie exemplaire, son bon sens et ses qualités de coeur, elle incarne le mieux l'idéal du parfait équilibre: son savoir, et la façon dont elle le communique, ne doivent être ni excessifs ni insuffisants:

> Ainsi un mariage librement formé par une mutuelle estime *de tendresse suivie*; une femme spirituelle, instruite et modeste, voilà l'idéal du mariage pour Molière, et cet idéal, qui n'est placé ni trop haut ni trop bas, convient à la société polie et lettrée que Molière préconise sur son théâtre et qu'il semble proposer à notre imitation[59].

[58] *Cours de littérature dramatique* 149.
[59] *Cours de littérature dramatique* 162.

D'autre part, le critique se soucie d'indiquer que cet idéal féminin n'est pas hors d'atteinte, car il met en évidence un décalage entre les conditions de la vie romanesque, où prennent place les Armandes et les Angéliques, et celles de la vie réelle, où triomphent les Henriettes. Il fait état, enfin, du développement croissant du moliérisme dans les années 1860 par sa mise en accusation de cette "manie" française qui consiste à ériger le poète comique en "un grand philosophe, et presque (en) un homme d'Etat".

Alexandre Vinet

Les *Poètes du siècle de Louis XIV* (1861) constituent la synthèse des cours professés par A. Vinet à l'Académie de Lausanne de 1844 à 1845, et l'avertissement proclame le caractère didactique de l'oeuvre. Outre la tonalité tragique de son portrait du dramaturge, portrait relevant de l'image romantique de ce dernier, A. Vinet — semeur d'idées surnommé à son époque le "Pascal protestant" — se livre à une analyse qui met en relief, à des degrés divers, la modernité des comédies de Molière. A la source du rire moliéresque se trouve, d'abord, une perception généralisée de la déraison théâtrale liée à l'objectivité du regard critique de l'auteur[60]. Là où Pascal lutte pour une liberté d'ordre théologique, Molière, lui, réclame la liberté morale afin de s'en prendre aux vestiges d'un ordre politique révolu. Prise dans son ensemble, la comédie moliéresque s'insère dans l'affranchissement des moeurs, d'où sa raillerie constante des bourgeois attardés et pédants. Le "progressisme" du dramaturge trouve un terrain d'expression privilégié dans sa critique systématique du pédantisme qui représente, selon le critique, la forme suprême du ridicule dans la mesure où il se situe aux antipodes du naturel. Du progressisme au républicanisme, il n'y a qu'un pas, qu'A. Vinet franchit en considérant Molière comme un défenseur des valeurs de cette "aristocratie de l'intelligence" qu'est la bourgeoisie: "… Molière fut l'un de ceux qui contribuèrent le plus efficacement à l'émancipation du tiers état"[61]. Auteur progressiste en herbe, le poète comique exalte donc l'intelligence comme la vertu française par excellence qui a permis à la bourgeoisie moderne d'atteindre un rang aristocratique. Dans cette même perspective, l'immense

---

[60] Il est significatif qu'A. Vinet désigne l'objectivité critique de Molière par le terme "indifférentisme", qu'il reprend de sa lecture de l'oeuvre de Sainte-Beuve.
[61] *Poètes du siècle de Louis XIV* (Paris: Chez les Editeurs, 1861) 372.

popularité de Molière auprès du peuple est telle qu'A. Vinet en arrive à esquisser l'image d'un dramaturge héraut des valeurs populaires. Si le critique cite Fénelon qui, dans son *Projet d'un traité sur la comédie*, dénonce en filigrane le "jeu" immoral de Molière: "... je soutiens que Platon et les autres législateurs de l'antiquité païenne n'auraient jamais admis dans leurs républiques un tel jeu sur les moeurs"[62], c'est dans le dessein de faire ressortir l'idée que le poète comique, tout en étant exclu de l'ancienne république des lettres, prend en revanche une place essentielle dans la république moderne des lettres, qui va devenir par suite la Troisième République. A. Vinet définit en ces termes la morale de Molière:

> Comme Rabelais, comme Montaigne, comme La Fontaine, comme quelques modernes, Molière a exprimé, dans l'ensemble, une certaine morale moyenne, commune, réduite, admise par le gros de la société française; morale qui n'est ni celle de l'Evangile, ni celle des païens, morale qu'on peut appeler celle de l'homme naturel bien né, morale que, dans sa vie, Molière réalise bien mieux que La Fontaine dans la sienne[63].

Fondée sur la probité, la bienveillance et la modération, cette morale s'oppose aux valeurs de l'héroïsme qui aboutissent à une conception inflexible du devoir. Sans pour autant être présentée de manière explicite, la morale de Molière adopte une formulation dramatique en ce sens qu'elle met en scène divers problèmes d'ordre éthique propres au XVIIème siècle. Dans la mesure où il se préoccupe d'améliorer le sort de ses semblables, le dramaturge privilégie la raison par rapport à la vertu. A. Vinet met en évidence une multiplicité de détails et de situations dramatiques moralement équivoques dans *L'Ecole des Femmes*, touchant en particulier à la libération morale d'Agnès. Sa lecture du *Misanthrope*, qui se caractérise par des rapports axés sur la médisance et l'imposture, met en valeur l'absence de charité chrétienne chez Molière. En effet, devant le spectacle de la corruption mondaine, Molière aurait, de manière inconsciente, peut-être, peint en Alceste un être mû par une exigence de vérité et de pureté absolues, "... un des plus nobles exemplaires de cette nature déchue". Le critique se montre par ailleurs attentif à l'atmosphère sombre de *George Dandin*, pièce sur laquelle plane "une cruelle ironie...; l'on s'aperçoit

---

[62] *Poètes du siècle* 392.
[63] *Poètes du siècle* 393.

que sans la morale, le malheur est un abaissement profond"[64]. Conformément à l'optique de Saint-Marc Girardin, il met en cause l'"indifférentisme" du dramaturge, qui l'empêche de prendre parti ni pour Angélique ni pour son mari. Somme toute, l'obéissance aux principes éthiques issus d'une morale chrétienne exaltant les liens sacrés du mariage ne peut avoir qu'un effet salutaire sur une relation conjugale. Les observations d'A. Vinet aboutissent, enfin, à ce que l'on pourrait appeler une psychologie nationale du rire: la fameuse gaieté française relevant de l'ordre d'un mythe, les Français, mus essentiellement par l'esprit, sont particulièrement sensibles à la force du ridicule: "Le Français voit dès l'abord le ridicule des choses; il n'a pas besoin de se désabuser; il est né désabusé, comme ses premiers essais le témoignent. Il est dans sa nature d'apercevoir le mal, le laid, le ridicule, où les autres ont le bonheur de ne pas le voir. C'est ce genre de gaieté qui domine dans *L'Ecole des femmes* et, en général, dans tout le théâtre de Molière"[65].

Eudore Soulié

Dès les années 1860, on assiste à une remarquable floraison de travaux sur Molière, et l'ouvrage d'E. Soulié, *Recherches sur Molière et sur sa famille* (1863), illustre fort bien l'immense progrès accompli par la critique érudite à tendance biographique tout au cours du siècle. Dès l'ouvrage de J. Beffara en 1821, qui se fonde sur un examen approfondi des archives d'état-civil à Paris, jusqu'à l'apparition du *Moliériste* qui, de 1879 à 1889, représente, on le verra, l'organe officiel voué au culte de Molière, en passant par les travaux de J. Taschereau, d'A. Bazin[66] et d'E. Soulié, on a affaire à une production considérable de la critique érudite qui se réclame du positivisme, que l'on peut qualifier de doctrine scientifique officielle de l'Ecole républicaine. Dans l'ensemble, fondée sur la recherche d'une documentation authentique, cette critique à prétention scientifique se met en quête de l'exactitude chronologique, en l'occurrence, des détails susceptibles d'éclaircir les contextes spatio-temporels dans lesquels Molière s'est trouvé engagé. Lancés à la recherche du "vrai Molière", ces fouilleurs achar-

---

[64] *Poètes du siècle* 454.

[65] *Poètes du siècle* 410-411.

[66] Les *Notes historiques sur la vie de Molière* d'A. Bazin, parues en 1851, ont été considérées par G. Michaut comme le premier texte scientifique ayant rapport à la biographie de Molière. Voir sur ce point L. Romero, *Molière: Traditions in Criticism, 1900-1970* (Chapel Hill: North Carolina Studies in the Romance Languages and Literatures, 1974) 4-5.

nés, se détournant de la critique littéraire proprement dite, s'occupent plutôt des aléas de l'histoire événementielle et des sources. La publication de l'édition Despois-Mesnard de 1882 dans la série "Les Grands Ecrivains de la France" — et l'on sait que le fait d'être publié dans cette série marque l'entrée officielle d'un auteur classique dans le Panthéon littéraire français (Pascal, Corneille, Racine...) — apparaît à juste titre comme le couronnement de ce vaste mouvement d'érudition consacrée à Molière.

L'ouvrage d'E. Soulié se présente d'abord comme un réquisitoire dirigé contre les biographes de Molière du XVIIIème siècle, tels Grimarest et Voltaire, dont les travaux sont jugés inadéquats sur le plan méthodologique et sont marqués par "... l'indifférence, la légèreté, [et] l'inexactitude volontaire"[67]. Dans cette entreprise de démystification d'une légende moliéresque créée et soutenue dès le XVIIIème siècle, E. Soulié, précurseur à ce titre du projet critique analogue de G. Michaut, se place sous l'égide de Sainte-Beuve, en ce sens qu'il apporte une documentation matérielle à son enquête; à la fois épris de minutie et soucieux de méthode, il vise avant tout à "préciser la vérité des faits" en faisant table rase des "mots et sentiments convenus"[68]. E. Soulié reconnaît, au surplus, l'importance de ses prédécesseurs dans le domaine de la critique moliéresque, tels J. Beffara, J. Taschereau et A. Bazin; puis il met en avant l'apport considérable de P. Lacroix, ainsi que les travaux en cours d'E. Fournier et d'E. Thierry, qui vont contribuer de manière notable au développement du moliérisme[69]. L'originalité des *Recherches sur Molière et sur sa famille* réside dans la nouveauté même des découvertes d'archives ayant rapport aux contrats de mariage et aux obligations des acteurs vis-à-vis de l'Illustre Théâtre. Ainsi, dans un passage traitant de la succession de Molière, le critique présente une série de documents, ou plus précisément soixante-quinze pièces notariées, qui constituent un inventaire précieux de diverses données biographiques: contrat de mariage des parents de Molière, bail de l'hôtel de Bourgogne, de nombreuses obligations des comédiens de l'Illustre Théâtre envers leur créancier, François Pommier, force quittances; inventaire dressé après décès de Jean Poquelin père, testament et codicile de Madeleine Béjart, procuration de

---

[67] *Recherches sur Molière et sur sa famille* (Paris: Hachette, 1863) 118.

[68] *Recherches sur Molière* 121.

[69] P. Lacroix, *Bibliographie moliéresque* (Paris: Fontaine, 1875); E. Fournier, *Etudes sur la vie et les oeuvres de Molière* (Paris: Laplace, Sanchez, 1885); E. Thierry, *Quatre mois du théâtre de Molière, nov. 1664-mars 1665* (Cherbourg, 1873).

Molière, diverses procurations, bail de la maison des piliers des halles, fait par la fille et par les neveux de Molière, testaments de Claude de Rochal de Montelant, etc. Sans pour autant reproduire toutes les recherches fouillées sur les relations familiales, il convient d'en présenter un bref schéma chronologique:

(1621-1642) Mariage de ses parents (J. Poquelin et Marie Cressé, naissance de Molière, mort de sa mère; commerce prospère de J. Poquelin; second mariage de ce dernier; serment de Molière pour la charge de tapissier valet de chambre du roi; éducation de Molière.

(1643-1657) Comédiens de l'hôtel de Bourgogne; l'Illustre Théâtre; mort du père de Molière, détails sur la famille Béjart; dettes contractées par les comédiens; rôle de Molière en tant que chef de troupe; détention de ce dernier au grand Châtelet.

(1651-1656) Mariage de sa soeur Madeleine et de son frère Jean, prise de voile de sa soeur Catherine.

(1658-1672) Retour de la troupe de Molière à Paris; mariage avec Armande Béjart; rivalité avec les comédiens de l'hôtel de Bourgogne; mort de Madeleine Poquelin.

(1672-1675) Mort de Molière; inhumation; description minutieuse de l'appartement de Molière et son ameublement; ses habits de théâtre; ses tableaux; sa bibliothèque; ses papiers de famille et d'affaires.

(1677-1738) Contestations entre la fille de Molière, sa mère et son beau-père; mort d'Armande Béjart; contestations entre la fille de Molière et les héritiers de J. Poquelin; les restes de la succession de Molière; diverses pièces justificatives.

Louis Veuillot

Représentant le plus illustre de la critique idéaliste ou plutôt religieuse, de Molière au XIXème siècle, L. Veuillot reprend à son compte les arguments traditionnels de Bossuet et de Bourdaloue sur l'immoralité fondamentale du théâtre. Le pamphlétaire catholique, lui aussi, envisage le théâtre comme une école de perdition en ce sens qu'il flatte les passions. Il dénonce, du reste, l'ensemble des lectures laïques de la comédie moliéresque non seulement comme une série de déformations de cette oeuvre mais comme autant de formes d'idolâtrie, car elles s'inscrivent en faux contre la vérité théologique. C'est ainsi que le critique refuse dans cette comédie,

> ... la pensée humanitaire, (et tout ce qui avance) le travail que les sectaires d'aujourd'hui, éclectiques, communistes, phalastériens et autres

aigles d'ailleurs de sa couvée et qui le canonisent, ont eu la prétention d'achever. (Molière) rirait certainement des visées autant que du style des idolâtres que nous voyons là-dessus barbouiller tant d'exégèses[70].

Face à une adulation publique croissante du poète comique, le sarcasme de L. Veuillot éclate:

Il y a monument, consécration, apothéose. Tous les ans Molière est couronné sur le théâtre par la main des grâces fardées; on lui décerne des poésies approuvées par les distributeurs du prix Monthyon; rien n'y fait[71].

Dans ce même ordre d'idées, la morale de Molière étant un fait universellement admis, on comprend du coup l'"audace" de l'entreprise du polémiste: "Contester la morale et la moralité du Molière! Aucun impie de nos jours n'a été plus injurié pour avoir dit ou que Dieu est le Mal, ou que Dieu n'est pas"[72].

Selon la formule heureuse de J.-P. Collinet, la dimension tragique des pièces de Molière apparaît à L. Veuillot "... comme la marque d'un nihilisme dangereusement démoralisateur"[73]. On serait tenté de dire que le critique entreprend une lecture théologique lorsqu'il examine *Le Misanthrope*, et il n'est pas indifférent qu'il cite les épîtres de saint Paul à l'appui de sa thèse. Récusant le jugement célèbre de Donneau de Visé, d'après lequel cette pièce nous permet de "rire dans l'âme", il rejette, de ce fait, la glorification morale du *Misanthrope* qui devient, on le sait, monnaie courante tant dans le domaine de la critique exégétique que dans celui du discours scolaire du XIXème siècle. Ni Alceste ni Philinte ne s'approchent de l'idéal de l'homme de bien cher au doctrinaire, car la sagesse du raisonneur est dépourvue de charité et le protagoniste est rabaissé au rang d'un "vertueux du paganisme", bref, d'un "héros de fausse vertu"[74]. Le jugement porté

---

[70] "Molière et Bourdaloue", *Revue du Monde Catholique* 6 (1863) 16. Dans un livre ultérieur, portant le même titre, la notion de sainteté laïque — il s'agit en l'occurrence de cette "Eglise de libres penseurs" qui érige le dramaturge en saint — est, de même, tournée en ridicule par l'auteur (*Molière et Bourdaloue* [Paris: Palmé, 1877] 230-231).

[71] "Molière et Bourdaloue", *Revue du Monde Catholique* 5 (1863) 643.

[72] "Molière et Bourdaloue" 644.

[73] *Lectures de Molière* (Paris: Colin, 1974) 166.

[74] L. Veuillot insiste, de même, sur les fausses apparences pratiquées par Molière dans sa vie personnelle: "Molière, le Molière historique qui se taillait complaisamment cette casaque de vertu sans pouvoir parvenir à se l'ajuster, tient le langage

sur Célimène est également sévère: la coquetterie, érigée en système par ce personnage, dans la mesure où elle est professée et mise en pratique, relève d'une perversité morale. En un mot, la coquette mondaine, appartenant à "… cette espèce infâme et monstrueuse", ne saurait jamais bénéficier des "… droits à la dignité d'épouse"[75]. Mais c'est *Tartuffe* qui provoque au plus haut degré la colère du polémiste catholique. Molière est mis ici au pilori pour avoir entrepris, dans cette pièce, une déformation systématique de la nature humaine; les honnêtes gens de cet univers dramatique sont bel et bien "sacrifiés", à force d'être ramenés à de simples caricatures. Ainsi, alors qu'Orgon agit en parfait imbécile, Cléante, lui, se limite à une rhétorique verbeuse et, du coup, parfaitement inefficace. L. Veuillot dénonce, à l'instar de Mme Pernelle, la niaiserie et la nullité des autres membres de la famille d'Orgon: Damis est réduit au rôle d'un "fat insignifiant", et Marianne est apparentée à une "pensionnaire, fort médiocrement éprise de son Valère"; l'impertinente Dorine est jugée "forte en gueule" (*dixit* Mme Pernelle) et Elmire apparaît comme "… une indolente bourgeoise, qui attend un homme de cour"[76]. Seul Tartuffe, dans ce spectacle familial démoralisateur, parvient à prendre l'initiative et l'emporterait sur tous si l'arrivée *in extremis* de l'Exempt, que le critique juge invraisemblable, ne mettait un frein à son impétuosité criminelle. L'artifice du dénouement, tant sur le plan dramaturgique que sur le plan moral, est tel que le spectateur moyen finit, face à l'habileté exemplaire du faux dévot, par être trompé, avili, ou bien corrompu. C'est ainsi que L. Veuillot imagine une suite plus vraisemblable à cette pièce, selon laquelle Tartuffe, incorrigible et récidiviste, s'emparerait des biens d'un autre Orgon… Dans sa préface à *Molière et Bourdaloue*, enfin, il porte un jugement sur les diverses lectures critiques de *Tartuffe*. L'immense popularité de la pièce se mesure, selon lui, en fonction des exigences de la politique anticléricale; son succès est particulièrement retentissant auprès de nombreuses factions de la "bonne bourgeoisie" sous la Restauration et sous la Monarchie de Juillet:

d'Alceste, tient le langage de Philinte, tient le langage de Cléante, mais il mène la vie de Sganarelle et de Tartuffe" (*Molière et Bourdaloue* 231). Quant au récit édifiant de la mort du dramaturge, le polémiste le considère comme franchement apocryphe, mettant en question la présence des religieuses auprès de lui pendant sa dernière heure.

[75] *Molière et Bourdaloue* 247, 258, 261, 264.
[76] "Molière et Bourdaloue", *Revue du Monde Catholique* 7 (1865) 95.

Toutes les fois que, pour une cause ou pour une autre, les libres penseurs ont pu ameuter l'opinion contre l'Eglise, aussitôt, à Paris et dans
les provinces le *Tartufe* reparaît. On le joue, on en fait des éditions populaires avec préface, éclaircissements et vignettes. Dans les derniers temps
de Louis-Philippe, le *Tartufe* eût l'honneur d'être, avec le *Juif errant*, l'une
des principales réponses de la philosophie officielle aux réclamations
des catholiques contre le monopole de l'enseignement. Sous la Restauration, c'était l'antidote des Missions. La partie *penseuse* de la bonne
bourgeoisie s'entassait au théâtre pour écouter la satire des "dévots" et
des "nobles" qui osaient suivre les prédicateurs. Là, les rentiers et les
négociants libéraux, leurs commis, leurs filles, leurs épouses, troupe
chaste, goûtaient les leçons de la vraie morale, — celle qui n'empêche
point de vendre à faux poids[77].

Charles Jeannel

Alors que Ch. Jeannel, dans *La Morale de Molière* (1867), met le lecteur en garde contre ceux qui veulent prêter au dramaturge des "intentions morales"[78], et qu'il s'inscrit en faux contre les partisans du théâtre
en tant qu'"école des moeurs" (voir Cailhava, La Harpe, Auger et
Goldoni), il finit par reconnaître que la comédie moliéresque a une
valeur éthique implicite. A travers une multiplicité de thèmes abordés — tels l'honnêteté, l'éducation des femmes, le mariage, la débau-
che, l'imposture, la religion, les pères, etc. — ce professeur de
philosophie s'emploie à opposer la démarche du moraliste, qui a un
objectif essentiellement didactique, à celle du dramaturge, qui vise
avant tout à créer un plaisir théâtral. Aussi voit-il, dans l'avarice d'Harpagon, un processus de dégradation déshumanisante et, dans le comportement de Dom Juan, "… le spectacle (d'un) suicide moral"[79]. La
volonté humanitaire de Molière se manifeste avec éclat dans *Tartuffe*,
pièce qui vaut avant tout par la répugnance qu'elle inspire face au
spectacle du vice. Dans son analyse du *Misanthrope*, Ch. Jeannel distingue les scènes où Alceste a tort de celles où il a raison en matière
d'amitié et d'amour. Il en vient alors à s'adresser directement à Molière,
le louant pour sa bienfaisance morale; le critique ne se montre pas
insensible à la primauté de l'amour-propre et de la tyrannie du moi

---

[77] "Molière et Bourdaloue", *Revue du Monde Catholique* 5 (1863) 641.
[78] "… personne n'oserait souhaiter que les Français eussent pour tout catéchisme
le théâtre de Molière" (*La Morale de Molière* [Paris: Thorin, 1867] 5).
[79] Jeannel 23.

chez les protagonistes moliéresques. Quant au code de l'honnêteté, il l'envisage, en un mot, comme un idéal de perfectionnement moral, l'honnête homme devant "… fuir, après les vices, les défauts, les travers, les ridicules mêmes"[80]; il préconise, d'autre part, la maîtrise de soi, cette "noble modération" en tant que vertu suprême de l'honnête homme.

Si Ch. Jeannel défend les farces de Molière contre le jugement célèbre de Boileau — "Dans ce sac ridicule où Scapin s'enveloppe, je ne reconnais plus l'auteur du *Misanthrope*" — s'il exalte la supériorité de l'esthétique comique sur la morale, il n'en demeure pas moins que la grandeur du poète comique, telle qu'il la conçoit en dernier ressort, réside dans "… tant d'excellents préceptes et de leçons délicates sur des sujets qu'il est peut-être impossible de traiter parfaitement dans les livres ou dans les sermons"[81]. L'efficacité de ces conseils se traduit à merveille, selon le critique, par la représentation de l'idéal féminin et dans la philosophie conjugale propres à Molière. Eliante, Henriette, Elmire et Agnès, ainsi que les servantes Dorine, Toinette, Nicole et Lisette, sont de la sorte érigées en modèles. De surcroît, Ch. Jeannel se soucie de dégager de ce théâtre les diverses vertus qui font partie intégrante d'une morale conjugale, ou bien ce qu'il appelle "… un ensemble de maximes qui, réunies et mises en ordre, constituent un véritable *code du mariage*"[82]. Il invente en quelque sorte ses propres maximes du mariage, c'est-à-dire, une compilation d'observations, tirées de l'ensemble du répertoire moliéresque, et ayant pour objet l'institution conjugale. Ce pastiche valorise, en premier lieu, le caractère sacré du mariage, puis procède à l'énumération d'autres citations mettant en relief les préceptes suivants: la nécessité de l'amour-inclination pour un mariage heureux, l'importance d'une juste concordance d'humeurs et d'âges, et la sottise de vouloir s'élever au-dessus de son rang par le biais du mariage. D'autres thèmes abordés comprennent la confiance réciproque, l'autorité maritale, la jalousie et les vertus, tant masculines que féminines, au sein du mariage.

Une lacune sérieuse dans cette morale, selon Ch. Jeannel, c'est qu'il n'existe pas de portrait satisfaisant de père de famille chez Molière. Aussi passe-t-il en revue les multiples travers de ces figures paternelles: tyrannie, égoïsme, avarice, lubricité, crédulité, etc. Ce qui se révèle particulièrement démoralisant, c'est que, dans ce théâtre, les jeunes,

---

[80] Jeannel 43.
[81] Jeannel 120.
[82] Jeannel 158.

constamment aux prises avec les vieux, ont droit de se moquer de ces pères. C'est en ces termes que le critique déplore le rabaissement de l'autorité paternelle chez Molière:

> ... il n'y a rien qui choque, à première vue, dans cette continuelle révolte des cheveux blonds contre les cheveux blancs... de là sort enfin une telle habitude de dénigrement pour l'autorité paternelle qu'on doit peut-être attribuer à Molière une part de notre Révolution dans ce qu'elle a eu de plus mauvais, une part dans l'opposition systématique aux droits du père qui règne jusque dans nos codes actuels[83].

En dernière analyse, si Ch. Jeannel définit la morale de Molière comme "une morale naturelle", c'est-à-dire, qui se situe en dehors de toute révélation, elle n'est pas pour autant antichrétienne, et la présence des personnages édifiants tels que le Pauvre, Done Elvire et Cléante soutient cette affirmation. Tout en reconnaissant que les critiques de son époque, Saint-Marc Girardin, Sainte-Beuve et Nisard, ont bien apprécié Molière sur le plan littéraire, aucun ne s'est attaché, de manière exclusive, selon lui, à cette dimension fondamentale de son oeuvre qu'est la morale. Ch. Jeannel fait un dernier éloge du dramaturge en ce sens qu'il aurait abordé l'ensemble des devoirs, que ce soit dans le domaine public ou dans le domaine privé. Malgré l'objet particulier de leur application, ces règles morales ont le mérite de posséder un caractère absolu.

Edouard Doumergue

Dans une suite d'articles parus à la fin du Second Empire et publiés dans la *Revue Chrétienne* ("La Religion dans le théâtre de Molière" [1869] et "La Philosophie dans le théâtre de Molière" [1870]), E. Doumergue s'interroge sur les fondements de la morale moliéresque. Faisant une critique systématique de la thèse de Ch. Jeannel, il n'entend, pour sa part, ni excuser la flagornerie d'un dramaturge qui, dans *Amphitryon*, "... a applaudi aux adultères du maître", ni l'attribuer, à la manière de l'auteur de *La Morale de Molière*, à ses "erreurs de génie"[84]. Tout comme Sainte-Beuve, E. Doumergue signale d'abord l'absence d'expérience de la grâce chez Molière, et tout se passe comme si sa seule religion se ramenait à un idéal quelconque de l'honnêteté mondaine.

---

[83] Jeannel 200-201.
[84] "La Religion dans le théâtre de Molière", *Revue Chrétienne* 16 (1869) 730.

Ainsi, la religion trouve une apologie efficace dans la démonstration de Cléante, raisonneur éclairé dans *Tartuffe*. Dans *Dom Juan*, l'attitude religieuse idéale constitue un parfait moyen terme entre la foi du charbonnier propre à Sganarelle et le libertinage militant de Dom Juan. Le critique n'admet pas l'argument selon lequel la chute grotesque du valet serait la preuve théâtrale de l'échec de sa démonstration métaphysique. Par ailleurs, il vise en quelque sorte à disculper Molière, à le défendre contre les anathèmes de Bourdaloue et de Bossuet, d'où sa lecture de *Tartuffe* comme raillerie de la casuistique chère aux Jésuites. Dans un souci de sonder la personnalité du poète comique, enfin, E. Doumergue a recours à l'image romantique d'un Molière en proie à une tristesse, voire à une mélancolie irrémédiable. A cela s'ajoutent des "cris d'ironie amère" qu'adresse Dom Juan au Pauvre ("Je te le donne pour l'amour de l'humanité"), "les éclats de rire désespérés d'Alceste", et *Le Malade imaginaire* tout entier, marqué par la douleur authentique du poète comique, qui réussit à rire face à l'imminence de sa propre mort[85].

Ainsi, à la question "Molière était-il croyant?" il convient de répondre par l'affirmative, à condition de préciser qu'il s'agit d'une croyance religieuse ayant un fondement moral. Tel qu'il le définit, l'idéal philosophique du dramaturge s'inscrit dans une volonté de libération intellectuelle: "(Cet idéal) est d'affranchir l'esprit du joug de ces mille autorités qui l'accablait (sic) à cette époque, et menaçait de l'écraser entièrement"[86]. E. Doumergue évoque alors l'image d'un Molière combattant, épris d'un militantisme dirigé contre la médecine et la préciosité; la haine du dramaturge s'exprimerait à l'égard de l'esprit systématique de l'école, que ce soit le pédantisme propre aux médecins ou bien celui qui inspire la préciosité. Sur un autre plan, le critique qualifie d'abord le "bonhomme Chrysale" de porte-parole d'un sensualisme hérité d'Epicure, puis il inscrit la philosophie moliéresque du juste milieu dans le courant gassendiste du XVIIème siècle. Toutefois, le goût de l'indépendance chez Molière est tel qu'il s'écarte tantôt du gassendisme, tantôt du cartésianisme. E. Doumergue finit par s'accorder avec A. Vinet qui, on s'en souvient, voit dans l'aboutissement de l'évolution philosophique du dramaturge un "sérieux moral", ou, plus précisément, la morale du juste milieu. Le théâtre du Molière mettant en scène un va-et-vient perpétuel entre l'épicurisme de Chrysale et le stoïcisme de Philinte, force est d'atteindre à

---

[85] "La Religion dans le théâtre de Molière" 743-744.
[86] "La Philosophie dans le théâtre de Molière", *Revue Chrétienne* 17 (1870) 332.

un équilibre entre ces deux tendances. Une telle position moyenne n'exclut pas une adhésion à l'humanisme, et le critique s'attache à démontrer dans quelle mesure le poète comique défend la notion d'humanité contre toutes les forces susceptibles de la brimer. Il s'agit en fait d'une conviction philosophique ferme qui prend une résonance chrétienne, car elle est animée, de toute évidence, d'un esprit de charité. E. Doumergue évoque, enfin, les déboires du dramaturge — douleurs physiques, toutes sortes de déceptions, attaques allant des calomnies aux pires trahisons — afin de l'apparenter, à l'instar de Sainte-Beuve, au mélancolique Hamlet[87].

Le Molière des "grands auteurs"

Avant d'aborder le critique exégétique s'échelonnant des années 1870 à 1914, période d'émergence et de mise en place de l'Ecole républicaine, il convient de s'interroger brièvement sur l'image de Molière chère aux "grands créateurs" de la première moitié du XIXème siècle. Cette image, qui correspond pour l'essentiel à la conception du poète comique que s'est faite la génération romantique, persiste à travers tout le siècle, comme on l'a déjà vu chez plusieurs critiques, notamment chez les partisans de la méthode biographique, qui se donne pour objet une connaissance systématique de la vie privée du poète comique. Quoique les écrivains tels que Musset, Hugo, Balzac et Stendhal n'aient pas joué un rôle aussi direct que celui de la critique exégétique dans la fabrication du Molière académique, il n'en demeure pas moins qu'ils ont contribué à véhiculer une image du dramaturge qui se perpétuera pendant longtemps.

Etant donné le goût fort conservateur du grand public postrévolutionnaire, on comprend l'indifférence relative à laquelle se heurte le répertoire moliéresque et dont Musset se fait écho dans une boutade célèbre: "J'étais seul, l'autre soir, au Théâtre français, / Ou presque seul; l'auteur n'avait pas grand succès: / Ce n'était que Molière..." ("Une soirée perdue"). Les mélodrames de Pixérécourt, aussi bien que les délicatesses de Marivaux, étaient très en vogue à cette époque, les comédies de Molière ayant été représentées de façon quelque peu guindée à la Comédie-Française. Tout en étant mal compris des jeunes romantiques, le poète comique n'a tout de même pas été l'objet de la critique dénigrante que ceux-ci avaient réservée aux représentants d'un classicisme plus étroit, tel Boileau. La vision romantique

---

[87] Voir sur ce point H. Watson, "Sainte-Beuve's Molière: A Romantic Hamlet", *French Review* 38 (1965) 606-618.

de Molière en tant que bouffon tragique, c'est-à-dire, en tant que masque comique dissimulant mal une *Angst* profonde, était formulée par Musset, qui exalte, dans *Le Misanthrope*, cette "… mâle gaieté, si triste et si profonde / Que, lorsqu'on vient d'en rire, on devrait en pleurer" ("Une soirée perdue"). Une vision analogue s'exprime, de même, chez Goethe qui, en réponse à la critique acerbe de Schlegel portant sur des déficiences du style de Molière, exalte la dimension pathétique des comédies, la mélancolie sublime de l'artiste qui projette sur scène des souffrances personnelles. L'interprétation tragique des personnages tels qu'Arnolphe et Alceste devient alors monnaie courante et des acteurs célèbres (Perlet, et plus tard, Guitry) se distinguent dans un jeu qui valorise les confidences poignantes du dramaturge. Hugo et Michelet, pour leur part, s'ils adhèrent en partie à cette lecture subjectiviste de Molière, insistent plutôt sur la dimension politique de son théâtre. Apôtre d'une humanité opprimée, l'auteur de *Tartuffe* est érigé en esprit libertaire qui dénonce toute forme d'imposture, en progressiste éclairé qui met en question la nouvelle cohabitation politique entre le Trône et l'Autel. De tout le répertoire moliéresque, Hugo, lui, prise la fantaisie créatrice de *L'Etourdi*, comme le fera T. Gautier, qui ajoute à cette préférence les farces et les comédies-ballets, notamment *Psyché*. Hugo regrette, de plus, que Molière n'ait pas créé, par crainte du pouvoir clérical des années 1660, d'autres scènes de la même envergure et de la même audace que celles de la scène du Pauvre dans *Dom Juan*. Michelet évoque, lui aussi, l'atmosphère de contrainte religieuse qui pèse sur la France au début de règne de Louis XIV. Poète contestataire, Molière aurait, selon lui, fait du *Misanthrope* une pièce d'opposition par excellence, dans la mesure où elle constitue une critique des institutions socio-politiques ainsi qu'une satire des valeurs de la cour. L'historien romantique voit dans *George Dandin* et *Monsieur de Pourceaugnac* les formulations dramatiques des aveux involontaires de l'auteur, insistant en particulier sur ses déboires conjugaux. La lecture de Michelet privilégiant le "roman" de Poquelin, elle cherche à en découvrir les clefs.

Dans les cas de Balzac et Stendhal, on assiste à une volonté consciente d'imiter le dramaturge, à tel point que ces romanciers tâchaient d'entreprendre, pour la France de 1830, une peinture de la société aussi complète que celle de Molière[88]. Dans *Les Comédiens sans le savoir*,

---

[88] Voir à ce sujet H. Peyre, "Stendhal and Balzac as Admirers and Followers of Molière", dans *Molière and the Commonwealth of Letters: Patrimony and Posterity*, R. John-

Balzac s'attribue le rôle du "nouveau Molière" du XIXème siècle: l'entreprise même de *La Comédie humaine* représente en fait la transposition romanesque d'une vision socio-historique et d'une typologie des personnages relevant de la dramaturgie moliéresque. Ce classique représentait, aux yeux du romancier, une sorte de gageure; ce dernier l'appelle "un maître désespérant" dont l'écriture comique s'avère fort difficile à adopter dans l'univers du roman. Outre son voeu de rédiger une suite à *Tartuffe*, Balzac s'est évertué à éditer l'ensemble du théâtre de Molière, mais ses deux projets ont fait faillite. De toutes les comédies moliéresques, c'est *Tartuffe* qui a exercé une véritable fascination sur l'auteur d'*Eugénie Grandet*, ainsi que sur Stendhal. On sait l'immense popularité de cette pièce sous la Restauration et, comme on l'a vu chez L. Veuillot, l'évidente dimension politique de *Tartuffe* réside dans les revendications anticléricales auxquelles elle donne lieu auprès des jeunes romantiques du *Globe* et du *Constitutionnel*[89]; en fait, on peut dire que cette pièce sert de baromètre permettant de mesurer les vicissitudes de la politique des Jésuites en France au XIXème siècle. Il n'est peut-être pas indifférent que l'exploitation stendhalienne de l'hypocrisie religieuse et de l'arrivisme dans *Le Rouge et le Noir* corresponde à l'engouement dont était l'objet alors la pièce de Molière. Alceste incarne pour Stendhal au plus haut degré le héros de l'âpre vérité, et cela explique la prédilection du romancier pour l'Alceste jacobin de Fabre d'Eglantine. Désireux de s'imposer, lui aussi, comme dramaturge, Stendhal prend Molière pour modèle et reconnaît en lui le "maître de la comédie". Il met en question, toutefois, la *vis comica* chez lui et proclame que l'"immoralité" de ce dernier procède de son goût excessif du conformisme. Malgré son échec retentissant dans ce domaine, et malgré le fait qu'il ne semble pas avoir saisi l'essence du comique moliéresque, l'auteur du *Rouge et le Noir* porte des jugements très pertinents sur la désaffection du public à l'égard de la comédie de Molière dans les années 1830. Il s'interroge en particulier sur les raisons pour lesquelles le rire moliéresque ne s'adresse plus à ce public, d'où la justesse de sa formule, "Molière était romantique en 1670..."[90]. Et, comme on l'a vu, paraît sous un pseudonyme dans un numéro

son, Jr., E. Neumann, et G. Trail, éds. (Jackson: University Press of Mississippi, 1975) 133-144.

[89] On compte non moins de 1278 représentations de *Tartuffe* à la Comédie-Française entre 1815 et 1829.

[90] *Racine et Shakespeare*, dans *Oeuvres complètes de Stendhal* (Paris: Champion, 1925) I, 92.

de la *Revue de Paris* de 1836 cet article de Stendhal, au titre révélateur: "La Comédie est impossible en 1836"[91]. Le romancier regrette
ici la disparition d'une gaieté aristocratique propre à l'Ancien Régime:
la bonne société contemporaine, vivant dans la terreur d'une résurgence des événements de 1793, n'est plus guère sensible aux "choses
de l'esprit". Ainsi, si Stendhal postule au départ l'impossibilité même
de la comédie en 1836, c'est que les gens du monde à cette époque
sont empêtrés dans une attitude par trop guindée: "(leurs) moeurs
sévères… ne prêtent pas du tout à la plaisanterie, la *plaisanterie*, la
seule chose du monde dont Napoléon ait eu peur"[92]. Telle qu'elle
s'esquisse ici, la théorie stendhalienne du rire aboutit en quelque sorte
à une comédie mondaine de la peur au XIXème siècle, comédie qui
trouve un terrain d'expression privilégié dans les univers romanes-
ques de Stendhal et de Balzac.

[91]   *Revue de Paris* 28 (1836) 73-85.
[92]   *Revue de Paris* 82.

3. De 1870 à la Première Guerre Mondiale: le triomphe du "moliérisme"

Critique laïque et critique idéaliste

Francisque Sarcey

Notre enquête sur la critique exégétique sur Molière sous la Troisième République commence par le témoignage de F. Sarcey qui, rédigé au moment même du siège de Paris par les troupes prussiennes, nous rappelle à quel point l'avènement de ce nouveau gouvernement était lié à la défaite cuisante de 1870. Dans un article intitulé "L'Influence de Molière sur le monde civilisé"[1], "le bonhomme Sarcey", soulignant la valeur bénéfique de cette influence, dépeint les troupes prussiennes comme une horde barbare qui prendrait un plaisir sadique à détruire le théâtre de la Comédie-Française afin de démoraliser la population parisienne. Cette attaque lancée contre le théâtre national — véritable "temple de Molière" selon lui — serait d'autant plus sacrilège que le rayonnement culturel du poète comique prend bien avant 1870 une dimension internationale. On sait la popularité immédiate que connut Molière de son vivant en Angleterre et, quelques années après sa mort, dans les pays de langue allemande, où il ne cessa de fasciner traducteurs, éditeurs et metteurs en scène. Tout en présentant le dramaturge comme un maître à penser pour les Prussiens de son époque, Sarcey l'érige en cheval de bataille capable de repousser tous les assauts d'un ennemi mû essentiellement par la jalousie. C'est ainsi que le critique fait le bilan du statut de Molière au XIXème siècle:

[1] *Quarante ans de théâtre* (Paris: Bibliothèque des Annales Politiques et Littéraires, 1900) II, 3-14.

Ainsi l'oeuvre de Molière, en moins de quatre-vingts ans, s'était en quelque sorte répandue sur toute l'Europe et en avait renouvelé le théâtre. Nous pouvons dire qu'au dix-neuvième siècle, si son influence s'y est amoindrie, son renom n'a fait que croître. L'Europe n'imita plus directement, elle l'admira davantage. Ce fut pour la gloire cosmopolite de notre poète une nouvelle phase, celle de la vénération. Molière passait dieu. (9)

Abordant l'oeuvre moliéresque, l'auteur des *Quarante ans de théâtre* se refuse à réduire cette oeuvre à un simple cours de morale et préfère la définir plutôt, à l'instar du dramaturge, comme un divertissement mondain honnête et, somme toute, peu dangereux. Dans la mesure où l'art dramatique repose sur le jeu d'illusions et sur le rôle du masque dans tout comportement, on comprend sans peine que la mission à laquelle s'est voué Molière prenne le caractère d'une lutte quasi religieuse contre l'imposture sous toutes ses formes: précieuses, femmes savantes, médecins, philosophes et savants de tout acabit passent tour à tour par le crible d'une raillerie sans merci, à tel point que son théâtre peut à juste titre être considéré comme une école de sincérité. Critique acharné des méfaits de la politique de Napoléon III, Sarcey se distingue, cependant, en formulant la thèse du républicanisme d'Alceste. Ce dernier en vient à constituer l'objet d'une transposition idéalisée des rancunes personnelles du critique, car il incarne une exigence de vérité et de justice, ainsi qu'une nostalgie d'un monde où règne la vertu; il est, en un mot, en tête de toute la lignée des républicains. Par sa critique acerbe de l'honnêteté mondaine, Alceste apparaît en quelque sorte comme un idéologue républicain déplacé à la cour de Louis XIV. L'emprise des conventions sociales étant particulièrement forte dans une société monarchique, il va de soi que le misanthrope finit par représenter un élément subversif au sein d'une société marquée par l'injustice royale. Sarcey va jusqu'à esquisser une sorte de généalogie morale liant ce personnage à son contemporain Proudhon:

Savez-vous bien que l'esprit de révolution n'est pas autre chose que la logique d'Alceste appliquée aux affaires de l'Etat?

... Alceste est le premier et le plus radical des républicains... Son esprit de logique et son mépris des préjugés les plus respectables le mèneront là (c'est-à-dire, à l'esprit de révolution), s'il les applique jamais à la politique. Molière l'a livré à la risée des courtisans parce que, en effet, il n'y a pas, pour une monarchie despotique, de plus dangereux trouble-fête que les Alcestes. Les hommes qui raisonnent ferme et serré, et qui d'un bond hardi sautent de la logique de l'idée à la logique de l'action, ce sont ceux-là qui mettent en branle les grandes révolutions. Proudhon, qui eût répudié Figaro, est un petit fils d'Alceste. (96)

Création la plus originale de Molière, Alceste est perçu en fin de compte comme un iconoclaste héroïque qui parvient à mener les Français dans la voie de l'indépendance. Si le XIXème siècle est marqué par une prédominance des Tartuffes, ceci tient, à en croire Sarcey, au fait que le monarchisme, réflexe politique enraciné chez les Français, rend compte de la rareté des Alcestes à cette époque.

Paul Janet

Face à la problématique de la "philosophie" de Molière, P. Janet apporte, d'abord en 1872, puis en 1881, deux séries de réponses[2]. Cette philosophie se ramène, en premier lieu, à une gaieté inhérente au génie français. Mesurer l'efficacité profonde du rire moliéresque, c'est s'apercevoir à quel point ce rire s'adresse à tous les âges, à tous les rangs, à tous les pays. P. Janet lance alors une sorte d'hymne à la gaieté, véritable don du Ciel qui sert de soutien privilégié aux Français, notamment au moment des périodes de crise nationale, car elle possède une valeur essentiellement thérapeutique. De surcroît, la gaieté possède une dimension morale incontestable, et si le théâtre de Molière érige cette qualité en vertu suprême, c'est qu'elle fait partie intégrante du principe de l'honnêteté:

> Mais surtout apprends, ô gaieté, à l'école de Molière, à ne pas te laisser confondre avec la trivialité plate, avec la licence désordonnée, avec la sotte frivolité; garde-toi bien de t'associer à la basse calomnie, à la vénalité menteuse. Rien n'est gai que ce qui est honnête; la vertu n'a rien à craindre d'un rire franc et naïf; il n'y a que la méchanceté qui ne rit pas[3].

Se livrant à un examen de conscience, pratique courante à la suite de la défaite de 1870, P. Janet souligne le statut de Molière en tant que gloire nationale. Il recourt ici à l'art de la surenchère pour montrer non seulement que la France voue un culte au poète comique, mais aussi que ce poète dépasse la gloire respective de Shakespeare et de Goethe:

[2] "La Philosophie dans les comédies de Molière", *Revue Politique et Littéraire* 17 (1872) 387-392; et "La Philosophie de Molière", *Revue des Deux Mondes* 51 (1881) 323-362.
[3] "La Philosophie dans les comédies de Molière" 388.

Il faut parler sévèrement à un peuple qui a commis des fautes: mais la sévérité pour soi-même ne doit pas aller jusqu'à faire oublier ce qui l'a fait grand. L'Angleterre, depuis trois siècles, adresse un culte à Shakespeare. L'Allemagne a fait de Goethe son idole. Qu'en face de ces deux grands noms, la France, doublement fière, honore d'un respect filial le nom immortel de Molière. (392)

Après avoir évoqué les problèmes épineux soulevés par la dimension morale de *Tartuffe*, le critique se plaît à dénoncer la mauvaise foi des commentateurs catholiques de cette pièce. Désireux de discréditer l'opinion commune qui prête à l'auteur de *Tartuffe* un parti pris libertin et une volonté machiavélique, il se soucie de prendre au sérieux le discours de Cléante sur la charité (1, 5). Toutefois, contrairement à de nombreux critiques à cette époque, P. Janet fait bon marché du rôle des raisonneurs dans le théâtre de Molière. Alors qu'il est parfaitement juste de signaler l'absence de toute figure de sage dans *George Dandin*, on comprend mal que ce commentateur tire une conclusion analogue de *L'Ecole des Femmes*. Affirmer que, dans cette pièce, "personne n'est chargé de dire à Arnolphe qu'il est un fou"[4], c'est commettre un grave contre-sens, car à plusieurs reprises la folie du protagoniste est soulignée, que ce soit par Chrysalde (v. 195), Horace (v. 334, v. 1413) ou bien le notaire (v. 1091). Si, dans *Les Femmes savantes*, Chrysalde (sic) s'avise de faire la leçon sur un ton comique, il finit en cela par mettre en question la validité de la leçon. De même, tout en émettant des vérités, Philinte n'est pas plus à l'abri des reproches qu'Alceste. Constatant qu'il n'y a aucune place pour une sagesse à ce point abstraite dans une pièce de théâtre, P. Janet rend compte ainsi de la complexité dramatique de Sganarelle dans *Dom Juan*, qui repose sur un mélange d'éléments chrétiens et parachrétiens. C'est en ces termes qu'il définit la tension dramatique sous-jacente à cette pièce:

De part et d'autre, c'est le bon sens du valet qui met en relief la folie du maître, ici une folie généreuse qui peuple le monde de chimères, là une folie licencieuse qui insulte à toute piété et à toute vertu. (346)

Examinant la perspective rousseauiste sur Molière, P. Janet s'applique à corriger ce qu'il y a d'excessif dans cette perspective. Il commence par souligner la nécessité de reconnaître des degrés de bienveillance et de malveillance dans le phénomène du rire. Son analyse

---

[4] "La Philosophie de Molière" 348.

du *Misanthrope* met en évidence, de manière plus précise, qu'Alceste se montre "plaisant" sans jamais tomber pour autant dans le ridicule; aucun rire malveillant, et partant, aucun sentiment d'humiliation ne l'atteint. De cette mise en opposition irrémédiable de la vertu et de la morale, on pourrait déduire la position définitive prise par le dramaturge, et même défendue avec véhémence par celui-ci, notamment dans la mesure où la vertu elle-même peut à l'occasion prêter à rire. Or, il n'en est rien, car Molière

> ... n'est ni un prédicateur, ni un philosophe. Il est un peintre de moeurs: partout où il surprend un effet plaisant, il le note au passage et nous le présente sur la scène sans rien blâmer, sans rien approuver. Il nous montre les choses telles qu'elles sont, et n'est en cela ni plus moral ni plus immoral que la nature elle-même dont il est l'interprète. (356)

La vertu d'Alceste — qui dépasse la moyenne — serait le fait d'une âme cornélienne égarée dans une société mettant constamment à l'épreuve le caractère des gens vertueux. Quant à la morale profonde du *Misanthrope*, P. Janet la situe au niveau d'une sorte de conversion opérée par le protagoniste lors du dénouement. Plus précisément, devant la totale impossibilité de réformer le monde, et par suite de sa décision finale de "rompre en visière à tous les gens de bien" (v. 96), Alceste se trouve, de ce fait, réformé. Grâce à sa volonté de trouver l'ascèse dans le "désert", il atteint à une lucidité supérieure qui lui permet de saisir l'élément factice d'une (im)posture volontairement misanthrope. Se dépouillant enfin d'une tendance à l'ostentation, Alceste connaîtra la vraie modération dans ses échanges avec les autres:

> Après un accès de misanthropie qui le chasse pour un temps au désert, son âme haute et généreuse lui fera comprendre que c'est encore une sorte d'égoïsme que de ne vouloir jouir que de soi. Il sera rappelé au monde par le devoir; il y rapportera non pas moins de délicatesse et d'honneur, mais moins de susceptibilité; il apprendra à se faire respecter et écouter sans blesser personne; il tiendra à distance les fats sans cervelle, les faiseurs de petits vers, les prudes et les coquettes; il rencontrera quelque Eliante d'une âme forte et sérieuse, capable de le comprendre et de l'aimer. Il apprendra à dire la vérité sans colère, à défendre les justes sans ostentation, à être vrai sans jouer un rôle. Tel est l'Alceste idéal qui se cache au fond de l'Alceste réel, mais qui avait besoin d'une épreuve pour se dégager. Voilà la morale du *Misanthrope*; c'est une morale que ne désavouerait pas Epictète, et qui vaut bien celle de Rousseau. (362)

Auguste Charaux

Reprenant le ton de la polémique chère à L. Veuillot, A. Charaux se livre, dans *Molière: la critique idéale et catholique* (1882), à un réquisitoire systématique contre le dramaturge. Il postule, au départ, qu'une belle oeuvre littéraire est, par définition, une oeuvre éthique. La comédie moliéresque se trouve aux antipodes de cet idéal et le poète comique fait figure d'âme pécheresse qui finit souvent par affliger sinon par désespérer son public: "Or Molière, la comédie incarnée, repoussa Jésus-Christ pour Epicure, et préféra aux préceptes de la foi le catéchisme de la nature pervertie; son intelligence s'en abaissa d'autant"[5]. A. Charaux reproche alors à Molière d'avoir méconnu ou même faussé le vrai sens des liens familiaux dans *L'Avare*, dans *Les Femmes savantes* et dans *Tartuffe*, pièce qui illustre peut-être le mieux le dynamisme des relations familiales; le critique condamne au surplus le dosage excessif du mal dans les portraits du dramaturge. Citons ici, à titre d'exemple, le jugement particulièrement sévère qu'il porte sur Henriette:

> C'est… une jeune fille qui ne rougit point, une enfant sans respect filial, un fruit sans duvet, un bonheur sans fraîcheur, une virginité de troisième ordre. Malgré tout, Clitandre… l'aime et l'admire. Elle nous séduit. Mais qui la voudrait pour soeur ou pour épouse? (226)

De fait, seuls Gorgibus et Mme Jourdain échappent à la noirceur morale qui marque l'ensemble des personnages du répertoire moliéresque. Bref, A. Charaux ne voit chez Molière qu'un comique de mauvais aloi, fort peu élevé, un comique dépourvu au total de générosité. Dénonçant l'influence pernicieuse de *Tartuffe*, ce polémiste prend en quelque sorte la relève du curé Pierre Roulès, dont la diatribe violente contre Molière était "… l'oeuvre d'une conscience honnête et révoltée; (l'abbé Roulès) représentait… la foi encore intacte, la vérité morale du peuple chrétien" (271). Bien qu'il n'aille pas jusqu'à approuver que Molière ait mérité le supplice du feu, comme sa pièce, A. Charaux loue l'entreprise de Roulès, qu'il considère comme un "digne témoin dans l'enquête à laquelle nous nous livrons" (287). Il prend à partie la culpabilité endurcie du dramaturge, qui persistait jusqu'à ce qu'il ait pu gagner l'approbation de Louis XIV lui permettant de

---

[5] *Molière: la critique idéale et catholique* (Lille: Lefort, 1882) p. x.

représenter *Tartuffe*. Prenant à son compte la réception critique de cette pièce auprès du parti dévot des années 1660, A. Charaux continue à lancer sur Molière les anathèmes d'une conscience outragée. Ainsi, Cléante, dont la tiédeur de la foi est dénoncée, est perçu comme un raisonneur insipide, porte-parole du dramaturge, qui voudrait "... réduire le chrétien à la servitude du silence parce qu'il est chrétien" (337). Voici les qualificatifs réservés à d'autres membres de la famille d'Orgon: le critique définit Marianne comme une "fille désobéissante", Orgon, comme un "père méprisé", Dorine, "une domestique maîtresse", Elmire, "une mère qui ne paraît pas" (342). Dans une espèce de palinodie, A. Charaux loue *Le Malade imaginaire* en raison de l'utilité de la "leçon" proposée; la valeur de cette pièce réside dans une mise en garde générale non seulement contre le danger des médecins mais aussi contre le pouvoir de l'imagination sur le bon sens.

Toutefois, dans sa conclusion, le polémiste synthétise les divers arguments d'ordre éthique ou bien théologique qui s'accordent pour démontrer que Molière ne fait aucune place au bien dans son système philosophique, qu'il se contente de peindre l'homme dans les limites de sa "nature déchue". Dans cette perspective, si le dramaturge fait bon marché de la piété, c'est qu'il s'agit là d'un sentiment qui prend chez lui le masque ou bien de la fausse dévotion ou bien de la pure bêtise. Au lieu d'exalter l'aspiration au sublime, à la manière de Corneille ou de Bossuet, Molière s'abaisse à des vulgarités, d'où sa déification burlesque de l'adultère dans *Amphitryon*. Le dramaturge se spécialise dans la fausseté, et l'incrédulité constitue une pente naturelle de son esprit. Sa morale est éminemment répréhensible en ce sens qu'elle ne propose qu'une "sagesse de l'indifférence"; pire encore, le rire de Molière relève de l'intelligence plutôt que du coeur. A. Charaux s'interroge, enfin, sur la nature du "Dieu de Molière" et il en vient à conclure que ce dieu ressemble bel et bien au dieu muet de l'Ecole républicaine et laïque:

> S'il (c'est-à-dire, Dieu) existe, il ressemble au Dieu des écoles de demain; il n'en est fait mention que pour le réduire à rien et le contraindre au silence. Molière a idéalisé le mal. — Ami obstiné de la nature et calomniateur de l'homme, c'est un digne contemporain de La Rochefoucauld, un fils de Rabelais, un précurseur impie de Voltaire. C'est un méchant magicien qui me fait rire, malgré moi, d'un père outragé, d'un mari trompé, de la famille, du Ciel, de l'honneur, de mon âme et de toute pudeur. C'est un mauvais génie. (508)

Victor de Laprade

L'exégèse moliéresque de V. de Laprade s'insère dans ses *Essais de critique idéaliste* (1882), dont la perspective catholique rejoint, à certains égards, celle de L. Veuillot et d'A. Charaux. Il s'en prend d'abord à l'anticléricalisme, voire à la "puérile prêtrophobie" propre à Michelet qui, à titre de représentant de l'école romantique, s'approprie le Molière militant de *Tartuffe* afin de valoriser ses revendications politiques. Après avoir fait l'éloge des qualités de langue chez Molière, et plus particulièrement, de la concordance parfaite entre les sujets abordés et la langue: "Et si la perfection d'un écrivain consiste dans l'identité des sujets qu'il traite et de la langue qu'il parle, Molière est l'écrivain le plus parfait de la langue française"[6] — le critique met en relief la fantaisie poétique dont fait preuve le dramaturge, qualité assez rare en France et qui le rapproche de Shakespeare. Mis à part la fantaisie, la veine gauloise de Molière, son recours à la fois à l'imagination et à l'ironie, son aptitude à dégager les ressources poétiques de la bouffonnerie et la valeur morale du grotesque représentent d'autres éléments constitutifs de sa dramaturgie. V. de Laprade est frappé, du reste, par l'analogie profonde liant le contenu pédagogique de *L'Ecole des Maris* à celui mis en jeu dans *L'Ecole des Femmes*, comédies-écoles qui se ressemblent tant sur le plan de la portée morale que sur celui de l'image moliéresque de la femme. Les qualités littéraires de *Tartuffe* et du *Misanthrope* sont mises en avant, mais le plus grand éloge est réservé aux *Femmes savantes*, "l'oeuvre peut-être la plus parfaite de notre littérature" (193). Sur le plan philosophique, Molière apparaît ici comme un élève d'Epicure et de Gassendi, et le courant matérialiste, allant de Rabelais à Béranger, se manifeste dans son théâtre parfois par le biais d'un robuste naturalisme. Si de Laprade critique la servilité du poète comique devant Louis XIV, c'est en raison d'une morale lubrique qui, dans *Amphitryon*, justifie les amours adultères du Roi ("Un partage avec Jupiter / N'a rien du tout qui déshonore" [III, 10]). Quant aux problèmes de morale religieuse, la comédie moliéresque s'avère, en dernier ressort, inapte à les traiter et c'est par une pirouette finale que le critique fait ressortir cette lacune fondamentale:

> C'est en vain que Molière a été le plus puissant des poètes de son siè-
> cle, le plus original, le plus grand écrivain; nous admirons sans réserve

---

[6] *Essais de critique idéaliste* (Paris: Didier, 1882) 185.

son art et son style; mais qu'on ne vienne pas nous parler, à propos de ses comédies, d'action utile et d'enseignement, nous n'y trouvons pas une nourriture saine, propre à fortifier l'âme et à l'agrandir, nous ne découvrons pas, dans toutes ses pièces, la substance morale d'une seule page du grand Corneille. (226-227)

Prosper Despine

Médecin, membre de la société médico-psychologique de Grande-Bretagne, P. Despine écrit en 1884 *La Science du coeur humain ou la psychologie des sentiments et des passions*, qui traite Molière en "moraliste psychologue" à la manière de La Fontaine. Quoiqu'il ne décèle aucune morale systématique chez le poète comique, il envisage ce dernier comme un excellent formulateur de préceptes éthiques; de tels préceptes excluent, de toute évidence, les maximes déraisonnables proposées par les esprits pervertis, la morale d'*Amphitryon* qui s'adresse plutôt aux dieux de l'Olympe, et la complaisance morale marquant les comédies-ballets et les pastorales. Psychologue sans le savoir, Molière excelle à peindre la puissance destructrice des passions, et peu d'écrivains ont atteint à la profondeur de l'analyse du "coeur humain" entreprise par lui. Afin de démontrer la folie de Sganarelle de *L'Ecole des Maris* ou bien celle d'Arnolphe, P. Despine s'appuie sur les découvertes de l'aliéniste Linet et du docteur Baillarger; telle qu'elle est formulée par ce dernier, la perception clinique de la folie — il s'agit en l'occurrence d'une "folie qui s'ignore" — rejoint le principe d'ironie dramatique essentiel à la comédie moliéresque. Abordant le cas d'Horace dans *L'Ecole des Femmes*, le critique considère son amour pour Agnès comme une "passion accidentelle" aboutissant à une mise en évidence de la valeur pédagogique de cette passion bénéfique ("l'amour est un grand maître", dit Horace [III, 4]). *Dom Juan* se présente ici comme une étude de psychologie criminelle, où le protagoniste est mû par une "perversité d'instincts", où sa conscience, "moralement idiote", ne peut l'empêcher de jouir d'un plaisir sadique devant les jeunes fiancés (I, 2) et d'afficher, de manière générale, une sorte de volupté dans le mal. Aucun sentiment ne bridant chez lui l'impétuosité de ses passions, Dom Juan fait figure de monstre vivant au-delà de la crainte des châtiments. Cette absence de crainte, tout en poussant le protagoniste à venir en aide à un Dom Carlos attaqué par des brigands, l'amène aussi à ce désir honteux de voir son père mort ("Eh! mourez le plus tôt que vous pourrez, c'est le mieux que vous puissiez faire. Il faut que chacun ait son tour, et j'enrage de voir des

pères qui vivent autant que leurs fils" [iv, 5]). En fait, la confronta-
tion dramatique père-fils fait ressortir une antithèse d'ordre moral très
frappante: à la grandeur pathétique de Dom Louis s'oppose la bassesse de son fils. P. Despine signale à cet égard que l'ironie révol-
tante de Dom Juan dans cette scène — "Monsieur, si vous étiez assis,
vous en seriez mieux pour parler" (iv, 4) — a été reprise par un certain Dumollard, criminel notoire du XIXème siècle, devant les objurgations morales que lui adressait l'aumônier de la prison.

Le médecin-critique moliéresque se livre alors à des considérations
plus générales sur la psychologie de la déviance, branche d'une discipline qui était à ses débuts à cette époque. Affirmant que Molière
prône d'ordinaire une attitude de compassion à l'égard de ses personnages qui manifestent une quelconque "infirmité morale", il dresse
un plaidoyer en faveur du traitement de ceux qui sont atteints d'une
forme particulière d'"idiotie morale". Au lieu d'une répression systématique des types aberrants, il préconise une thérapeutique susceptible de les guérir:

> … il faut être convaincu que la cause nécessaire du crime réside dans
> une difformité morale naturelle et involontaire, difformité qui a ses raci-
> nes tellement profondes dans l'organisme qu'il est très fréquent de la
> voir transmise par l'hérédité[7].

Quoiqu'il n'applique pas une telle thérapeutique aux cas particuliers
de Molière, le critique montre à quel point la comédie moliéresque,
dans son ensemble, fourmille de "leçons de psychologie", citant à l'appui
de sa thèse les confrontations dramatiques qui mettent Agnès aux prises
avec Arnolphe (v, 4) ou bien Célimène avec Arsinoé (iii, 4). Plus précisément, P. Despine exhorte les philosophes et les moralistes à apprendre la "science du coeur humain" en réfléchissant aux peintures morales
de Molière. Il a en vue ceux qui estiment l'homme capable de surmonter ses passions, car les pièces de Molière pourraient bel et bien
servir de modèles aux études cliniques entreprises par des philosophes et des moralistes tels que lui. D'une part, le critique présente
un catalogue de personnages odieux, Dorimène (*Le Mariage forcé*),
Angélique (*George Dandin*) et Arsinoé appartenant de droit à une véritable "tératologie morale féminine" chez Molière. D'autre part, il exalte
"… cette haute leçon de psychologie des passions qui s'appelle: *Le
Misanthrope*…" (81), louant en particulier la démarche finale de Philinte auprès de son ami. Dans cette même perspective, le dévoilement

---

[7] *La Science du coeur humain* (Paris: Savy, 1884) 65.

de l'hypocrisie religieuse de Tartuffe est perçu comme un "service" que Molière aurait rendu à la société: prêchant en quelque sorte par l'exemple, ce dernier, mû par une volonté d'éclaircissement moral, rend en dernier ressort un service public. Ainsi, grâce au but didactique auquel se consacre le dramaturge, il peut à bon droit être considéré comme "... un savant professeur de la science du coeur humain" (97).

P. Despines s'inscrit en faux contre la thèse de Ch. Jeannel, qui s'évertue à signaler des déficiences chez Molière en ce qui concerne sa "science du coeur humain". Au lieu de reprocher au poète comique d'avoir rabaissé des pères de famille, à l'instar de Ch. Jeannel, le critique juge bonne la création moliéresque des figures de père, dans la mesure où la valeur morale de ces rôles est particulièrement évidente; son argument ressemble ici, toute proportion gardée, à la finalité du choix des princes et des rois dans l'esthétique tragique: "... les vices produisent des résultats bien plus sérieux que chez un célibataire, car chez le premier (c'est-à-dire, le père de famille) les vices rejaillissent forcément sur toute la famille" (109). A cela s'ajoute une observation complémentaire portant sur le rôle des "passionnés" dans le répertoire moliéresque; ces derniers disposent, au sein de leur difformité morale, des leviers particuliers du pouvoir:

> Que Tartuffe prenne pour dupe un célibataire, que l'avare n'ait pas d'enfants, la leçon que Molière se propose de donner devient incomplète. Il fallait donc, pour instruire le lecteur et l'intéresser, que ses passionnés fussent haut placés dans la hiérarchie de la famille. (110)

On pourrait en effet parler d'une sagesse négative chez Molière, son rire servant à signaler des exemples à éviter plutôt que des modèles à suivre. Quand P. Despines évoque le comportement de Béline dans *Le Malade imaginaire*, personnage enfermé dans un narcissisme maladif, c'est pour rapprocher ce comportement de celui des aliénés des asiles qui, lors du siège de Paris en 1870-1871, interprétaient les activités particulières de la guerre en fonction de leur manie personnelle; la validité du cas de Bélise, en proie à un délire particulier, se trouve de la sorte confirmée. Dans sa conclusion, le critique insiste sur le fait que Molière a su pressentir les lois fondamentales de la psychologie moderne, c'est-à-dire, une psychologie fondée sur les passions et les sentiments. Ces lois peuvent se formuler ainsi: la primauté des éléments instinctifs, les rapports de complémentarité entre l'intelligence et diverses formes de la déraison, l'importance primordiale des "sentiments moraux", et la toute-puissance des passions. P. Despines affirme que le théâtre de Molière constitue un terrain privilégié pour une définition clinique de la folie: les héros moliéresques sont le plus souvent pris dans un dilemme cartésien en ce sens qu'ils se croient sur le chemin de la vérité alors qu'ils vivent, en réalité, dans la déraison totale. Le critique présente, enfin, au sein de cette conclusion d'ensemble, d'autres jugements pertinents. Ainsi, faisant appel aux législateurs de la Troisième République, il souligne la nécessité de fonder une culture morale à l'Ecole qui puisse s'adresser et porter remède aux divers facteurs de la perversion morale marquant la France de la seconde moitié du XIXème siècle[8].

Lectures de la fin du siècle

Augustin Gazier

L'article d'A. Gazier ("Molière"), paru dans *La Grande Encyclopédie* (1886-1902), offre, dans un format assez restreint, plusieurs observations dignes d'intérêt. A. Gazier signale d'abord le rôle de "Molière pédagogue", qui se donne pour tâche l'éducation des femmes. Citant l'entretien burlesque entre M. Jourdain et son maître de philosophie (II, 4), il en arrive à démontrer que la morale constitue un objet d'étude privilégiée chez Molière. Dans cette perspective, la comédie fonctionne à la manière d'une machine à correction ayant pour cible l'ensemble des défauts humains. Mais le critique se garde bien de promouvoir une conception exclusivement éthique de cette comédie car, bien que le dramaturge se transforme souvent en "professeur de morale", certains de ses enseignements ne laissent pas d'être contestables. Sans faire de lui un prédicateur, on est néanmoins sensible à la diversité des leçons qu'il présente; école de moeurs, son théâtre met en avant l'ensemble des règles de l'honnêteté mondaine, et A. Gazier évoque, à l'appui de sa thèse, la formule célèbre de Voltaire, qui voit en Molière "un législateur des bienséances du monde". Toutefois, l'apprentissage le plus précieux que l'on peut faire d'après les enseignements de ce théâtre, c'est l'expérience même du monde, qui se traduit le plus souvent par des "leçons de morale pratique", comme chez La Fontaine. A cela s'ajoute l'idéal personnel de la formation du caractère, et *Les Femmes savantes* mettent en avant un modèle de féminité parfaitement

---

[8] P. Despines cite, à titre d'exemples, l'immoralité de la presse et l'abus du vin et de l'alcool, qui a des effets particulièrement néfastes sur la classe ouvrière.

adapté aux besoins de la jeunesse française: "On reconnaît que la pédanterie enlève aux femmes le sentiment de leurs devoirs d'épouses et de mères, et l'on se promet bien, si l'on a jamais une fille, d'en faire une Henriette et non pas une Armande"[9].

A. Gazier souligne, à juste titre, à quel point l'orgueil et l'humiliation, perçus en général sous forme de honte sociale chez Molière, font partie intégrante de la peur du ridicule, arme puissante dont dispose le dramaturge. Etant donné la dureté irrémédiable des caractères, qui donne lieu à une vision pessimiste des rapports humains dans ce théâtre, on comprend sans peine la rareté des conversions morales, quoique l'exemple d'Horace dans *L'Ecole des Femmes* ne soit pas mentionné par le critique. Mais ce dernier ne manque pas d'évoquer le passage de la dramaturgie moliéresque à la pédagogie républicaine. Selon lui, auteur dramatique, Molière ne pouvait guère imaginer sa transformation éventuelle en classique scolaire: "(Molière) ne songeait nullement à devenir un auteur classique au même titre que Térence, et ne prévoyait pas qu'il serait un jour *expliqué* dans les collèges, voire même dans les lycées de jeunes filles" (XXIV, 26). L'article d'A. Gazier s'achève sur un coup d'oeil panoramique jeté aux diverses étapes de la réception critique de Molière depuis le règne de Louis XIV: éclipse du dramaturge au XVIIIème siècle, manque d'intérêt pour son théâtre jusqu'aux années 1830, floraison extraordinaire de la critique moliéresque lors de la deuxième moitié du siècle. Accordant à Molière une place à part dans l'histoire universelle des lettres, le critique estime que l'on ne peut le comparer à aucun autre poète comique et qu'il convient, de ce fait, de "... le laisser dans un glorieux isolement" (XXIV, 27).

Louis Moland

L'intérêt de la critique moliéresque de L. Moland est double: il présente, d'une part, une esquisse de la réception critique de Molière au XIXème siècle; et, d'autre part, il offre une analyse bien plus étendue de sa vie et son oeuvre[10]. Après avoir évoqué la mise en place du buste moliéresque de Houdon à l'Académie Française en 1778, geste civique en quelque sorte que d'Alembert qualifie d'"adoption posthume", L. Moland insiste à juste titre sur le renom international

[9] *La Grande Encyclopédie* (Paris: Société Anonyme de la Grande Encyclopédie, 1886-1902) xxiv, 25.
[10] *Molière, sa vie et ses ouvrages* (Paris: Garnier, 1887).

du poète comique, qui a été bien plus immédiat que son renom national: la diffusion générale de son oeuvre (représentations, traductions,
etc.) s'accomplit dès 1670 en Angleterre et dans les états allemands,
et grâce à l'apport de l'Italien Goldoni (*Il Molière*) en 1761. Le critique loue ensuite l'érection du monument de Molière: il s'agit d'un
"honneur qui jusqu'alors n'avait été accordé qu'à des souverains"; l'inauguration du monument "... eut tout le caractère d'une cérémonie nationale" (p. xiii). Selon lui, *Le Moliériste* a le mérite de faire avancer la
recherche scientifique sur le dramaturge:

> ... *Le Moliériste*... centralise les découvertes et tient le public au cou-
> rant de ce qui se produit ou se prépare sur l'auteur comique. La bio-
> graphie de Molière, qui était presque toute traditionnelle et légendaire,
> passe peu à peu à l'état documentaire et positif. (p. xv)

Passant à l'oeuvre de Molière, L. Moland tend à valoriser les com-
bats héroïques du dramaturge, le caractère militant de sa satire. Cette
image d'un Molière combattant s'applique notamment à la vie personnelle du poète comique qui, en proie aux difficultés de tout ordre,
"... est mort sur la brèche" (p. xviii). Ce dernier se livre, dans *L'Ecole
des Femmes*, à une parodie de l'éducation confessionnelle: les menaces
d'enfer proférées par Arnolphe, les maximes du mariage, renfermant
une critique sermonneuse que l'on peut trouver sous forme plus élevée dans les catéchismes, les plaisanteries irrévérencieuses, etc., tout
cela rend compte des anathèmes lancés contre cette pièce par le clan
dévot et qui trouvent écho dans *La Critique de L'Ecole des Femmes*. La
lutte incessante contre l'autorité cléricale du règne de Louis XIV mise
à part, les personnages moliéresques font preuve d'une telle complexité
qu'ils finissent par dépasser les limites de la polémique religieuse et
par prendre une signification plus large. Ils incarnent des types immortels et constituent, parfois à l'intérieur de ce théâtre, des couples antithétiques, tels Philinte et Alceste, Dorante et Lysidas,... Le commentaire suivant illustre à merveille la portée mythique prise par le principe
d'"universalité" classique; par son répertoire de personnages, Molière
s'adresse à une culture nationale tout aussi bien qu'internationale:

> [Les personnages de Molière]... participent, plus qu'il n'est donné à
> une créature mortelle, de la nature immuable et éternelle de l'huma-
> nité. Ils ont un nom propre, et pourtant leur nom devient un nom géné-
> rique, un substantif commun; ils ont une date bien marquée, et ils ne
> vieillissent pas; ils ont une patrie et ils sont compris et reconnus dans
> tous les pays. La réalité est transfigurée; l'observation est doublée
> d'invention. (p. xxi)

Tout en admettant que Molière soit un moraliste, L. Moland prend soin de préciser qu'il s'agit pour cet auteur d'une morale oblique, c'est-à-dire, susceptible d'être dégagée d'une situation dramatique particulière. Plus précisément, le critique adopte la thèse fondée sur l'idéal de *mediocritas* pour ce qui est de la vie et l'oeuvre du dramaturge: une telle perspective morale suppose une acceptation sereine des limites ainsi qu'un refus de s'engager dans un idéalisme par trop élevé. Molière projetterait de la sorte une vision de l'humanité tout à fait étrangère à l'idéal philanthropique propre au XIXème siècle. Quant à la raillerie moliéresque, elle ne se limite nullement à une classe sociale particulière: ni Dorante, ni M. Jourdain, ni Pierrot n'échappent à la force de cette raillerie. Génie dramatique sans pareil, enfin, Molière finit par prendre diverses physionomies: il peut apparaître soit comme courtisan flagorneur soit comme précurseur révolutionnaire et ceci tient, à n'en point douter, à l'éclairage particulier que l'on donne à son oeuvre.

Paul Stapfer

C'est dans une perspective résolument comparatiste que P. Stapfer aborde, dans *Molière et Shakespeare* (1887), des différences d'esthétique littéraire entre la France, l'Angleterre et l'Allemagne. Il postule d'abord la raison comme principale exigence de l'esprit français. Contrairement à l'expérience anglaise ou allemande, l'emprise de la raison en France est telle qu'on ne saurait concevoir ni un vaudeville ni une farce qui en soit dépourvu. Faisant une concession aux détracteurs de Molière, le critique soutient que la comédie moliéresque met en jeu une conception peu élevée de la raison, bref, une raison essentiellement moyenne. Toutefois, il entreprend une défense du dramaturge en fonction de l'esprit français, défense par laquelle il rejette catégoriquement les objections de Schlegel[11]. De même que dans le théâtre de Shakespeare, où le tragique côtoie le comique, il existe, chez Molière, un mélange de tous les genres. Si P. Stapfer privilégie la fantaisie shakespearienne, c'est afin de mieux exalter la dimension poétique d'Acaste, petit marquis dans *Le Misanthrope*. Il situe, de même, *Le Misanthrope* et *Tartuffe* au-dessus des féeries de Shakespeare, telle *Le Songe d'une nuit d'été*, en raison de leur fantaisie poétique. Face à d'autres reproches de critiques allemands, par exemple, l'excès de didactisme chez Molière ainsi que l'invraisemblance de ses personnages, le critique prend la défense du poète comique. La caricature

---

[11] Voir son *Cours de littérature dramatique* (Paris: Cherbuliez, 1832).

de certains personnages est justifiée, selon lui, par les exigences de
la stylisation comique. Dans le cas d'Harpagon, néanmoins, P. Stapfer
s'accorde avec Schlegel pour le juger par trop abstrait; il évoque, de
surcroît, l'inconséquence psychologique propre à l'"avare amoureux":
le fait que ce dernier ait un carrosse et des chevaux et qu'il les laisse
mourir de faim, le fait qu'il possède un diamant, etc. A la différence
donc de la synthèse plus vraisemblable des traits contradictoires constituant la personnalité de l'"atrabilaire amoureux", Harpagon apparaît comme un portrait excessivement généralisé; non pas comme un
"individu réel", mais plutôt comme une "abstraction personnifiée". Si,
à en croire P. Stapfer, les critiques allemands n'ont guère compris
le caractère de Tartuffe, ils ont en revanche fort bien saisi celui
d'Orgon. Un certain Markwalt a su mettre en relief, par exemple,
la démesure comique de ce dernier qui, totalement envoûté par Tartuffe, se compose d'"exagérations perpétuelles". Revenant à Shakespeare, enfin, P. Stapfer établit une comparaison entre l'humour bri-
tannique et le rire français:

> *L'humour* universel de Shakespeare a peut-être été moins utile à la civi-
> lisation que la lutte en champ clos soutenue par Molière pour la vérité
> contre l'erreur. L'humanité les admire également tous les deux; mais
> son coeur a plus d'estime pour la foi vive du combattant que pour la
> haute indifférence du philosophe et de l'artiste, et Molière est plus aimé
> que Shakespeare[12].

Le mouvement moliériste

Si le "moliérisme" est une admiration pour le poète comique qui frôle
parfois l'idolâtrie, les signes annonciateurs de ce phénomène culturel, qui atteint son apogée dans les années 1880, apparaissent dès la
construction du monument de Molière en 1844, et dès le développement dans les provinces d'une sorte de régionalisme militant autour
du dramaturge vers la même époque[13]. En fait, la vulgarisation du

[12] *Molière et Shakespeare* (Paris: Hachette, 1887) 314.
[13] V. Fournel prend à partie ici les chercheurs régionalistes et les déformations auxquelles ils ont donné lieu, notamment en ce qui concerne les diverses activités de
l'*Illustre Théâtre* dans le Midi de la France entre 1646 et 1658. Ces chercheurs, selon
lui, "… stimulés à la fois par l'orgueil du patriotisme local et par le désir d'attacher
leur nom à celui de Molière…, la plupart des historiens de cette longue et obscure
odyssée ont franchi les limites d'une sage et prudente critique" ("Molière et l'érudition contemporaine", dans *De Malherbe à Bossuet: Etudes littéraires et morales au XVIIème
siècle* [Paris: Firmin-Didot, 1885] 86-87).

terme "moliériste" coïncide avec l'avènement de l'Ecole républicaine et, plus particulièrement, avec la parution du *Moliériste*, revue mensuelle qui, s'échelonnant de 1879 à 1889, devient l'instrument officiel du culte de Molière. Archiviste-bibliothécaire à la Comédie-Française, G. Monval s'occupe de la direction de cette revue partisane et annonce, dès la publication du premier numéro, que *Le Moliériste* s'adresse non seulement aux "… grands prêtres et adorateurs du Dieu", mais aussi aux "chercheurs obscurs, moliérisants, moliérophiles, moliéromanes mêmes…"[14] Tout un corps de chercheurs patients se livre à un dépouillement systématique des archives du notariat parisien ainsi que des archives provinciales. Issue du romantisme, cette critique biographique, dans sa volonté d'éclaircir les points les plus obscurs de la vie de Molière, aboutit à un goût de l'érudition pour elle-même, à une patiente accumulation des données en vue d'une documentation sûre. Ainsi, les pages du *Moliériste* font état des divers lieux fréquentés par Poquelin, de ses rapports de parenté — la question épineuse des liens réels entre Madeleine et Armande Béjart a fait couler, on le sait, beaucoup d'encre… — et de l'histoire anecdotique des pérégrinations de l'Illustre Théâtre. On trouve dans cette revue, comme ailleurs à cette époque, des études portant sur la formation intellectuelle du dramaturge (ses maîtres, ses camarades de classe, sa scolarité, etc.), auxquelles s'ajoute par la suite un ensemble de recherches ayant pour objet la présence de Molière dans les milieux socio-professionnels du XVIIème siècle, c'est-à-dire, ses relations avec les médecins, les avocats, les religieux, ainsi que le milieu familial des tapissiers[15]. Bref, toute une gamme de sujets hétérogènes se trouve abordée ici, de l'iconographie moliéresque et de la réception internationale du dramaturge jusqu'à sa maison mortuaire et à l'authenticité de sa signature. Quoique le nombre d'articles relevant de la critique biographique dans cette revue l'emporte sur ceux qui s'inspirent d'une critique purement dramatique, il existe de multiples mises au point à propos de l'histoire extérieure des pièces: la proposition d'une nouvelle source inédite, le recours à une interprétation "à clefs" susceptibles de révéler l'identité réelle d'un personnage particulier, la rectification d'une date, etc. Parfois, dans le souci de corriger une interprétation "erronée",

---

[14] *Le Moliériste* 1 (1880) 4. Selon A. Brisson, on peut à juste titre considérer G. Monval comme "… le grand surintendant des intérêts de Molière et son légataire universel" ("Les Moliéristes et G. Monval", *Revue Illustrée* 17 [1894] 146).
[15] Voir à ce sujet F. Nepote-Desmarres 44-46.

un exégète a recours à une défense purement partisane et, partant, peu littéraire. Ainsi, s'attaquant à la lecture de Sarcey et d'A. Dumas sur le problème de l'éducation des femmes — ces derniers affirment que Chrysale sert de porte-parole à Molière sur ce sujet — E. Blondet estime que cette lecture porte "atteinte" à la "gloire de Molière"[16]. Initiée par les recherches du commissaire J. Beffera qui, dans sa *Dissertation sur J.-B. Poquelin, Molière* (1821), s'est fondé sur les documents d'état-civil, cette critique érudite se développe, on l'a vu, tout au long du siècle, passant par les études de J. Taschereau, d'A. Bazin et d'E. Soulié, et aboutissant à la publication de la célèbre *Bibliographie moliéresque* de P. Lacroix (1875), du *Registre* de La Grange en 1876 — véritable mine de renseignements concernant les affaires de l'Illustre Théâtre — et, enfin, à la parution du *Moliériste*.

La dimension légendaire, voire mythique de Molière dans la France de la Troisième République se manifeste avec vigueur dans de nombreux articles du *Moliériste*. Il se constitue une véritable hagiographie moliéresque et le lexique de la revue en fait foi, car on évoque à plusieurs reprises les "pèlerinages" que l'on consacre au poète comique, objet d'une canonisation nationale et considéré comme le "Maître" depuis près d'un siècle. Parfois, les moliéristes se considèrent volontiers comme les "dévots" de coeur de leur saint, invoquant leur "… violent amour pour celui qui (leur) paraît être la plus complète incarnation du génie français"[17]. La nature partisane de ce culte est à tel point exclusive que ceux-ci s'opposent en bloc à leurs détracteurs, qui osent leur reprocher de constituer une "secte à part"; à chaque fois, ils revendiquent avec fierté leur titre de "moliériste". On peut évoquer à ce sujet la critique dénigrante d'E. Schérer, qui fait figure d'iconoclaste en dénonçant les déficiences d'ordre stylistique chez Molière (répétitions fastidieuses, chevilles, etc.). La rédaction de la revue s'en prend aussitôt à ce détracteur éminent et rétablit l'honneur de son héros en citant à l'appui l'éloge célèbre de Sainte-Beuve, désigné en fait comme son "Credo" (4: 39). Le réquisitoire d'E. Schérer déclenche une série de mises en garde contre les excès des moliéristes: E. Fournel, J. Lemaître et G. Larroumet s'insèrent tous dans cette réaction contre le moliérisme. Mais c'est la critique percutante de F. Brunetière, dirigée contre les excès de l'exégèse biographique, qui mérite d'attirer ici notre attention:

---

[16] "Une Erreur à propos de Molière", *Le Moliériste* 4 (1882-1883) 274.
[17] *Le Moliériste* 4 (1882-1883) 39.

Mais, ô moliériste aveugle, ne voyez-vous donc pas, si vous vouliez déposséder Molière de sa gloire, vous n'auriez justement qu'à généraliser cette imprudente méthode! Si le Misanthrope était M. de Montausier, si Tartuffe était l'évêque d'Autun, si don Juan était le marquis de La Feuillade, si l'Avare était le lieutenant-criminel Tardieu, c'est Molière en effet qui lui-même ne serait plus Molière, et que faut-il penser de votre façon de le comprendre, vous qui ne l'admirez qu'autant que ces types si vrais, et d'une vérité si largement humaine, seraient la fidèle copie du plus particulier des hypocrites et des ladres?[18]

Outre cette polémique incessante entre les moliéristes et leurs adversaires de plus en plus nombreux, il convient de mettre en évidence ici tous les éléments hétérogènes qui, au fil des pages du *Moliériste*, atteignent le statut de reliques et font valoir de la sorte l'efficacité du "mythe Molière". Il en est ainsi du célèbre fauteuil de Molière, de son tombeau, de sa mâchoire même, qui sont tous transformés en objets de piété pour ces érudits. D'autres exemples du discours critique profondément élogieux que l'on trouve dans *Le Moliériste* comprennent des sonnets adressés à la gloire du poète et des allocutions prononcées lors des banquets commémoratifs, notamment à l'occasion du bicentenaire de sa mort[19]. Il faut citer, enfin, cette histoire piquante d'"un cocher moliérophile" afin de se faire une idée de la tendance anecdotique si caractéristique du *Moliériste* dans son ensemble:

---

[18] "Trois moliéristes", *Revue des Deux Mondes* 66 (1884) 700.

[19] Après avoir signalé à quel point la critique exégétique des moliéristes va permettre de reconstituer "le véritable Molière", G. Monval donne la mesure des multiples dimensions de la gloire du dramaturge à l'occasion du "banquet-Molière" le 14 janvier 1883: "Molière a déjà ses journaux, non seulement notre cher *Moliériste* en France, mais encore une ou deux revues allemandes; Molière a ses peintres, ses dessinateurs et ses graveurs, qui multiplient sans cesse sa noble image; Molière a ses éditeurs et ses libraires, qui ne se lassent pas de réimprimer ses oeuvres dans tous les formats et souvent avec un luxe que les amateurs réclament et encouragent; Molière a ses traducteurs et ses commentateurs dans toutes les langues de l'Europe; Molière, enfin, en ce moment même où nous célébrons en famille le 26lème anniversaire de sa naissance, est applaudi peut-être dans vingt, dans cent théâtres, où l'on représente quelques-uns de ses chefs-d'oeuvre, en mémoire de ce glorieux anniversaire. Molière n'aura donc jamais assez d'éditions de ses oeuvres, jamais assez de représentations de ses comédies, jamais assez de portraits et de statues. C'est pourquoi je vous demande, Messieurs, de porter un toast à la création prochaine d'un *Musée Molière*, d'une *Bibliothèque moliéresque* (*Le Moliériste* 4 [1883] 335).

Je passais, le lundi 28 novembre dernier, rue de Richelieu, et j'étais
occupé à regarder la fontaine Molière, lorsqu'un cocher de fiacre, qui
se dirigeait vers la place du Palais-Royal, me cria du haut de son siège:
"Inclinez-vous devant le Monsieur!" Puis il fouetta ses chevaux et s'éloi-
gna, après avoir tiré un grand coup de chapeau à l'auteur du *Tartuffe*[20].

La disparition du *Moliériste* en 1889 s'explique sans doute par le fait
que certains auteurs, s'en tenant à une discussion des "faux problèmes" suscités par la vie et l'oeuvre de Molière, finissent par créer une
image déformée de ce dernier, pur objet d'un culte quasi supersti-
tieux. La mise en garde systématique à l'égard de cette déformation,
entreprise par de nombreux critiques de marque, met fin à cette revue.
   Dans son recensement de la bibliographie moliéresque au XIXème
siècle, V. Fournel — moliériste pour ainsi dire malgré lui — souligne la production critique massive, et ceci face à l'absence presque
totale de documents se rapportant à la vie de Molière. Si l'on considère le nombre de langues dans lesquelles son oeuvre a été traduite
— jusqu'"en dialecte génois et en patois languedocien, en serbo-croate,
en arménien..."[21] — le poète comique apparaît, de toute évidence,
comme l'auteur français qui s'internationalise le mieux. Animé par
un esprit d'exactitude et par une probité critique qui font défaut aux
moliéristes, V. Fournel prend à partie les idolâtres, tel P. Lacroix,
dont le projet se trouve miné par une dévotion frisant le fanatisme:
"... ce ne sont pas des érudits, ce sont des croyants. Ce ne sont pas
des experts qui étudient un problème; ce sont des pèlerins qui véné-
rent une relique" (129)... Il dénonce, au total, les exagérations des
dévots de Molière comme autant de signes d'une "hyperbole flagrante",
et sa mise en garde s'insère dans la réaction systématique contre le
moliérisme.

Tradition universitaire et lectures polémiques

Brunetière

Editeur de la *Revue des Deux Mondes*, qui a exercé une influence réelle
sur le public lettré de la Belle Epoque, F. Brunetière — "préfet de
police de la littérature" selon F. Coppée — par son dogmatisme et
par le culte qu'il voue au classicisme, semble prendre la relève de
Nisard dans l'histoire de la critique exégétique en France au XIXème

[20] E. Marnicouche, "Un Cocher moliérophile", *Le Moliériste* 3 (1882) 304.
[21] "Le Culte de Molière et ses reliques" 121.

siècle[22]. S'appuyant sur l'exemple de *L'Ecole des Femmes*, il définit l'oeuvre de Molière comme une comédie essentiellement nationale et bourgeoise, du point de vue de l'action et de l'identité des personnages jusqu'au petit chat d'Agnès...[23]. A ces traits fondamentaux, il faut ajouter la dimension réaliste et naturaliste de cette comédie et, enfin, une thèse particulière que celle-ci a pour tâche de démontrer (par exemple, l'éducation des femmes); plus précisément, on a affaire à une comédie de la correction qui met en jeu une stratégie démonstrative. D'autre part, Brunetière décèle chez Molière, de manière générale, l'émergence définitive de la comédie de caractère par rapport à la comédie d'intrigue[24]. Dans une conférence célèbre à l'Odéon en 1896, il souligne à quel point *L'Ecole des Femmes* marque un tournant significatif dans l'évolution de la comédie française au XVIIème siècle:

> Vous le voyez, Messieurs, d'étrangère devenue nationale, d'aristocratique bourgeoise, de romanesque naturaliste, et,... d'une épée de parade une arme de combat, si la comédie, dans *L'Ecole des Femmes*, aussi gaie que celle de Corneille ou de Scarron, plus décente que la dernière, aussi littéraire que la première, y est en outre et en même temps comédie de moeurs, comédie de caractères, comédie à thèse, il serait difficile de trouver dans l'histoire d'un art... une transformation plus profonde, accomplie presque d'un seul coup, par le génie d'un seul homme. (103)

Dans son *Histoire de la littérature française classique*, Brunetière apporte des précisions à cette définition générale de la comédie moliéresque. En premier lieu, dans son effort pour ramener le théâtre aux réalités vécues, pour le détourner d'une tendance fâcheuse à l'abstraction et, enfin, pour s'approprier des sujets étrangers, Molière finit par renforcer le sentiment d'identité qu'ont les spectateurs à l'égard des personnages français. Artisan accompli, le dramaturge excelle par ailleurs à créer une étonnante diversité dans l'organisation de ses

---

[22] Selon G. Delfau et A. Roche, par son refus systématique de l'Histoire et par son souci de se réfugier dans des valeurs passéistes, "... le dogmatique Brunetière... recommence, quelque soixante ans après, le combat de Nisard contre la 'littérature facile' de son époque" (79).

[23] *Les Epoques du théâtre français* (Paris: Hachette, 1906) 96-97.

[24] Les comédies supposent, selon cette optique, des personnages doués d'une forte individualité: "Il faut qu'ils soient distincts, comme Alceste et comme Harpagon, comme Trissotin et comme M. Jourdain; qu'ils ne ressemblent qu'à eux-mêmes; que nous puissions en toute occasion les reconnaître et, pour ainsi parler, mettre leur nom sur leur visage. Mais il faut en même temps qu'il y ait quelque chose en

intrigues, ainsi que dans l'impression saisissante d'une réalité prise sur le vif. Sans aller jusqu'à attribuer à Molière un système de pensée cohérent, Brunetière dégage cependant de son théâtre les lignes générales d'une "philosophie"[25]. Il déplore l'insuffisance de la morale moliéresque qui, perçue comme "moyenne" et "vulgaire", est réduite aux platitudes de la vie quotidienne. Selon lui, la bassesse du rire dans *Dom Juan* et *George Dandin* est telle qu'elle va jusqu'à ridiculiser la notion de devoir. L'esthétique comique ne vise pas à provoquer un sentiment d'élévation morale et Brunetière prend à partie, on l'a vu, les moliéristes qui s'extasient devant la gloire de leur idole, l'érigeant tantôt en maître à penser tantôt en maître de conduite. En outre, le critique prête au dramaturge un antiféminisme en fait peu fondé, et estime qu'en tant que peintre de types féminins, Molière ne peut se mesurer ni avec Shakespeare ni avec Marivaux. C'est plutôt de sa conception du naturalisme moliéresque que la critique de Brunetière tire sa force. Hérité du naturalisme de Rabelais et de Montaigne, ce courant philosophique a des répercussions dramaturgiques et religieuses chez Molière. Ainsi, dans cette perspective, le péché capital de ses personnages réside dans un refus comique de se conformer aux impératifs de la nature. Philaminte, M. Jourdain, M. Diafoirus et M. Purgon, dans leur volonté farouche de se distinguer, ignorent les appels de celle-ci. Aucun décalage, par contre, entre l'être et le paraître chez les personnages sympathiques, tels Martine, Nicole, Mme Jourdain et Henriette[26]. Grâce à une question rhétorique — "La leçon n'est-elle pas claire?" — Brunetière souligne la "clarté" de la "leçon" qu'il convient de dégager de l'ensemble des comédies: il existe en fait une dichotomie entre les personnages sympathiques, raisonnables, honnêtes, et les personnages ridicules, grotesques ou bien odieux qui se mettent en guerre contre la "bonne nature". Agnès et Horace apparaissent, de ce fait, comme des représentants d'une jeunesse bienveillante, et "la leçon assez parlante" qui se dégage de *L'Ecole des Femmes* n'est rien d'autre que la toute-puissance de la nature. Tout en taxant Molière d'indécence dans l'équivoque sexuelle sous-jacente

---

eux de permanent ou d'universel, qui soit de tous les temps et de tous les lieux" (144-145).

[25] "La Philosophie de Molière" a paru dans ses *Etudes critiques sur l'histoire de la littérature française* (Paris: Hachette, 1891) IV, 179-242.

[26] Le statut d'Alceste parmi les personnages sympathiques ne laisse pas d'être problématique, car son cri tonitruant — "Je veux qu'on me distingue" (I, 1) — met en lumière une des dimensions fondamentales de son caractère.

à la fameuse scène du ruban (ii, 5), le critique fait ressortir la force de la satire moliéresque dans cette pièce, car le dramaturge finit ici, à n'en point douter, par dépasser les limites de son rôle d'"amuseur public".

Tel que l'envisage Brunetière, le naturalisme de Molière aboutit à un libertinage intellectuel prenant pour cible la fausse dévotion; libre penseur, celui-ci s'attaque de front, à travers *Tartuffe*, aux "vrais dévots", qui sont restés ses ennemis les plus acharnés sa vie durant. Après avoir signalé l'importance de la satire sociale mise en jeu ici, le critique plaide, et à juste titre, la nécessité de s'interroger sur le rôle d'Orgon, plutôt que sur celui de Tartuffe, afin de saisir les implications profondes de la pièce. Le père de famille subit en effet une transformation radicale: toutes ses qualités (bonté, fidélité, courage, etc.) se changent en défauts depuis qu'il s'est initié au programme de dévotion que lui prescrit Tartuffe. Ce dernier opère chez lui une entreprise de déshumanisation. Si, selon cette perspective, Cléante a le mérite de dénoncer la piété ostentatoire comme un signe de fausseté, il n'en reste pas moins que, face au danger que représente le faux dévot, il finit par sombrer dans l'inefficacité. C'est ainsi que Brunetière fait d'Elmire le porte-parole idéal d'une dévotion raisonnable et humaine. Ce qui ressort de la critique systématique que Molière adresse à la dévotion religieuse, ce n'est pas seulement le fait qu'il s'en prend indifféremment aux Jésuites comme aux Jansénistes mais, chose plus importante, qu'il manifeste une nette opposition au principe de contrainte gouvernant toute religion établie. Ainsi, au lieu de réprimer ses instincts, mieux vaut, selon "l'école de Molière", se laisser guider par eux[27]. Les diverses comédies-écoles moliéresques préconisent le culte de la nature ou, plus précisément, la nécessité de suivre ses lois pour atteindre à la sagesse; les dévots sont fustigés, dans cette optique, en ce sens qu'ils "dénaturent" la nature en détournant les hommes d'une vision humaniste du monde. La critique dogmatique de Brunetière s'instaure ici au nom de la vérité elle-même, que ce dernier confond tout bonnement avec la "leçon... instructive" qu'il tire du *Malade imaginaire*. Il s'agit en l'occurrence de l'impunité dont croient jouir médecins et dévots, tous faisant preuve d'une sorte d'imposture professionnelle:

---

[27] Cette formule est d'A. Baillet, que Brunetière cite afin d'illustrer le rôle du libertinage moliéresque dans l'histoire intellectuelle de la France au xviième siècle: "La galanterie n'est pas la seule science qu'on apprend à l'école de Molière; on y apprend

... la vérité, c'est qu'à ses yeux (Molière), les prétentions des médecins ne sont pas moins ridicules, en leur genre, que celle des dévots. Eux aussi, comme les dévots, ils se croient plus forts ou plus habiles que la nature et ils se vantent, comme eux, de la rectifier, et au besoin, de la perfectionner[28].

De plus, Brunetière insiste sur le rôle des libertins comme médiateurs du naturalisme païen de la Renaissance, leur effort pour "déchristianiser" la pensée du XVIIème siècle s'intégrant parfaitement dans l'entreprise globale de sécularisation propre à la France de la Troisième République.

On ne s'étonne guère que Brunetière, auteur d'une célèbre théorie sur l'évolution des genres — dont on peut mettre en doute la validité — se soit interrogé sur les transformations subies par le naturalisme moliéresque au fil de la carrière du dramaturge. Bien qu'il mette en relief le caractère problématique de la production théâtrale de Molière entre 1664 et 1669, c'est-à-dire, de *Dom Juan* à *George Dandin*, production qui semble aboutir à une mise en question de sa philosophie de la nature[29], le critique affirme ailleurs que malgré un noircissement perceptible de sa vision vers la fin de sa vie, on s'aperçoit d'une certaine continuité dans la philosophie de Molière, qui se traduit dans *Le Malade imaginaire* par une "apologie de la nature"[30]. En fait, grâce à l'élargissement des problèmes abordés dans son théâtre depuis *Monsieur de Pourceaugnac* (1669) jusqu'à sa mort, le dramaturge a pu créer, auprès de son public, un plus grand sentiment d'identification à l'égard des personnages aisément reconnaissables.

Les observations de Brunetière portant sur l'écriture comique de Molière nous apparaissent comme particulièrement dignes d'attention. Rapportant le reproche persistant sur les prétendues faiblesses du dramaturge en matière de style, reproche formulé d'abord par La Bruyère et repris en 1882 par son contemporain Edmond Schérer, le critique finit par prendre la défense de ce style. Reconnaissant certes quelques-unes de ces déficiences, il passe en revue des constructions grammaticales manquant de clarté ainsi que des métaphores sombrant dans le galimatias, et qu'il qualifie de "franchement détestables"

aussi les maximes les plus ordinaires du libertinage..." (*Histoire de la littérature française classique* [Paris: Delagrave, 1912] 436).

[28] *Histoire de la littérature française classique* 435.

[29] *Manuel de l'histoire de la littérature française* (Paris: Delagrave, 1898) 176.

[30] *Histoire de la littérature française classique* 436.

(par exemple, "Ne vous y fiez pas, il aura des ressorts… Embarrasse les gens dans un fâcheux dédale" [*Tartuffe* v, 3]). Toutefois, les tournures archaïques et populaires de Molière sont parfaitement naturelles, étant donné sa formation particulière; en fait, la recherche qu'entreprend le poète comique d'archaïsmes pittoresques est perçue par Brunetière comme une réaction contre l'influence des salons précieux. Dans l'ensemble, les divers procédés du style de Molière (ellipse, métaphore, caricature, etc.) conviennent à l'intention railleuse sous-jacente à l'écriture comique. Plus précisément, le critique admire le style improvisé du dramaturge, style qui exclut toute prétention littéraire. D'un parfait naturel, le style verbal d'un Arnolphe ou d'un Tartuffe est tout à fait conforme au caractère du personnage et sert à rendre compte de sa complexité psychologique. Tout se passe comme si les personnages moliéresques prenaient une existence autonome par rapport à leur créateur: "… (Molière) les écoute parler, au lieu de leur imposer, comme feront ses successeurs, sa manière à lui à parler (sic)…"[31]. Chose plus importante, peut-être, Brunetière a le mérite de valoriser le discours oral chez Molière et de l'envisager comme une nécessité d'ordre dramaturgique: "… on peut dire en revanche de Molière qu'il eût écrit moins bien, s'il avait mieux écrit; que son style serait moins essentiellement comique s'il avait plus de tenue et d'unité, s'il n'était pas, avant tout, un style 'parlé'" (453).

Louis Thuasne

C'est en 1894, à l'occasion du deux cent vingt et unième anniversaire de la mort de Molière, que L. Thuasne réclame, dans les pages d'actualité d'un quotidien de l'époque, *La République Française*, l'établissement d'un "musée de Molière" rue Richelieu — voeu qui ne s'est d'ailleurs jamais réalisé[32]. Ce qu'il faut retenir ici, c'est que l'auteur considère cette demande comme un geste patriotique. Après avoir évoqué la célèbre mort du dramaturge, relatée avec toute la sentimentalité voulue, L. Thuasne se demande,

> … pour que cet hommage ne soit pas stérile, (s'il ne serait pas) opportun de mettre sous le patronage de son nom une idée plusieurs fois déjà émise, celle de la création d'un musée, où tous les souvenirs se rattachant à Molière seraient réunis?

[31] *Histoire de la littérature française classique* 452.
[32] "Le Musée de Molière", *La République Française*, le 17 février 1894: 2.

Chez tous les amis du poète, cette sorte d'indifférence pour sa mémoire provoque comme un remords, et une certaine surprise aussi chez les étrangers lettrés, de passage chez nous, habitués qu'ils sont à entourer d'un autre respect leurs gloires nationales.

C'est dans cette optique qui privilégie l'importance du patrimoine national que l'auteur développe son argument:

> Alors que Shakespeare est l'objet d'un véritable culte en Angleterre, que... Stratford-sur-Avon... est le but d'un incessant pèlerinage, ainsi que la modeste maison d'Henley Street, acquise par souscription nationale, et qui est devenue comme la Mecque intellectuelle de tous les Anglais; qu'en Allemagne, Weimar montre avec orgueil la maison de Goethe... Paris n'a pas encore songé à s'acquitter de ce devoir pieux envers le plus illustre et le plus populaire de ses enfants. (2)

Pour mener à bien cette entreprise culturelle, L. Thuasne envisage une collaboration avec la Comédie-Française, ainsi qu'un appel au soutien financier des fidèles du poète comique, qui n'hésiteraient pas à "... voir leurs noms mêlés à cette oeuvre patriotique". Il souhaite que l'administration des Beaux-Arts se charge de ce projet, qui se ramène à l'acquisition de la maison mortuaire de Molière et à l'ouverture d'une souscription publique, comme en Angleterre, l'emplacement du musée devant être, de préférence, "soit dans l'une des salles du Palais-Royal, soit l'un des foyers de la Comédie-Française". L. Thuasne se situe, de nouveau, dans une perspective à la fois culturaliste et internationaliste, héritée de Sainte-Beuve et chère à maint autre critique de la Troisième République:

> Ce n'est pas fortuitement que le nom de Molière se rencontre ici avec les noms de Shakespeare et de Goethe. On sait l'intimité intellectuelle qui réunit ces trois puissants génies et l'affinité qui les rapproche en dépit de la diversité des temps et des lieux où ils ont vécu. (2)

L'argument se fonde ici sur la notion de citoyenneté républicaine: le modèle à imiter venant de l'étranger, ce sont les exemples d'une mémoire étrangère déjà mise en place qui serviront à justifier la pieuse demande de l'auteur. Après avoir rappelé l'admiration profonde que Goethe avait pour Molière, L. Thuasne conclut sur ce souhait:

> Que Paris fasse donc pour Molière ce que deux grandes nations ont fait pour leurs plus illustres citoyens! Qu'il se pique d'émulation à ces

exemples du dehors! C'est d'ailleurs une dette de reconnaissance dont il doit avoir à coeur de s'acquitter sans retard, sous peine de voir mettre en suspicion son vieux renom de probité. (2)

Jules Lemaître

Au dogmatisme de Brunetière s'oppose la critique dramatique bien plus souple de J. Lemaître, publiée sous le titre *Impressions de théâtre* (1889-1920). Cette critique naît des réactions immédiates de Lemaître aux représentations particulières du répertoire moliéresque, telle celle du *Misanthrope* à la Comédie-Française en 1888. Elle représente, d'abord, un témoignage précieux sur le jeu des acteurs à l'époque, d'où la mise en garde contre la tendance propre à certaines actrices contemporaines (par exemple, Mlle Mars, Mlle Marsy) à exagérer la coquetterie de Célimène. S'interrogeant sur la transformation progressive d'Alceste en héros tragique depuis le XVIIIème siècle, le critique en appelle à l'efficacité d'un "travail d'alluvion morale"[33] qui, né de l'héritage romantique, tend à valoriser les vers d'Eliante qui idéalisent la "sincérité" du protagoniste ("Et la sincérité dont son âme se pique / A quelque chose, en soi, de noble et d'héroïque" [IV, 1, vv. 1165-1166]). Quoiqu'il décèle de nombreux traits biographiques dans le personnage d'Alceste, Lemaître prend soin d'indiquer que le dramaturge prête à Philinte non seulement son habilité à se montrer souple devant autrui, mais aussi les principes directeurs de sa sagesse, à savoir, un épicurisme désabusé et une charité réelle. On assiste, au XIXème siècle, à une réconciliation entre Alceste et Philinte, si bien que les deux personnages deviennent des *alter ego* et représentent, de la sorte, des côtés antithétiques de la personnalité de Molière:

Aujourd'hui nous avons réconcilié Alceste et Philinte. Nous disons: Philinte, le philosophe accommodant, c'est encore Alceste, un Alceste mûri et plus renseigné, qui, après la protestation douleureuse contre le mensonge et l'injustice et contre le mal universel, nous propose en exemple la résignation ironique et la curiosité détachée: si bien que l'âme de Molière est également dans l'un et dans l'autre et qu'ils présentent tour à tour les deux attitudes du poète. Philinte, plus savant, a plus d'amertume au fond; Alceste, plus naïf, en a plus à la surface. Mais voici qu'avec le temps les deux se sont fondus en un, soit que Philinte ait emprunté à Alceste sa méchanceté, soit qu'il lui ait prêté son dilettantisme. (39)

[33] *Impressions de théâtre* 1 (Paris: Société Française d'Imprimerie et de Librairie, 1889) 38.

D'autre part, Lemaître prend la défense du sonnet d'Oronte, louant ses qualités littéraires; quant à Célimène, cette jeune veuve, coquette, certes, mais "de tenue correcte et sans amant prouvé" (47), elle ne serait guère déplacée dans la haute société française de la Belle Epoque.

La critique impressionniste de Lemaître s'attache, d'autre part, à disséquer l'ambiguïté des personnages "problématiques", tels Dom Juan et Tartuffe. L'originalité irréductible de *Dom Juan* peut se mesurer par les multiples libertés à l'égard de l'esthétique classique prises ici par Molière: emploi de la prose, violation de la règle des trois unités, mélange des genres — registre tour à tour farcesque et fantastique — des personnages relevant de toutes les conditions sociales, présence du surnaturel, voilà les éléments constitutifs d'une dramaturgie qui annonce, en somme, l'irrégularité du drame romantique. Lemaître met en évidence un manque de cohésion dans la personnalité du protagoniste; sa transformation en hypocrite dans l'Acte V ne s'accorde pas, par exemple, avec l'idée que le spectateur s'est faite de lui jusque-là. Ayant discerné une certaine sympathie de la part du dramaturge à l'égard de Dom Juan, le critique attribue le libertinage intellectuel de ce dernier au dramaturge lui-même, libertinage outrancier qui se manifeste dans la scène du Pauvre par le biais d'une volonté de pervertir autrui. On reconnaît ici la dimension ludique du héros qui, en esthète détaché, prend plaisir, par exemple, à jouer une scène de comédie avec Mathurine et Charlotte à laquelle celles-ci participent sans le savoir (II, 4). En fait, les rencontres successives avec les autres personnages — Done Elvire, le Pauvre, les frères de Done Elvire, M. Dimanche, Dom Louis, la Statue — constituent autant d'épreuves, autant d'"essais" destinés à procurer à ce "faiseur d'expériences" qu'est Dom Juan, un plaisir malin:

> Bref, vous trouverez chez don Juan, à un haut degré, ce qu'on a appelé, depuis, le "dilettantisme", et vous le trouverez mêlé à un sentiment qui n'a été, lui non plus, complètement exprimé que de nos jours: l'amour artistique du mal, qui n'est qu'un raffinement d'orgueil, la forme la plus savante de l'instinct de révolte. (67)

Dans la mesure où le protagoniste prend à la fin le masque du faux dévot en toute connaissance de cause (V, 2), *Dom Juan* apparaît comme une satire militante de l'hypocrisie, à la différence de *Tartuffe*, qui n'offre aucune réflexion critique sur la fausse dévotion en tant que stratégie mondaine par excellence.

Si l'on admet que tout acteur dispose de la liberté d'insister sur un trait particulier du caractère d'un personnage donné, il va de soi que, dans le cas de Tartuffe, ce choix est nettement délimité; Lemaître souligne en fait la coexistence de deux personnalités chez le faux dévot. A la première apparition franchement comique du personnage, fondée sur la goinfrerie, la grossièreté, la cuistrerie et la répugnance physique, succède une image antithétique qui privilégie la froide intelligence de Tartuffe, une certaine élégance et une origine sociale qui lui permet de passer pour gentilhomme. Ainsi, le texte de Molière justifie une lecture paradoxale de cet être méprisable qui ne peut s'empêcher de roter à table mais qui s'avère capable en même temps d'atteindre, lors de sa déclaration à Elmire, à une galanterie amoureuse relevant de la "poésie pure" (III, 3).

D'autre part, Lemaître s'inscrit en faux contre la lecture romantique de *George Dandin*. Au premier abord, il semble soutenir une pareille lecture: son commentaire, provoqué par la conférence d'H. Chantavoine au théâtre de l'Odéon en 1889, souligne le fait que la pièce, loin d'être un simple divertissement, met en valeur diverses formes de mésalliance (celle des âges, celle des tempéraments, et celle des classes); marqué par une note de résignation désabusée, le dénouement enseigne qu'il est aberrant de vouloir sortir de son rang[34]. Quatre ans plus tard, le critique se livre à une tout autre "impression". Il affirme que le genre farcesque, par sa cruauté même, exclut toute notion d'amertume, dans la mesure où il ne nous engage pas à prendre les personnages au sérieux[35]. A la manière du théâtre de Guignol, on raille impitoyablement ce protagoniste qui se veut M. de la Dandinière; il s'agit d'une punition comique entièrement méritée, car elle est réservée à ce paysan qui entend rompre avec ses origines à tout prix. Les observations de Lemaître sont tout aussi pertinentes sur le plan dramaturgique. Ainsi, chaque acte, se suffisant à lui-même, présente sous la forme d'un microcosme les données fondamentales de la pièce. Outre le développement parallèle de l'effronterie d'Angélique et du malheur comique de George Dandin, le critique signale la répétition systématique et monotone des mêmes éléments d'un acte à l'autre (confidences de Lubin, monologues du protagoniste, ruses d'Angélique et de Clitandre, morgue nobiliaire des Sotenville).

---

[34] *Impressions de théâtre* 4 (1889) 29-33.
[35] *Impressions de théâtre* 8 (1898) 53-64.

Si la philosophie de Molière manque de finesse en matière de religion et s'avère également insuffisante en ce qui concerne le rôle de la femme ("[ses opinions] sont entachées de bourgeoisisme et de gauloiserie")[36], il n'en reste pas moins que le poète comique incarne mieux que personne l'esprit gaulois des Français. De plain-pied avec les contemporains de Lemaître, Molière garde à travers les siècles les traits de l'identité nationale, grâce à une oeuvre qui "... respire une entière liberté de pensée" (108)[37]. De la qualité particulière de sa mélancolie jusqu'à son goût du vieux mobilier, le poète comique s'adresse, en somme, à la sensibilité contemporaine des Français: "... en dépit de la perruque, Molière a bien 'une tête d'aujourd'hui'... Il est bien notre frère"[38].

Camille de la Croix

La critique idéaliste et catholique trouve un défenseur ardent chez le frère Camille de la Croix qui, à la fin du siècle, fait paraître en livraisons successives, "La Morale de Molière" dans les *Etudes Franciscaines*[39]. Le critique commence par faire ressortir l'originalité du phénomène Molière au XIXème siècle; citant Sainte-Beuve à l'appui de sa thèse, il affirme qu'à la différence d'autres figures littéraires et politiques du Grand Siècle, on ne se lasse jamais d'exalter ce dramaturge: "Il y a une seule chose en France dont on ne paraît pas prêt de (sic) se déshabituer et de se lasser, c'est d'entendre dire du bien de Molière" (69). Après avoir évoqué la mise en garde de Brunetière contre l'intolérance que la dévotion "moliériste" est susceptible d'engendrer, le frère de la Croix passe directement à l'essentiel de sa polémique: l'impiété de Molière contribue à la destruction des institutions sociales les plus fondamentales — famille, monarchie et Eglise. De même, le Franciscain juge sévèrement la moralité personnelle du dramaturge, notamment les activités licencieuses de sa

---

[36] *Impressions de théâtre* 6 (1898) 106.
[37] Lemaître montre ailleurs que l'audace de l'entreprise satirique de Molière — "un révolté dans son temps" — tient à un naturalisme libertaire issu de Gassendi: "Il s'en faut de beaucoup que son théâtre soit une école de respect: le *naturam sequere* pourrait lui servir d'épigraphe; maxime hasardeuse et qui vaut juste ce que valent ceux qui l'expliquent et l'appliquent" (*Impressions de théâtre* 1 [1889] 74).
[38] *Impressions de théâtre* 6 (1898) 109.
[39] *Etudes Franciscaines* 2 (1899) 69-86, 146-158, 298-309, 624-632.
[40] "Dans cette maison pleine d'adultères et d'incestes... (Molière) ne goûtait pas un seul moment de repos" (74).

vie de bohème⁴⁰. Dans la mesure où elle exerce un pouvoir de corruption morale, la comédie de Molière fait figure d'une "triste école", et cette position s'inscrit dans la dénonciation traditionnelle du théâtre en tant qu'instrument de perdition. Ayant pour effet de miner la doctrine évangélique, la comédie moliéresque traduit une morale lubrique qui risque de saper les fondements de la patrie. Le critique s'appuie sur l'exemple d'*Amphitryon* afin de mettre en cause la complicité objective existant entre Molière et Louis XIV, ainsi que la basse flagornerie du dramaturge, qui

> ... célèbre publiquement les amours adultères du Jupiter de Versailles... Le poète n'en choque pas moins sous ces allégories païennes, la décence et la pudeur du chrétien, par un étalage de crudités cyniques et par le triomphe qu'il accorde à l'acte même de l'adultère. (81-82)

Bref, si les pièces de Molière se ramènent à une série de "comédies-écoles", les thèses qu'elles font valoir relèvent de la pensée d'Epicure; dans ce théâtre, la doctrine évangélique se trouve de la sorte rabaissée à un "roman de la théologie" (85)⁴¹.

Le critique s'interroge alors sur la dimension sacrilège des comédies moliéresques, qui renferment une violation systématique des commandements divins. Reprenant le grief de Ch. Jeannel, le frère de la Croix déplore le statut de l'autorité paternelle chez Molière, qui se trouve à tout moment bafouée. Il trouve hideuse la scène où Dom Juan ("pendard d'enfant") répond à son père (IV, 4) et il s'en prend au rapport peu édifiant entre Harpagon et Cléante. Par cet effrayant spectacle du cynisme d'un fils dévoyé, on voit à quel point, selon lui, l'entreprise criminelle de Molière finit par pervertir la jeunesse. Le critique regrette, de même, l'absence des mères chez Molière ou, du moins, l'absence d'une image positive de la maternité. Il passe en revue divers commandements du Décalogue afin de montrer dans quelle mesure la gloutonnerie et la concupiscence font, elles aussi, partie du catalogue des vices mis en scène par le dramaturge. Son ardeur

---

⁴¹ C'est ainsi que le frère Camille de la Croix vilipende le naturalisme de Molière: "Imbu de pareils principes, Molière fera l'apologie constante de tous les désordres moraux. Successeur de Rabelais et de Montaigne, il ouvrira la voie au grand sophiste Rousseau... Il sera le précurseur de Voltaire, de Diderot et des encyclopédistes qui feront l'apothéose de l'homme, proclamant ses droits, sans parler de ses devoirs, en attendant que les déterministes, positivistes, matérialistes, renchérissant sur leur doctrine, viennent nous dire: 'Le vice et la vertu sont des produits comme le sucre et le vitriol'" (86).

polémique le pousse à voir en Molière le destructeur de la notion sacrée de propriété, quoiqu'il n'apporte aucune preuve à cette accusation. La diatribe systématique du Franciscain l'empêche de tenir compte des exigences de l'esthétique comique et, de ce fait, il déplore le triomphe, chez Molière, de la ruse des coquins sur les principes de droit et d'équité.

Le polémiste souligne, enfin, la charge explosive de *Tartuffe*, pièce particulièrement sacrilège. Il s'inscrit ainsi dans la lignée des critiques qui, du curé Pierre Roulès à l'archévêque de Paris, en passant par Massillon et Bourdaloue, ont tous dénoncé cette oeuvre impie. Ennemi public numéro un, ce faux dévot est aussi un "monstre de laideur morale;… (il) a tous les défauts et ne recule devant aucun crime" (302). En fait, aucun représentant de la "vraie dévotion" n'apparaît dans cette pièce; Molière blasphème la "piété sacrée" en présentant "… deux grotesques personnages, un sot et une pécore hargneuse, qui soutiendront à eux seuls, sur le théâtre, tout l'honneur et toute la gloire du nom chrétien" (309). Selon une critique à clefs à laquelle a ici recours le frère de la Croix, Molière aurait visé, à travers l'hypocrisie de Tartuffe, la Reine mère, le prince de Conti et la duchesse de Longueville, mais aussi et surtout Bossuet, Bourdaloue, Nicole et le grand Arnauld.

Jean Canora

A l'encontre de la critique idéaliste du frère de la Croix, le *Molière moraliste* de J. Canora, paru au tournant du siècle, se réclame des principes issus de la doctrine positiviste. Ainsi, on trouve, au départ de cette étude, une référence à A. Comte, qui cite Molière à la fin de son *Discours sur l'ensemble du positivisme*: il exalte les tableaux de Molière, "… qui sut également flétrir les classes rétrogrades et corriger les éléments progressifs"[42]. Représentant d'une libre pensée remontant à Rabelais et à Montaigne, le poète comique apparaît ici, de surcroît, comme le précurseur des philosophes du XVIIIème siècle. Il s'attaque de la sorte au charlatanisme des médecins, à la fausseté des précieuses, et à l'égoïsme des maris tyranniques. Son refus catégorique des dogmes chrétiens s'accompagne de la mise en valeur d'une morale fondée sur la bonté de la nature. Si J. Canora privilégie le rôle des raisonneurs chez Molière, c'est qu'ils exercent une force morale mettant en échec les défauts comiques des hommes; issus des différentes

---

[42] Cité par J. Canora dans *Molière moraliste* (Paris: Société Positiviste, 1901) 3.

classes de la société, ils véhiculent au mieux l'opinion des honnêtes gens. Dans cette perspective positiviste, le critique exalte, par exemple, le rôle de Dorine, qui "... incarne en elle le bon sens de la Française du peuple" (25). Il met en avant les "sanctions humaines" dont les pères dévoyés, tels Orgon, Harpagon, Argan et M. Jourdain, se trouvent menacés; les projets insensés de ces derniers les vouent au mépris ou à la raillerie de tous. En somme, Molière prône la simplicité et la sincérité, et J. Canora souligne le caractère relatif de sa morale positiviste, qui se réduit à une morale de la solidarité humaine: "Il faut savoir nous résigner, et vivre, et vivre le mieux possible, non pas pour nous-mêmes, mais pour autrui, car un homme n'a sa raison d'exister que par les autres hommes" (32).

Louis Coquelin

A la suite des études de P. Stapfer, L. Coquelin se livre, lui aussi, à une étude comparative entre Molière et Shakespeare[43]. Mis à part quelques points communs qui relient, à première vue, les protagonistes des deux dramaturges, il rattache les *dramatis personae* de Molière à une sorte de fixité psychologique propre à l'esthétique classique; en revanche, les personnages du répertoire shakespearien, en proie à des transformations perpétuelles, font preuve d'une instabilité caractérielle relevant de l'esthétique baroque:

> Les personnages de Shakespeare sont l'homme *ondoyant et divers*, sans cesse faits et défaits par le torrent du sang et de la vie. Ceux de Molière sont l'homme d'une pièce, né ce qu'il est et qui mourra ce qu'il est né... Les personnages de Molière *sont*, ceux de Shakespeare *deviennent*. (71-72)

Molière se distingue du dramaturge anglais, d'autre part, dans la mesure où son théâtre est mû par un idéal d'efficacité morale. Ceci tient sans doute à l'apport de l'héritage latin, l'imitation de Plaute et de Térence servant à transmettre les principes directeurs de sa morale: le bon sens, la modération et le goût de la vérité. Cependant, selon L. Coquelin, le théâtre de Shakespeare est supérieur à celui de Molière, tant sur le plan de la poésie que sur celui de l'humour: il existe, en fait, une dimension onirique chez Shakespeare — que P. Stapfer nomme "fantaisie" — et qui fait défaut au dramaturge français. Alors que la vision du monde de Shakespeare est marquée par une mobilité déconcertante, celle de Molière respire un réalisme pragmatique,

---

[43] "Molière et Shakespeare", *La Grande Revue* 1 (1901) 57-83.

voire même, sécurisant. Selon lui, en effet, les aléas de la vie quotidienne s'enchaînent rigoureusement les uns aux autres: "On aime,
on se marie, on a des enfants, on consulte le médecin, on meurt" (82).
Plus terre à terre, l'auteur du *Misanthrope* nous propose un art de vivre,
une sagesse fondée sur la clarté et la raison. Shakespeare, lui, se réfugie
dans une hauteur olympienne:

> Shakespeare habite les temples de sérénité; il observe, sombre d'abord,
> puis apaisé; et il livre à nos méditations, à nos réflexions, l'immense
> et douloureux spectacle du monde, mais n'en tire aucune règle, car de
> quelle règle se servir dans un rêve? Et l'on pourrait dire peut-être, pour
> en finir, que Shakespeare nous apprend à penser, mais que Molière
> nous apprend à vivre. (83)

Faguet

La critique d'E. Faguet contribue de manière significative à la création d'une image bourgeoise sinon petite bourgeoise de Molière, image
encore très répandue au XXème siècle[44]. Faguet s'applique à dégager de la comédie moliéresque des préceptes de morale constituant
une sorte de "bible" bourgeoise susceptible d'exercer une autorité canonique. A l'en croire, la dramaturgie de Molière se ramène à une sou-
tenance de thèse continuelle[45]. A sa question rhétorique "Quelle est
la morale de Molière?" le critique apporte une série de jugements prescriptifs ou proscriptifs ("il faut" ou "il ne faut pas") aboutissant à un
réductionnisme total:

> Il faut éviter l'affectation dans le parler et le romanesque (*Précieuses ridi-
> cules*). Il faut avoir confiance dans les tendances naturelles et ne pas
> se mêler de les contrarier (*Ecole des maris, Ecole des femmes*). Il faut être

---

[44] *Dix-septième siècle* (Paris: Boivin, s.d.); *Oeuvres complètes de Molière* I (Paris: Lute-
tia, 1919). Désormais abrégé *OC* dans le texte.

[45] Privilégiant les comédies sérieuses de Molière, c'est-à-dire, les "comédies-écoles",
Faguet fait bon marché des divertissements de cour tel que *Les Plaisirs de l'île enchan-
tée*. Quant aux farces, il appelle *Monsieur de Pourceaugnac* la farce "la plus bassement
bouffonne et relativement la moins spirituelle" (*OC* I, 9). On comprend les revendications de L. Jouvet contre les éditions du théâtre de Molière telle que celle de Faguet:
elles font preuve, selon lui, de "soucis pédagogiques imbéciles" (cité par J. Mali-
gnon dans *Dictionnaire des écrivains français* [Paris: Seuil, 1971] 324). Au total, si les
éditeurs de Molière au XIXème siècle s'attachent à minimiser les éléments "divertis-
sants" de son théâtre — gratuité farcesque, dénouements fantaisistes relevant d'un
pur esthétisme, etc. — c'est pour valoriser sa dimension éthique, c'est-à-dire, l'adapter
en quelque sorte aux finalités de l'Ecole républicaine.

sincère et il ne faut point être coquette (*Misanthrope*). Il ne faut point être hypocrite (*Tartuffe*). Il ne faut point sortir de sa sphère (*Bourgeois gentilhomme*). Il faut avoir en défiance et en horreur le pédantisme (*Femmes savantes*). Au total: confiance en la nature, horreur du mensonge et de l'affectation sous toutes leurs formes[46].

Si, par cette conclusion, Faguet se réclame de la conception du naturalisme moliéresque chère à Brunetière, il se révèle par ailleurs épigone de ce dernier en ce sens qu'il met à nu, à l'instar de G. Larroumet et d'E. Rigal, l'insuffisance de cette morale, qualifiée d'"étroite et assez basse". Le théâtre de Molière synthétise, il est vrai, des leçons issues de l'expérience quotidienne, mais celle-ci est loin d'être éthique. Dans son édition de ce théâtre, qu'il publie par la suite, Faguet, après avoir constaté que Molière partage les idées moyennes propres à la bourgeoisie parisienne du XVIIème siècle, réduit de nouveau son oeuvre selon une grille explicative des plus sommaires; plus précisément, il s'agit d'un inventaire de tous les lieux communs du Bon Sens bourgeois, des règles contribuant à une définition globale de l'idéal de *mediocritas*. Grâce à son "bourgeoisisme", Molière fait figure d'apôtre de la juste mesure et, parce qu'il a fourni, de manière créatrice, de multiples proverbes, il devient, sous la plume de Faguet, "le Sancho Panza de la France" (*OC* I, 12). Les pesants bourgeois de ce théâtre, qui se révèlent détenteurs des vérités prudhommesques vont, dès lors, se transformer en raisonneurs attitrés qui véhiculent le moralisme étroit de leur auteur. On sait que cette catégorie de personnages — à savoir, les raisonneurs — apparaissant tantôt comme des philosophes éclairés, tantôt comme des modèles normatifs, occupent une place privilégiée dans la critique moliéresque du XXème siècle[47].

Les deux seules exceptions au bourgeoisisme de Molière se manifestent, selon Faguet, au niveau des revendications des droits de la femme et de la jeune fille, c'est-à-dire, au sujet de l'autonomie de la

[46] *Dix-septième siècle* 290.
[47] Pour s'en tenir à ces deux exemples, Sarcey croit entendre dans la bouche de Chrysale les idées de Molière sur l'éducation des femmes; E. Blondet, lui, envisage Cléante et Philinte comme des représentants modérés du "juste milieu" ("Une Erreur à propos de Molière", *Le Moliériste* 4 [1882-1883] 274-275). Sur le débat auquel a donné lieu la problématique des raisonneurs chez Molière, voir F. Lawrence, "The Raisonneur in Molière", *L'Esprit Créateur* 6 (1966) 156-166, et H. Knutson, "Yet Another Last Word on Molière's *Raisonneur*", *Theatre Studies* 1 (1981) 17-33. Remarquons enfin que Faguet, lui, critique la conception de l'honnêteté mondaine mise en jeu dans *Tartuffe*; il s'agit en l'occurrence du rôle de Cléante, qui laisse à désirer, notamment sur le plan éthique.

personnalité féminine et de l'idéal de l'instruction de la femme. De telles thèses progressistes se heurtent, de toute évidence, à la fraction conservatrice sinon rétrograde de la bourgeoisie qui n'a, aux yeux du critique, guère évolué sur ce point entre 1660 et 1912... Quoi qu'il en soit, si le dramaturge ne se montre original qu'en pensant "... ce que tout le monde pense" (*OC* I, 15), s'il semble toujours s'en remettre aux idées rebattues de la bourgeoisie, c'est qu'il reflète au mieux l'opinion moyenne du pays. Dans la mesure où la morale sert, en principe, à mettre en échec son égoïsme naturel, on comprend que celle de Molière soit "d'assez bas degré" (*OC* I, 15). Cette morale pratique postule l'inefficacité de la vertu héroïque, la nécessité de fuir systématiquement les extrêmes, bref, le culte du médiocre. On assiste alors à une concordance parfaite entre la pensée bourgeoise et les valeurs qui se dégagent du théâtre de Molière. Tout se passe comme si ce dernier renvoyait au public, par le biais d'une flatterie esthétique, ses valeurs les plus chères et une confirmation de l'expérience de tous. D'où la pertinence de cette formule — Faguet l'appelle "un proverbe de littérature" — "(Molière) est moral comme l'expérience" (*OC* I, 15), formule largement reprise à la fois par le corps enseignant et par les manuels scolaires. Fondée sur la prudence et sur l'intérêt, cette morale recommande de se fermer aux autres, de rechercher plutôt son bien-être personnel. Le critique insiste paradoxalement sur la médiocrité de cette morale qui n'en est pas une...

La dernière composante de la morale de Molière, d'après Faguet, c'est qu'elle se veut anticornélienne en ce sens qu'elle prône la sécurité en essayant d'éviter à tout prix le risque. Dans ce même ordre d'idées, le critère essentiel, c'est la crainte du ridicule et la primauté du qu'en dira-t-on, principes qui font partie intégrante, on le sait, de l'esthétique comique. Autant dire que vivre dans le monde, c'est s'exposer à diverses situations susceptibles de valoriser une propension congénitale à se montrer ridicule. La conséquence la plus fâcheuse de cette morale, c'est qu'en institutionnalisant en quelque sorte la "phobie du ridicule", elle aboutit à un morne conformisme; dès lors, toute quête de l'originalité et de la distinction se trouve frappée de ridicule:

> En France ce qui est ridicule c'est l'excentricité, c'est l'originalité, c'est tout ce qui sort du commun. Le français (sic) rit dès qu'il voit quelqu'un qui porte un chapeau un peu différent de ceux qu'on porte dans son quartier. L'originalité lui paraît une bouffonnerie voulue ou une folie, risible et ridicule dans les deux cas. Donner pour critérium de la morale

le ridicule et pour toute première règle de la morale d'éviter le ridicule, c'est donc recommander aux hommes de se ressembler les uns aux autres et leur interdire de se distinguer. (*OC* i, 18)

Ainsi, si l'on admet que l'excentricité comique se trouve aux antipodes de la sagesse, il va de soi que Molière échappe à la vraie morale, c'est-à-dire, à celle qui pousse l'individu à se poser en modèle, malgré le rire auquel il pourrait s'exposer.

Paul Souday

Dans un article paru dans *Le Temps* ("Molière et la Révolution", le 16 juillet 1918), P. Souday met en question la volonté d'enrôler des "morts illustres" — tel l'auteur du *Misanthrope* — dans le camp républicain. Vouloir voir en Molière un "républicain" sous le règne de Louis XIV, c'est faire preuve, selon lui, d'anachronisme: "L'idée de fonder la République en France eût alors paru la plus chimérique des utopies, et Molière n'était pas le moins du monde un utopiste"[48]. Il n'en reste pas moins, affirme le critique, que le dramaturge, par sa satire militante de l'orgueil de la caste nobilaire et du fanatisme du clan dévot, fait figure de précurseur de 1789, c'est-à-dire, de républicain au sens large du terme:

> Le républicanisme n'a pas seulement un sens constitutionnel, il a aussi un sens philosophique, qui implique avant tout l'émancipation intellectuelle. Dans cette dernière acception, Molière eut l'esprit républicain. Il ne s'insurgea pas contre le roi, parce que c'eût été une folie et un suicide, et il usa au contraire fort opportunément de l'indispensable appui de Louis xiv. (1)

Ainsi, conformément à la lecture de Brunetière et de Lemaître, P. Souday rattache Molière au courant libertin qui aboutit directement à la laïcisation de la pensée française du XIXème siècle. Fondée sur une analyse laïque de la scène du Pauvre, la conclusion de cet article s'avère particulièrement pertinente en ce sens qu'elle débouche sur la modernité de la morale moliéresque, morale foncièrement républicaine, c'est-à-dire, humanitaire. Tout en réaffirmant cette lecture moderniste, P. Souday réhabilite, à l'occasion du tricentenaire de Molière, la thèse subjectiviste chère aux auteurs romantiques:

---

[48] "Molière et la Révolution", *Le Temps*, le 16 juillet 1918: 1.

le romantisme de Molière, cela peut se défendre... Par son âge, sa culture, ses goûts, il se rattache à l'époque de Louis XIII, à la Renaissance, à la tradition frondeuse, libertine et gauloise... A tous points de vue, dans ce XVIIème siècle orthodoxe et discipliné, Molière est à part[49].

André Chevrillon

Dans un discours prononcé à New-York lors du tricentenaire de la naissance de Molière (1922), A. Chevrillon, membre de l'Académie Française, présente une perspective humaniste du dramaturge qui s'accorde avec ce que l'on pourrait appeler la vision républicaine de la modernité. Selon cette optique traditionnelle, Molière apparaît comme un auteur typiquement français et en même temps universel: "Sous des figures françaises et de son temps, (Molière) a montré l'homme, et il suffit d'être homme pour le comprendre. Par là, Molière, si Français, appartient à tous les peuples"[50]. Puis, dans une démarche relevant sans doute du principe de *captatio benevolentiae*, le critique affirme que l'Amérique, en raison de sa conception idéaliste de l'humanité, devrait être le second pays du dramaturge français. Evoquant la résonance moderne du terme "humanité", notamment au sein de l'idéalisme américain, il attribue à Molière le mérite d'avoir été peut-être le premier écrivain à employer ce terme dans son acception contemporaine dans la scène du Pauvre. Ainsi, la conception moliéresque de l'homme était fondée, dès la création de cette scène en 1665, sur les valeurs de l'humanisme classique: "... (Molière) était Français, formé par l'école, par les habitudes intellectuelles du milieu, à des disciplines de pensée proprement françaises" (499). Contrairement à la théorie sociologique de Taine, l'esprit français s'emploie à dégager de toute manifestation du réel les caractères les plus généraux, "... à tirer une conception de la nature humaine, une idée de l'homme en général, indépendante des directions et limitations imposées par la race, le siècle et le milieu" (499). Du reste, A. Chevrillon montre que l'analyse psychologique mise en jeu par Molière a été adoptée par Sainte-Beuve lors de l'élaboration de sa méthode critique. En somme, l'idéal des humanités prôné par le dramaturge débouche sur la propagation de principes républicains telles que la raison et l'égalité sociale, qui sous-tendent la Déclaration des Droits de l'Homme.

---

[49] "Le Tricentenaire de Molière", *Revue de Paris* 2 (1922) 200.
[50] "L'Humanité de Molière", *Revue de France* 15 (1922) 498.

Paul Hazard

Rédigé, lui aussi, à l'occasion du tricentenaire, l'article de P. Hazard, "Ce que Molière représente pour la France"[51], met en valeur la primauté du poète comique dans le Panthéon littéraire français; unique en son genre, sa statue doit rester "intouchable":

> D'ordinaire, les valeurs que nous attribuons à nos auteurs ne sont pas immuables; nous dérangeons volontiers l'ordre de nos statues. Nous ne touchons pas à celle de Molière. Les variations de la mode ne l'atteignent pas... Il a conquis et il garde la première place dans notre Panthéon. (91)

Après avoir évoqué l'"iconographie copieuse" propre à la légende moliéresque au XIXème siècle, P. Hazard note la réaction des étrangers lors des représentations de Molière à la Comédie-Française; ces derniers discernent chez les spectateurs français "une manière de vénération" (92). Une telle vénération ne se limite guère aux Français et, dans la mesure où les comédies moliéresques plaisent de manière presque immédiate aux divers publics étrangers, on peut dire que Molière est l'auteur classique qui s'institutionnalise peut-être le mieux. Il représente, de surcroît, un symbole de stabilité dans un pays marqué par le désaccord perpétuel:

> Les Français, qui discutent sur toutes choses, sont d'accord sur Molière. Ce que Molière représente d'abord pour eux, dans l'incessante inquiétude de leur âme mobile, c'est un principe fixe et stable de commune admiration. (95)

Objet d'identification collective pour les Français, Molière établit d'emblée avec eux un rapport de sympathie, d'affection, voire d'"intimité". D'où qu'ils soient, les Français se l'annexent, car ils ont en quelque sorte affaire à un classique à la fois aimable et aimé:

> C'est un ami véritable. Dès nos classes, (Molière) nous est apparu tel. Il est clair que notre psychologie était différente, suivant qu'on ouvrait l'*Avare* ou les *Sermons* de Bossuet. Un classique aimable, quelle aventure! D'où Molière devient facilement un classique aimé. (95)

Le poète comique incarne en effet le dynamisme de la jeunesse et son rire, véritable trait du caractère national, finit par dominer le mal.

---

[51] *Nouvelle Revue d'Italie* 19 (1922) 91-113.

Enfin, dans un monde marqué par une prolifération des courants et mouvements artistiques — futurisme, cubisme, dadaïsme, etc. — dont l'ésotérisme même a pour effet d'inquiéter, P. Hazard exalte la sécurité fondamentale qu'offre le bon sens moliéresque.

Gustave Michaut

Si notre analyse de la réception critique de Molière jusqu'à la Première Guerre Mondiale s'achève sur l'oeuvre de G. Michaut, c'est que celle-ci en vient à prendre une valeur symbolique dans cette histoire. Aboutissement de la critique universitaire de la Sorbonne, cette oeuvre — *La Jeunesse de Molière*, *Les Débuts de Molière*, et *Les Luttes de Molière* — constitue une entreprise de démystification de la légende Molière qui s'était développée depuis le romantisme. Bien qu'on lui ait reproché d'avoir fait preuve d'hypercritique, G. Michaut fait plutôt figure d'iconoclaste dans les années 1920, au point que l'on peut se permettre — toute proportion gardée avec Malherbe — la formule suivante: "Enfin Michaut vint". Comme la légende moliéresque se manifeste avec ampleur dans le domaine de la vie personnelle, ou plutôt romancée, du dramaturge, le critique s'attache à mettre en évidence les circonstances entourant le mariage de ce dernier, l'identité de ses maîtresses, etc. — problèmes qui ont été l'objet d'une multiplicité d'hypothèses depuis La Grange jusqu'à Lefranc, en passant par Loiseleur, Moland, Mesnard et bien d'autres. Il s'en prend, de même, aux faux problèmes posés par la critique biographique d'E. Fournier, qui va jusqu'à voir dans *Les Fâcheux* une "confidence personnelle"[52]. C'est également d'une manière systématique qu'il dénonce l'ensemble des critiques (Loiseleur, Lefranc, Lafenestre, Moland, Mesnard, etc.) — il met tous ces "biographes malavisés" dans le même sac — pour lesquels les plaintes d'Arnolphe dévoileraient le drame vécu de Molière. A l'époque où le dramaturge aurait écrit *L'Ecole des Femmes*, raisonne-t-il, il ne connaissait aucune désillusion sur ce point. Le processus de création dramatique suppose, de surcroît, que Molière sorte de lui-même en imaginant ses personnages, si bien que ceux-ci finissent par prendre une existence indépendante du "contemplateur" de la comédie humaine.

Fondée sur l'accumulation patiente des faits, la somme critique de Michaut témoigne au total d'un positivisme quelque peu aride. Ceci se manifeste tout aussi bien dans le domaine de sa critique littéraire

---

[52] *Les Débuts de Molière* (Paris: Hachette, 1923) 141.

proprement dite. Face à cette accumulation massive d'interprétations fort contestables sinon totalement fausses, Michaut se montre soucieux avant tout de déblayer le terrain, de jeter le discrédit sur les vieilles erreurs par l'intermédiaire d'une révision systématique. Il en est ainsi de la manière dont il passe en revue la critique moliéresque récente, telle celle de Brunetière, de Lemaître et de Larroumet. Ni janséniste ou chrétienne, ni naturaliste ou libertine, la morale de Molière est, aux yeux du critique, essentiellement mondaine, c'est-à-dire, axée sur le bon sens et le respect du "juste milieu". Ainsi, si Ariste apparaît, selon lui, comme le sage exemplaire de *L'Ecole des Maris*, le discours de ce raisonneur est loin d'exprimer une "philosophie de la nature" chère à Brunetière. Michaut rejette alors tour à tour les arguments des critiques, tels Faguet, Rigal et Lemaître, qui discernent chez Agnès un fonds d'immoralité, voire de perversité. Malgré la complexité dramatique et psychologique de cette "jeune ingénue", qui donne lieu à de multiples jugements, il faut, d'après lui, s'en tenir aux intentions du dramaturge pour parvenir à déchiffrer le personnage "correctement". Enfin, Michaut met en cause la critique d'E. Rigal, selon laquelle la satire moliéresque viserait, dans *Les Fâcheux*, à l'abaissement de l'aristocratie, stratégie conforme d'ailleurs à la politique de Louis XIV dès sa prise du pouvoir:

Il y a des marquis ou des gens du bel air vantards et extravagants, musiciens amateurs, duellistes, joueurs passionnés ou enragés chasseurs. Qu'est-ce que cela prouve contre l'ensemble des marquis ou des gens du bel air? Comment une classe entière serait-elle atteinte par des constatations de ce genre? Et croit-on qu'entre eux les nobles et les courtisans se privassent de relever et de critiquer ces défauts individuels chez ceux qui les étalaient? Molière a pris ses personnages également dans toutes les classes sociales: il a montré des paysans ridicules, des bourgeois ridicules, des marquis ridicules, avec une entière impartialité. Et les nobles se sentaient si peu atteints par des railleries de ce genre qu'à ce moment, Visé nous l'atteste, ils comblaient l'auteur de témoignages d'amitié et de marques d'estime. J'aimerais autant, quand plus tard Molière défendra la cour contre les pédants en *us*, qu'on nous signalât alors en lui un défenseur de l'aristocratie et un renégat de la bourgeoisie ou du tiers état![53]

L'attitude iconoclaste de Michaut met en jeu une certaine polysémie du "mythe Molière" entre 1870 et 1914. Prise dans son ensemble, la critique moliéresque s'est en quelque sorte atrophiée à cette

[53] *Les Débuts de Molière* 142.

époque. Outre les multiples exégètes qui sont successivement rejetés par la critique de "démolition" à laquelle les soumet Michaut[54], on peut signaler les excès des moliéristes, qui ont fini par obscurcir une perception plus juste du grand comique et par discréditer sa mémoire plutôt que de la servir. A ce propos, la Comédie-Française, dont Molière reste, aux dires de P.-A. Touchard, le "grand patron invisible"[55], a joué un rôle non négligeable dans cette création d'un Molière de convention. L'image dix-neuvièmiste du dramaturge fait bon marché, il est vrai, du dynamisme scénique de ses divertissements et de ses comédies-ballets. Toutefois, dès avant le tricentenaire de 1922, on essaie de mettre en valeur cette dimension carnavalesque de la comédie de Molière: le rajeunissement du répertoire moliéresque par J. Copeau, son souci de créer un spectacle visuel, un jeu dramatique plein de verve, s'inscrivent dans cette volonté de rénovation de la mise en scène. Les tentatives novatrices de L. Jouvet dans les années 1930 ont, elles aussi, frayé la voie à la critique formaliste de W. G. Moore[56], puis à celle de R. Bray, qui a grandement contribué à détruire le "mythe Molière" cher aux universitaires moralistes du XIXème siècle. *Molière, homme de théâtre* (1954) nous présente, en effet, un pur artisan de dramaturgie, dont la vie se confond parfaitement avec la vocation dramatique et dont l'oeuvre s'avère tout à fait dépourvue de "pensée", au sens d'une réflexion philosophique et morale de la part d'un écrivain. L'entreprise de démystification à laquelle se livre R. Bray rejoint par là celle de Michaut. Tout se passe comme si le mythe moliériste s'était lentement constitué depuis la Révolution, puis s'était déconstitué au lendemain de la Première Guerre Mondiale, sous forme de réaction contre la position par trop exclusive de R. Bray, qui réduit le dramaturge à une sorte de technicien d'un comique pur[57]. Comme le fait remarquer pertinemment J.-P. Collinet, "… le mythe moliériste, après avoir atteint son apogée s'est donc désagrégé et l'histoire de sa décadence ne doit pas être moins instructive que celle de sa formation"[58].

[54] Voir à ce sujet J.-P. Collinet 199.
[55] "Molière", *Paris-Match* (1969) 23.
[56] *Molière, a New Criticism* (Oxford: Clarendon Press, 1949).
[57] On songe au projet critique d'A. Adam qui, dans son *Histoire de la littérature française au XVIIème siècle*, soutient qu'il existe bel et bien une morale de Molière, qu'il convient de chercher non dans les poncifs de ses raisonneurs mais plutôt dans sa dénonciation de toute forme de mensonge et d'inauthenticité (Paris: Domat, 1948-1956) III, 408.
[58] Correspondance personnelle du 13 octobre 1985.

SECONDE PARTIE

MANUELS SCOLAIRES

4. Du discours critique au discours scolaire

Notre analyse de la critique exégétique sur Molière depuis la Révolution jusqu'à la Première Guerre Mondiale laisse transparaître la floraison remarquable de la critique française au XIXème siècle. Grâce aux progrès de l'alphabétisation, à l'essor de la presse et à l'organisation de l'enseignement supérieur dans les années 1880, la critique finit en effet par acquérir une légitimité culturelle et par devenir une discipline à part entière. Envisagée dès 1830 comme une sorte de service public, elle était perçue comme une vocation naturelle des professeurs de lettres. Depuis la publication des cours professés par La Harpe, Villemain, Guizot et Cousin, la critique professionnelle du XIXème siècle est, à proprement parler, une création professorale[1]. Bien que la promotion sociale des critiques-enseignants atteigne son sommet lors de la fondation de la nouvelle Sorbonne en 1888, l'accession du professeur au rang des notables, ainsi que la mise en place d'un corps d'enseignants, commencent dès les premières années de la Monarchie de Juillet. On ne saurait trop insister sur l'influence considérable du *Cours de littérature dramatique* de Geoffroy, qui a constitué "pour de nombreuses générations une sorte de Somme dramatique en matière de théâtre"[2]. L'ouvrage de Geoffroy vaut non seulement par la conception qu'il se fait de la critique en tant que gendarme se livrant à la défense des valeurs traditionnelles et à la sauvegarde

---

[1] "... le premier critique fut un professeur de littérature, et... la critique littéraire elle-même n'a été longtemps qu'une sorte de supplément à la rhétorique ou à la poétique, une préparation aux professeurs de la plume et de la parole" (H. Warnery, "La Critique littéraire dans l'enseignement supérieur" *Revue Internationale de l'Enseignement* 19 [1890] 505).

[2] M. Descotes 188.

de l'ordre public, mais encore par le fait qu'il inaugure, à en croire M. Descotes, la "prise en main de la critique dramatique par des professeurs ou d'anciens professeurs"[3]. Si par "critique", on entend examen d'une production littéraire contemporaine, il va de soi, comme on l'a vu, que l'activité du professeur, centrée exclusivement sur les oeuvres du panthéon scolaire, et celle du critique, qui s'en prend en général au goût littéraire du jour, présentent, de toute évidence, un caractère contradictoire. Toutefois, il existe le plus souvent un rapport de complémentarité entre ces deux métiers, un passage naturel d'une activité à l'autre. De là, le rôle des critiques distingués, tels Lanson, Brunetière et Petit de Julleville, dans la production des manuels et des anthologies scolaires. Le recrutement d'une équipe d'universitaires renommés en vue d'une production scolaire massive, fondée sur les découvertes des recherches érudites et des travaux critiques, assume une sorte de cohésion dans l'organisation des manuels, tant sur le plan de la forme que sur celui du contenu idéologique. C'est en ces termes, enfin, que Lanson définit le point d'articulation liant la critique universitaire et les livres scolaires: "L'enseignement supérieur est apparu comme la source de la culture que les professeurs secondaires auront pour mission de distribuer à la jeunesse des lycées"[4].

L'utilisation des manuels par un public scolaire du baccalauréat, notamment à partir de la promulgation de la Loi Guizot en 1832, devient de plus en plus évidente au cours du siècle. Se présentant souvent en parfaite conformité avec le programme officiel des classes, les manuels constituent, aux yeux des élèves, un discours d'accompagnement de la littérature. On sait, du reste, qu'un élève du cycle secondaire conservait normalement son manuel d'histoire littéraire, reçu en troisième, jusqu'à la fin de sa scolarité. Instrument pédagogique de premier ordre, le livre scolaire vulgarise les données fondamentales de cette discipline qu'est l'étude des lettres françaises; il sert, en bref, à filtrer, à organiser et à normaliser les connaissances littéraires. Loin de contribuer à l'acquisition de connaissances nouvelles, le livre scolaire vise plutôt à uniformiser un savoir de plus en plus figé, et il n'est pas indifférent que l'avènement de l'Ecole républicaine coïncide avec la création d'un véritable stock de manuels[5]. Ce qui

---

[3] M. Descotes 212. Selon Geoffroy, le "mauvais goût est un ferment de dissolution sociale, aboutissant à... la perte de ce bon sens naturel si nécessaire pour le maintien de l'ordre" (Descotes 189).

[4] Cité par A. Compagnon 135.

[5] D'après un numéro des *Cahiers Pédagogiques* consacré aux manuels, il s'agit d'une "compilation de seconde main, d'un conditionnement du savoir et non d'une vraie

frappe, dans la production massive des livres scolaires dans les années 1880, c'est l'exceptionnelle diversité des manuels: cours et histoires littéraires, manuels de composition, traités d'explication de textes, de lecture et de récitation, annales du concours général, morceaux choisis d'ordre littéraire, civique, moral, historique, biographique, critique, etc. Par ailleurs, la littérature scolaire au XIXème siècle a, elle aussi, ses "best-sellers" qui, par leur succès retentissant, ont exercé une plus grande influence sur le public scolaire: le *Cours de littérature* d'E. Géruzez ne connaît pas moins de trente-six éditions entre 1841 et 1893; l'*Histoire de la littérature française* de J. Demogeot fait l'objet de vingt éditions entre 1867 et 1907 et le célèbre manuel de Nisard (*Histoire de la littérature française*) a connu dix éditions au cours du siècle.

Manuels scolaires et enseignement littéraire

Notre analyse des livres scolaires est fondée sur un examen systématique de quelque trois cents manuels, qui est donc loin de prétendre à l'exhaustivité, mais qui nous permettra cependant de mieux cerner les objectifs de l'enseignement littéraire au XIXème siècle, et la mise en place d'un discours scolaire sur Molière. Pour ne pas nous perdre dans le dédale d'un discours par trop redondant et digressif, nous nous appuyons sur quelques textes exemplaires qui nous paraissent à la fois hautement représentatifs du genre et particulièrement riches d'enseignements. Si l'étude des manuels scolaires reste jusqu'ici fort problématique, c'est que, dans un souci louable de répondre à plusieurs objectifs, ces textes finissent souvent par ressembler à d'immenses fourre-tout. Ainsi, tout en offrant une définition pertinente des finalités du genre:

> Le livre scolaire allait... rester jusque vers 1950 le support incontesté du contenu éducatif et assurer une triple fonction: informative — il fournit aux élèves des documents, sous forme de textes, d'images, de cartes, de graphiques, voire de photos — synthétique — il constitue, pour le maître comme pour l'élève, le compendium précis de ce que l'élève doit savoir dans un domaine donné — opérationnelle — il contient des séries d'exercices permettant de tester les connaissances acquises[6].

recherche, d'une construction personnelle. Ne seraient-ils (c'est-à-dire, les manuels) pas responsables du dégoût du livre, de la lecture, de l'absence de culture personnelle réelle de la plupart d'adultes, tous passés pourtant par l'école?" (*Cahiers Pédagogiques* 132 [1975] 6).

[6] "Le Livre scolaire", dans *Histoire de l'édition française*, H.-J. Martin, R. Chartier et J.-P. Vivet, éds. (Paris: Promodis, 1986) IV, 282.

A. Choppin met en cause ici la multiplicité d'objectifs différents marquant l'organisation de nombreux manuels. Dans la vingt-septième édition d'un livre scolaire, datant de 1847 — la première édition date de 1804 — les éditeurs, MM. Noël et de la Place, se fixent un nombre important de buts à atteindre, en l'occurrence, diverses opérations intellectuelles soutenant la pratique conjuguée de la rhétorique et de la critique; l'intérêt de ce passage réside aussi dans le fait qu'il met en évidence cette union indissoluble entre la formation du goût et la morale, si caractéristique de l'humanisme de la Monarchie de Juillet:

> Chaque morceau de ce Recueil, en offrant un exercice de lecture soignée, de mémoire, de déclamation, d'analyse, de développement oratoire, et de critique, est en même temps une leçon de vertu, d'humanité ou de justice, de religion, de dévouement au Prince et à la patrie, de désintéressement ou d'amour du bien public, etc. Tout, dans ce Recueil, est le fruit du génie, du talent, de la vertu; tout y respire et le goût le plus exquis et la morale la plus pure[7].

Dans son avant-propos aux *Morceaux choisis des classiques français*, A. Pellissier dénonce l'ambition démesurée de nombreux manuels, certains tentant d'offrir une analyse grammaticale, d'autres tâchant d'usurper le rôle des ouvrages qui relèvent de la critique exégétique proprement dite[8]. Loin de constituer de simples objets de lecture, les "morceaux" doivent être choisis, selon lui, en fonction de leur aptitude à être appris par coeur, d'où son insistance sur leur brièveté. L'auteur souligne, de même, la primauté du modèle exemplaire par rapport à un catalogue d'exemples offrant une présentation exhaustive de divers styles littéraires. Dans cette perspective qualitative des morceaux choisis, l'élève se trouve obligé de lire et de relire ces textes, car seule une telle pratique aboutira à un enrichissement et à un "ameublement" de son esprit. Ainsi, être bien "élevé", vouloir passer pour un homme de goût, c'est nécessairement faire l'expérience de

---

[7] *Leçons françaises de littérature et de morale* (Paris: Normant, 1847), p. xiij (sic). Précisons ici une fois pour toutes, que nous nous appuyons sur les éditions disponibles à l'Institut Pédagogique National et à la Bibliothèque Nationale; celles-ci ne correspondent pas forcément à la première édition.

[8] "Un manuel de littérature classique n'est ni une analyse grammaticale, ni une étude littéraire, ni un dictionnaire d'histoire ou de géographie" (*Morceaux choisis des classiques français* [Paris: Hachette, 1886] p. iii).

ces morceaux et les inscrire dans sa mémoire; la notion d'un "bagage littéraire indispensable" à l'accès à une culture lettrée prend ici tout son sens[9].

On comprend sans peine la place primordiale prise par la mémoire dans cette conception traditionnelle de l'enseignement littéraire. Ainsi, un recueil du *Théâtre classique* envisage la mémoire comme une faculté intellectuelle de premier ordre; le *Nouveau guide pour la préparation au baccalauréat ès lettres* conseille la mémorisation des passages particuliers du *Misanthrope*[10]. De manière générale, les traités de rhétorique de cette époque se ramenaient à d'austères abrégés de définitions abstraites, à des aide-mémoire fondés sur une présentation mécanique et normative sous forme de questions-réponses. A titre d'exemple, le format du *Cours complet de littérature* est fort analogue à celui d'un catéchisme en ce sens que la matière est organisée entièrement sous cette forme: "Qu'est-ce que la Poétique?" — "La *Poétique* ou l'*Art poétique* est un traité de l'art de la poésie". Certaines interrogations de ce traité mettent en jeu un caractère tendancieux: "Que *faut-il* penser de la farce?" "Que *faut-il* penser des effets des spectacles dramatiques?"[11] (nous soulignons). Dans cette même perspective, le format des anthologies de morceaux choisis — annotation, résumé, commentaire et questionnaire — ne favorise pas la créativité en classe mais plutôt une routine sclérosante. Ainsi, à l'instar de Lanson, G. Dulong dénonce en 1908 le "psittacisme" dont sont atteints les élèves dans les

---

[9] Bien que le recueil d'A. Pellissier soit destiné à l'enseignement secondaire spécial, il importe de noter que cette marque d'"infamie" n'empêche pas bon nombre de professeurs de l'enseignement secondaire de l'adopter, en raison sans doute de la plus grande place qu'il accorde aux oeuvres littéraires du XIXème siècle.

[10] F. Martel et E. Devinat, *Théâtre classique* (Paris: Delagrave, 1894) p. VI; P. Allain, *Nouveau guide pour la préparation au baccalauréat ès lettres* (Paris: Delalain, 1850) 39.

[11] *Cours complet de littérature* (à l'usage des séminaires et des collèges... rédigé d'après les meilleurs critiques anciens et modernes par un professeur de littérature) (Poétique) (Paris: Lecoffre, 1870) I, 325, 329. De même, l'Abbé Fouqué, dans ses *Leçons élémentaires de littérature* (Le Mans: Leguicheux-Gallienne, 1879), manuel destiné à l'enseignement primaire supérieur — filière se situant entre l'enseignement primaire et l'enseignement secondaire — justifie en ces termes le format de son oeuvre, qui repose, elle aussi, sur la dialectique question-réponse: "Quant à la forme de l'ouvrage, nous avons adopté la forme interrogative. Elle nous a paru le mieux convenir à la jeunesse; elle soulage la mémoire, captive l'attention, la tient pour ainsi dire sur un qui-vive perpétuel et la place constamment en face de l'objet qu'on lui présente" (pp. VI-VII).

classes de première: "Incapables de formuler par eux-mêmes un jugement littéraire, les élèves ne peuvent que copier les manuels"[12]. L'obligation qu'ont les élèves de réciter les leçons du manuel doit être com-
prise comme une (ré)-énonciation du discours d'un autre — discours
le plus souvent anonyme: la relation apparaît donc avec netteté. Il
n'est pas indifférent que l'Abbé Drioux envisage les pièces de Molière
sous forme de "comédies-proverbes" fournissant aux élèves un vaste
répertoire de formules piquantes propices à la mémorisation; dès lors,
le proverbe ne prend son sens que dans le contexte de son énonciation scolaire[13]. Un examen des cahiers de français de l'époque (que
l'on peut trouver en dépôt au Musée National de l'Education à Mont-
Saint-Aignan) révèle que l'organisation des notes suivait de très près
celle du manuel en usage. Conformément à une tradition de l'enseignement secondaire, on donnait comme devoir de recopier des passages entiers du manuel. Dans le "Cahier d'Interrogations littéraires"
de S. Henriot-Maigrat, élève d'une classe préparatoire au lycée Con-
dorcet en 1904, on trouve une série de questions méthodiquement
tirées du manuel de Lanson, avec des références précises, les réponses étant probablement remises sur copie[14]. De tels exemples démontrent à l'évidence que les manuels servaient d'ordinaire de compléments
à la leçon orale présentée en classe[15].

Bien qu'elle date de 1923, la *Nouvelle anthologie classique des grands
poètes français* de V. Delfolie a le mérite de synthétiser de multiples
soucis communs à l'ensemble des manuels de la première génération

---

[12] G. Dulong, "L'Enseignement du français dans la classe de première", *Revue Universitaire* 17 (1908) 108.

[13] *Histoire de la littérature française* (Paris: Belin, 1850) 110.

[14] G. Lanson, *Littérature française* II, 163. On trouve la citation directe d'un manuel
sous forme de devoir préparatoire à la récitation en classe dans le "Cahier de littérature française" d'Yvonne Bailly, élève de quatrième année en 1910 à l'Ecole Normale de Clermont.

[15] L'*Histoire abrégée de la langue et la littérature françaises* d'A. Noël se présente comme
un point de départ, un aide-mémoire destiné à compléter le cours du maître, "voix
vivante" infiniment plus importante que les livres scolaires:

> … nous jugeons qu'un livre comme le nôtre ne doit pas empiéter sur la leçon du profes-
> seur, mais servir aux élèves de *mémento* pour retenir et rédiger les développements de
> cette "voix vivante" qui nourrit mieux les esprits que les lectures et laisse dans l'intelli-
> gence des impressions plus profondes et plus durables (Paris: Delalain, 1874, p. VIII).

Il est significatif que le terme "mémento", servant de sous-titre à de nombreux manuels
au XIXème siècle, relève de la notion de mémoire. On pourrait citer, à titre d'exemple, le *Mémento du baccalauréat*, manuel qui remonte à 1841. Dépôts de continuité

d'élèves de l'Ecole républicaine. L'auteur privilégie, dès l'abord, la notion du "morceau choisi" en tant qu'obligation culturelle, dans la mesure où ces morceaux permettent l'accès même à l'humanisme. Telle qu'il l'envisage, la lecture du passage choisi prend le caractère d'un rite, évoquant l'attitude révérentielle devant une icône; on comprend, de ce fait, que les manuels républicains aient fait figure de "contre-catéchismes". Après avoir exalté les classiques scolaires, véritable "sub-stantifique moelle" des auteurs du programme, V. Delfolie met en valeur la doctrine humaniste traditionnelle en ce sens qu'elle incarne l'idéal d'une perfection à la fois esthétique et éthique. Ce qui peut paraître paradoxal dans son propos, c'est qu'il n'entrevoit aucune solu-tion de continuité entre les classiques au niveau de l'enseignement primaire et ceux de l'enseignement secondaire. En revanche, sa jus-tification du choix de textes non adaptés à l'âge des élèves est révéla-trice d'une tradition remontant aux origines de l'Ecole républicaine, et même au-delà; ce choix s'opère par l'intermédiaire d'une "cérébra-tion inconsciente", sorte de je ne sais quoi d'un processus d'accultu-ration:

> Qu'importe *après tout* si quelques morceaux ne sont point appropriés à leur âge, si tel vers appris à dix ans ne doit être pleinement senti qu'à vingt ou à trente! (nous soulignons). La vie avec ses deuils et ses joies se chargera d'éclaircir ce qui peut aujourd'hui sembler obscur. Comp-tons aussi sur le travail mystérieux de la "cérébration inconsciente" en vertu duquel la compréhension s'élabore pour ainsi dire à notre insu, se révèle brusquement lorsque nous n'y pensions plus et se déclenche comme un fruit mûr se détache de l'arbre. En tout cas nos enfants auront pour l'avenir une riche provision de virtualités intellectuelles et de jouis-sances esthétiques[16].

Quant au rapport entre l'élève et les classiques scolaires, V. Delfolie perçoit une intimité admirative liant l'élève et les grands écrivains du patrimoine, bref, le sentiment d'une parenté immédiate[17]. Le com-mentaire des critiques sert, enfin, à préparer les élèves à une "lecture intelligente".

culturelle, les manuels préconisent l'exercice de la mémoire comme moyen suprême d'apprentissage des lieux de la mémoire scolaire. Le passage de la pratique du mémoire à l'idéal de la mémoire — conçue à la fois comme aptitude et objet à atteindre — s'opère donc grâce à une sorte de glissement sémantique et idéologique.

[16] *Nouvelle anthologie classique des grands poètes français* (Paris: Delalain, 1923) p. VII.
[17] Cette conception de la lecture scolaire en tant que rencontre symbolique entre l'esprit du lecteur et les "plus grands esprits" du patrimoine se manifeste également

De nombreux manuels véhiculent, à la manière de l'anthologie de V. Delfolie, une défense de l'humanisme traditionnel — que ce soit par le biais de la visée moralisatrice propre à cette doctrine, comme dans le cas du manuel de J. d'Arsac, destiné à l'enseignement confessionnel, ou par refus d'un positivisme étroit qui finit par discréditer la littérature, comme dans le cas du *Nouveau cours de littérature* de J. Chantrel[18]. La critique de ce dernier comporte une mise en question de la théorie de l'art pour l'art et de l'enseignement rhétorique en général, qui connaît, lui, de nombreux défauts. Ce qui mérite l'attention, chez lui, c'est l'idée qu'il se fait des qualités du professeur idéal, idée qui s'accorde, de toute évidence, avec la doctrine humaniste. Ainsi, le bon maître doit savoir inspirer ses élèves. Il doit avant tout veiller à leur formation totale; il doit songer à tout moment au fait que leur avenir dépend en grande partie de lui et qu'il lui incombe le devoir de les former à leur futur rôle dans la société, de même qu'à celui de père ou mère de famille. Dans un manuel ultérieur, destiné, lui aussi, à l'enseignement confessionnel, J. Chantrel met en avant une conception de la littérature fondée sur la rhétorique: il définit en effet les belles-lettres comme "l'expression du beau par la parole" et la littérature comme "la connaissance des belles-lettres"[19]. Il en vient à pré-

---

chez F. Martel et E. Devinat: "Aucune rédaction de devoir, aucune analyse littéraire, aucun cahier d'histoire de la littérature ne fera autant pour le développement de leur esprit que ces heures consacrées à étudier dans le texte même les chefs-d'oeuvre du génie français. Ce contact direct, personnel, intime de leur esprit avec les plus grands esprits est de toutes les leçons la plus exquise à la fois et la plus puissante. C'est une influence qui pénètre à leur insu jusqu'au fond d'eux-mêmes: peu à peu elle éveillera en eux des idées et des sentiments qu'ils n'auraient jamais acquis sans ce noble commerce avec l'élite de notre race" (pp. VI-VII).

[18] *Nouveau cours de littérature* (Paris: Putois-Cretté, 1869). Renfermant des propos de philosophie scolaire, le ton de la préface du manuel de J. d'Arsac n'est pas dépourvu de grandiloquence: "Jusqu'à ce jour, l'étude des Lettres a été trop négligée dans nos écoles, et pourtant l'étude des Lettres contribue efficacement à élever les âmes, à les consoler, à les rajeunir. Eternellement belles, douces et pures, elles ont comblé le monde de leurs bienfaits... Jeunes gens, c'est pour nous une précieuse récompense qu'en travaillant à vous initier aux secrets de la Littérature, nous avons travaillé, par là-même, à vous inspirer l'amour du vrai, du beau et du bien" (*Histoire de la littérature française* [Paris: Société Générale de Librairie Catholique, 1883] pp. I-II). Se reporter, enfin, sur ce point, à A. Pellissier, qui entrevoit des points de relais entre "l'homme du dix-neuvième siècle", d'une part, les pensées élevées et la noblesse d'expression propres aux "grands maîtres", d'autre part (p. VIII).

[19] *Cours abrégé de littérature* (Paris: Putois-Cretté, 1872) 5. Dans cette perspective, il convient d'évoquer un sujet de composition française posé à Clermont en 1892 aux

ciser que la littérature relève à la fois d'un savoir technique et d'une culture de goût, jugement qui annonce celui de Lanson vers la fin du siècle. Dans l'ensemble, l'orientation principale de ces ouvrages tend vers une édification de la jeunesse; il s'agit de faire appel, par une volonté didactique, aux humanistes en herbe que sont les élèves; cette action s'accomplit parfois grâce à une liaison entre la notion de "civilisation" et celle de "race", ou bien de "génie" et d'"esprit".

Composantes du discours scolaire

La dimension ethnocentrique du discours scolaire se manifeste dans bon nombre de manuels. Dans son *Histoire de la littérature française*, J. Demogeot, professeur de rhétorique au lycée Saint-Louis à Paris, s'attache en 1880 à faire le portrait de l'élite littéraire de la France[20], des "divers représentants intellectuels de la nation"; sa synthèse vise à décrire l'évolution morale de ce pays depuis le Moyen Age jusqu'à l'époque contemporaine. D'après son tour d'horizon géographique, la France jouit en effet d'une suprématie culturelle par rapport aux autres nations de l'Europe[21]. Dans les livres de lecture civique, tel le manuel de T. Barrau, *La Patrie*, qui date du Second Empire, on trouve un discours militant aboutissant à une profession de foi nationaliste. Les valeurs de référence s'organisant à partir d'une perception scolaire de la culture nationale, perception qui privilégie la grandeur exemplaire de cette culture, font partie intégrante d'un consensus

élèves de l'enseignement secondaire spécial: "Montrer qu'on a donné à l'étude des belles-lettres le nom d'Humanités, parce qu'elles développent dans l'homme les meilleures qualités de l'esprit et du coeur" (*Annales du baccalauréat de l'enseignement secondaire spécial* [Paris: Nony, 1892]) 49-50.

[20] Le sujet de composition suivant met en jeu cette conception élitiste de l'enseignement littéraire et souligne, de même, la transmission des valeurs culturelles du Grand Siècle à la "Troisième République des Lettres": "La connaissance des lettres est tout à fait nécessaire dans une République, mais il est certain qu'elles ne doivent pas être enseignées à tout le monde. Ainsi qu'un corps qui aurait des yeux à toutes les parties serait monstrueux, de même un Etat le serait-il si tous ses sujets étaient savants. On y verrait aussi peu d'obéissance que l'orgueil et la présomption y seraient ordinaires. Le commerce des lettres bannirait absolument celui de la marchandise et ruinerait les agriculteurs" (Richelieu, *Testament politique*; "Discuter l'opinion de Richelieu" [Lille, 1892]) *Annales du baccalauréat de l'enseignement secondaire spécial* (1892) 14.

[21] Dans la mesure où la France représente "le centre commun,... le coeur de l'Europe..., (elle) absorbe et transforme, au seizième siècle l'Italie, au dix-septième l'Espagne, l'Angleterre au dix-huitième, et de nos jours, l'Allemagne. Il semble que, pour devenir européenne, toute pensée locale doit d'abord passer par la bouche de

général qui s'établit dans les manuels du XIXème siècle. Envisageant l'étude de l'histoire de France comme un "devoir de morale", T. Barrau définit ainsi les objectifs de son manuel: la formation du jugement, l'enrichissement de la mémoire et la mise en valeur de la notion de consensus[22]. C'est également dans une perspective nationaliste qu'il convient d'examiner les morceaux choisis de C. Comte et V. Jeanvrot. Ces derniers insistent dans leur préface sur la nécessité de mettre en avant le respect dû aux ancêtres afin de valoriser le sentiment du génie national. Loin de faire table rase du passé, l'enseignement moderne doit viser, selon eux, à faire revivre les "gloires d'autrefois"[23]. De même, il est instructif de s'interroger brièvement sur le manuel de F. Faure, *Livre de lecture courante des colonies françaises*, destiné à l'enseignement du français outre-mer. Dans un passage consacré aux "races humaines", il note que toute instruction, dans la mesure où elle comporte un enseignement moral, prend une valeur civilisatrice. L'accès aux bienfaits de la civilisation française offre de la sorte une double expérience d'instruction et de moralisation[24].

Dans la mesure où l'histoire littéraire permet de saisir l'histoire intime du peuple français — le bagage des moeurs et des croyances dont il se nourrit depuis des siècles — il va de soi qu'elle revêt une valeur ethnologique. Cette valeur s'illustre à merveille dans les sujets de composition. L'exemple suivant est à ce titre particulièrement révélateur:

> Rechercher dans notre histoire politique et littéraire, et dans les traits
> les plus saillants de notre caractère national quelques preuves à l'appui

la France". D'après la vision de J. Demogeot, la France apparaît, à n'en point douter, comme la source même d'un discours universaliste s'adressant aux autres cultures nationales (*Histoire de la littérature française* [Paris: Hachette, 1880] pp. VIII-IX).

[22] *La Patrie. Description et histoire de la France* (Paris: Hachette, 1860) pp. V, VII.

[23] *La Patrie française* (Paris: Charavay, 1885) 1, 7.

[24] "Tout d'abord la France leur apporte l'*instruction* sans laquelle toute civilisation est impossible. La France s'est civilisée en s'instruisant; elle civilisera les peuples noirs, ses enfants, en les instruisant.

La France doit aussi les *moraliser*. Elle doit leur apprendre ce qui est bien et ce qui est mal. Beaucoup d'indigènes ne le savent pas très bien" (Paris: Delagrave, 1909) 143.

L'idéal paternaliste sous-jacent à cette notion de civilisation française est tel que l'auteur, après avoir établi le rôle de protecteur que joue la France auprès des peuples colonisés — rôle qui se ramène à celui de dispensateur de paix, de liberté et de justice — présente les devoirs réciproques des Blancs et des Noirs.

[25] *Annales du baccalauréat de l'enseignement secondaire spécial* (1892) 31.

de cette pensée d'un auteur contemporain: "Tout homme a deux pays: le sien et puis la France" (Chambéry, 1880)[25].

La volonté de situer l'oeuvre de Molière par rapport aux traits constitutifs de l'identité nationale se manifeste, elle, dans cet exemple: "La comédie de Molière est à la fois humaine à un degré éminent, et une oeuvre française par excellence, où se marquent les traits caractéristiques du génie national" (Montpellier, 1900; Nancy, 1904)[26]. D'autre part, certains manuels valorisent l'ancienneté du poète comique en évoquant, par une référence à l'esprit gaulois, la fidélité aux ancêtres et le mythe des origines perdues. Cette revendication d'une ascendance gauloise se ramène pour l'essentiel à une sorte de retour aux sources, à un symbolisme ethnique définissant la notion même d'esprit français en fonction de la voix de ses aïeux. C'est ainsi qu'il convient de considérer le jugement de Ch. Urbain et Ch. Jamey, qui voient en Molière un parfait représentant de la continuité culturelle de la nation:

> Rabelais et Régnier lui ont fourni des caractères; Larivey, Boisrobert, Rotrou et Cyrano de Bergerac, des scènes. Mais surtout on peut dire qu'il s'est nourri de la substance et de la sève de nos vieux auteurs; par le caractère de sa raillerie et par sa manière d'envisager la vie humaine, il doit passer à bon droit pour un continuateur de l'esprit gaulois[27].

Symbole polyvalent, Molière sert aussi de référence privilégiée aux auteurs désireux de mieux faire ressortir les différences culturelles séparant la France et les autres pays d'Europe. Ainsi, A. Mouchard et C. Blanchet s'efforcent d'établir une opposition entre "nous autres Français", qui sommes avant tout soucieux de "vérité" humaine, et ces étrangers, qui attendent de la comédie "gaieté et... poésie". Quoique la sagesse moliéresque soit plus appréciée en France que dans d'autres pays, il est incontestable que Molière est un produit de consommation culturel qui s'exporte particulièrement bien:

---

[26] J. Quentel, *La Composition française* (Paris: Lethielleux, 1910) 139.
[27] *Etudes historiques et critiques sur les classiques français du baccalauréat* (Lyon: Vitte et Perrussel, 1884) II, 608. La valeur ethnique de la notion d'"esprit gaulois" se manifeste aussi dans ce sujet de composition, rajouté par un élève sur une des pages de ses *Morceaux choisis des classiques français* de F.-L. Marcou (Paris: Garnier, 1890): "La Renaissance, en détournant de ses voies l'esprit français, en l'asservissant, a-t-elle substitué à l'originalité gauloise un caractère d'emprunt qu'il nous a fallu tardivement dépouiller pour revenir à notre première nature?" La citation est tirée de

Il n'est peut-être pas de génie qui fasse plus d'honneur à notre pays. Partout Molière est connu, joué et étudié. Les étrangers nous l'envient, et ils ont raison: "Molière est tellement grand", disait Goethe, "qu'on est toujours frappé d'étonnement lorsqu'on le relit. C'est un homme complet. Ses pièces touchent au tragique: elles vous captivent, et personne n'a le courage de marcher sur ses traces..."[28]

Se réclamant, enfin, de V. Fournel et de Nisard, ces auteurs soulignent qu'exalter le poète comique, c'est nécessairement faire preuve de patriotisme.

On trouve un dernier exemple de l'ethnocentrisme culturel sous-jacent au discours scolaire de l'Ecole républicaine dans la composition du premier prix du concours général de 1924[29]. "L'élève couronné", Jean Hutter, élève de première au lycée Ampère à Lyon, a traité le sujet suivant: la justification de cette tradition nationale qu'est la célébration des centenaires des grands génies de la France. L'élève commence par définir cette manifestation comme une sorte de liturgie commémorative liée à la notion de mémoire culturelle: le culte des aïeux laisse transparaître un souci de permanence culturelle, une volonté de l'homme d'"éterniser sa mémoire". Grâce à cette vénération rituelle du passé, les aïeux vivent encore chez les Français du XXème siècle. L'élève évoque à l'appui de sa thèse le tricentenaire de la naissance de Jean-Baptiste Poquelin, et il pose une question rhétorique dont l'enjeu est visiblement emprunté à une formule célèbre de Lanson: "Y a-t-il, par exemple, un génie plus essentiellement fran-

---

l'*Histoire de la querelle des anciens et des modernes* (Paris: Hachette, 1856, 40) d'Hippolyte Rigault. L'élève, qui l'a sans doute copiée de son maître, se nommait Robert Rhéto et se trouvait en classe de rhétorique! Il est à noter que le maître a remplacé la formule originale "notre vraie nature" par "notre première nature".

[28] *Les Auteurs français du baccalauréat* (Paris: Poussielgue, 1894) 230. Dans ce même ordre d'idées, il convient d'évoquer un sujet de composition proposé au niveau du baccalauréat à Lyon en 1892: "Quand en 1808, la Comédie-Française fut appelée à Erfurt pour y jouer devant un parterre de rois, Napoléon ne voulait pas que l'on jouât du Molière: 'On ne le comprend pas en Allemagne', disait-il, 'il faut montrer aux Allemands la beauté, la grandeur de notre scène tragique; ils sont plus capables de les saisir que de pénétrer la profondeur de Molière'. Vous supposerez que, dans une lettre, le grand acteur Talma proteste contre cette interdiction et s'efforce de prouver à Napoléon que le génie de Molière, si français qu'on le suppose, est cependant assez large, assez humain pour être accessible aux étrangers" (T. Delmont, *Nouveau recueil de compositions françaises* [Paris: Poussielgue, 1911] 452).

[29] *Annales du concours général des lycées et collèges (1924)* (Paris: Vuibert, 1925) 74-79.

çais que Molière, dont on fêtait la naissance il y a deux ans?"[30] Le choix de Molière se légitime par le fait que son théâtre offre un échantillon représentatif des différentes régions de la France, voire une sorte de peinture anthropologique des Français. S'interrogeant encore, de manière plus générale, sur l'adoration commune sous-jacente à ce culte national, J. Hutter en vient à conclure que les génies qui sont fêtés doivent servir de modèles à la jeunesse française. La mort des "grands hommes" étant perçue comme un sacrifice héroïque, il se constitue, dans cette société de l'après-guerre, une notion d'échange entre les Français de cette époque et les immortels du passé, notion aboutissant à la primauté des devoirs propres aux vivants. L'édification et l'entretien des monuments consacrés aux ancêtres par ces derniers relèvent, en fin de compte, d'une mission patriotique.

Critique exégétique et pratiques scolaires

Tel qu'il apparaît dans l'ensemble des manuels, le discours scolaire de la Troisième République se définit en fonction des critères de la critique exégétique, qui s'est livrée, tout au cours du siècle, mais notamment à partir de 1870, à une entreprise de reconstruction "culturaliste". Une des conséquences immédiates de cette défense et illustration de la culture nationale − qui nourrit le discours critique de Sainte-Beuve et Nisard et, plus tard, celui de Brunetière, de Faguet et de Lemaître − c'est la mise en place d'un système de références culturelles privilégiant les classiques scolaires du XVIIème siècle. De même que Petit de Julleville, dans ses *Morceaux choisis des auteurs français*, recommande de ne pas désapprendre le "respect et l'admiration traditionnelle due" aux chefs-d'oeuvre du Grand Siècle, Faguet, lui aussi, met en avant une notion de classicisme scolaire selon laquelle la dignité du texte classique réside, en somme, dans sa capacité à servir d'objet d'étude dans les classes, ou, plus précisément, "(de) fond des

---

[30] *Annales du concours* 75. Lanson voit en Molière l'auteur "le plus essentiellement français" (*Histoire illustrée de la littérature française* [Paris: Hachette, 1923] 396). Avant lui, G. Monval, chef de file des moliéristes, considère son idole comme "la plus complète incarnation du génie français" (*Le Moliériste* 4 [1882-1883] 39); F. Martel et E. Devinat, de leur côté, partagent cette opinion communément admise: "Nul n'est plus Français, de la vieille race gauloise, par sa franchise et sa liberté d'allures" (*Théâtre classique* 255). De tels exemples montrent à l'évidence que les manuels ont joué un rôle prépondérant dans la rédaction des divers exercices scolaires.

lectures et (d')examen des écoliers"[31]. L'utilisation de la littérature classique à des fins pédagogiques s'explique par le fait que l'oeuvre des
"moralistes pratiques", tels La Fontaine et Molière, apparaît comme
un modèle de perspicacité: l'étude des caractères est intimement liée,
chez ces auteurs, à un "goût de la dissertation morale" qui marque
la production littéraire de l'époque. De tels propos ont des répercussions directes sur les pratiques scolaires du XIXème siècle. Il en va
de même avec les observations de Faguet sur la lecture en tant qu'activité scolaire: celle-ci suppose, chez lui, l'apprentissage de l'écriture;
savoir lire, c'est d'abord savoir écrire. Le passage suivant illustre, par
ailleurs, le fait que l'acte de discourir participe d'une entreprise morale,
car on ne prend la plume que pour servir la cause de la vérité:

> Il convient donc de n'étudier les grands écrivains que lorsqu'on sait déjà
> écrire convenablement. Ils servent alors à apprendre à penser, c'est-à-
> dire, à disposer ses pensées dans un bon ordre, et à les distribuer dans
> une égale lumière. Ils montrent surtout à avoir l'esprit juste, droit et
> très dédaigneux des idées communes ou frivoles, à mépriser la facilité,
> l'abondance banale, l'improvisation et le babillage, à ne se servir de
> la parole que pour la pensée, et de la pensée que pour la vérité[32].

On ne saurait trop insister sur l'apprentissage intellectuel qu'offrent
les classiques scolaires. Conformément aux principes issus du cartésianisme, l'organisation judicieuse d'un argument deviendra un acquis
mis en pratique par les écoliers qui s'initient à ces auteurs, et qui
finiront par acquérir une compétence littéraire. Notons enfin que pour
Faguet, la notion d'"esprit juste" évoque le bon sens, la mesure, bref,
un esprit de droiture morale.

   Le mythe du classicisme scolaire se manifeste aussi dans le découpage qu'opèrent les manuels des divers siècles littéraires. Les oeuvres
du XVIIème siècle ont, de toute évidence, la faveur du public, comme
le montre la place démesurée qu'elles occupent dans les livres de
classe[33]. Il convient de signaler à ce sujet la parenté rattachant la critique de Nisard et l'élaboration du discours scolaire apparaissant, par

---

[31] *Morceaux choisis des auteurs français* (Paris: Masson, 1897) p. v; *Notices littéraires sur les auteurs français* (Paris: Lecène et Oudin, 1886) p. VII.
[32] *Notices littéraires sur les auteurs français* p. VIII.
[33] On peut citer, à titre d'exemple, la *Petite histoire de la littérature française* d'A. Gazier (Paris: Colin, 1891), manuel qui adopte un classement chronologique inspiré de Nisard. L'auteur évoque, en effet, dans ses pages préliminaires, "cet incomparable

exemple, dans les manuels de J. Demogeot. D'après la vision de l'histoire littéraire formulée par ce dernier, vision qui se fonde essentiellement sur le schéma nisardien, le Moyen Age et le XVIème siècle représentent une longue période d'adolescence — la Renaissance opérant la synthèse des valeurs chrétiennes et des valeurs païennes — le XVIIème siècle constitue une période de stabilité et de perfection culturelle, et le XVIIIème siècle signale le déclin irréversible de l'ordre classique[34]. Tout en se réclamant de Nisard, G. Merlet se montre, de son côté, moins exclusif que lui quant à la place accordée aux textes du XVIIème siècle et M.-L. Ducros, quoiqu'il cite Nisard avec approbation plus avant dans le même ouvrage, signale les conséquences néfastes de son système: "Ce serait du fanatisme dangereux de ne voir dans notre histoire littéraire que le XVIIème siècle et dans le XVIIIème siècle que huit ou dix noms"[35]. Comme le signale à juste titre R. Escarpit, l'adoption d'habitudes fâcheuses dans l'enseignement de la littérature depuis le siècle dernier s'explique en grande partie par l'influence encore sensible de Nisard:

> ... la notion d'esprit classique [que l'oeuvre de Nisard] tend à mettre en lumière correspond à une idée philosophique que Nisard se fait de la nation française et de son esprit. C'est de Nisard que date l'image scolairement traditionnelle d'une littérature s'éveillant soudain à la

dix-septième siècle qui sera toujours le centre d'une histoire littéraire sérieuse" (4). Voici le découpage particulier de l'histoire littéraire de la France qui se présente dans son manuel:

> Moyen Age (pp. 23-54)
> xvIème siècle (pp. 55-139)
> xvIIème siècle (pp. 140-422)
> xvIIIème siècle (pp. 423-533)
> xIXème siècle (pp. 534-588)

Il va de soi que le xvIIème siècle se taille la part du lion dans cette disposition habituelle à l'époque, notamment par rapport à la littérature contemporaine, à laquelle est accordée moins de place qu'au xvIème et au xvIIIème siècles.

[34] J. Demogeot, p. x. A. Croiset fait ressortir, de même, l'importance de la critique de Nisard dans l'enseignement secondaire des années 1860: "... c'est lui qui me paraît l'interprète le plus exact de la doctrine qui inspirait alors l'enseignement" ("Objet de l'étude du français", *L'Enseignement du français* [Paris: Alcan, 1911] 3).

[35] *Morceaux choisis des prosateurs et des poètes français* (Paris: André-Guédon, 1891) 6. Le propos de G. Merlet rejoint ainsi celui de M.-L. Ducros sur ce point: "Sachons plutôt concilier le culte du passé avec la justice due au présent qui sera le patrimoine de l'avenir... Outre qu'il lui est impossible de ne pas respirer l'air qui nous entoure, ne donnons pas l'attrait du fruit défendu à des livres qu'un engouement irréfléchi

Renaissance... et atteignant sa pleine maturité dans l'équilibre et l'harmonie... du "Grand Siècle" classique[36].

Outre les finalités de l'enseignement littéraire qui se trouvent véhiculées dans les livres scolaires, il convient de signaler, d'une part, les médiations qui s'établissent entre ces livres et la critique exégétique et, d'autre part, les conseils d'ordre pratique ayant pour objet divers exercices scolaires. Dans le premier cas, on trouve maints exemples de manuels qui font référence de façon explicite à une autorité critique supérieure susceptible de justifier la légitimité intellectuelle du discours scolaire particulier. Ainsi, dans *Les Ecrivains célèbres de la France*, manuel destiné aux maisons d'éducation chrétienne, D. Bonnefon précise dans sa préface que les jugements portés sur les textes relèvent des "sources les plus autorisées de la critique moderne"[37]. Dans un ouvrage anonyme, on trouve une justification non seulement du choix des morceaux cités en fonction de leur perfection littéraire, mais aussi du choix des critiques — anciens et modernes — en fonction de leur autorité[38]. J. Demogeot fait, quant à lui, preuve de modestie en exprimant sa reconnaissance envers les grands critiques qui l'ont précédé. S'il exalte en disciple reconnaissant ces maîtres-critiques qu'étaient les Villemain, les Ampère et les Nisard, c'est qu'ils ont su présenter de "savantes leçons" à ceux qui les ont intégrées à leurs propres recherches. On assiste ici à un rapport de commande entre une critique exégétique de haut vol et les auteurs de manuels qui ont su bénéficier de l'enseignement précieux de cette critique[39]. Dans cette même perspective, A. Noël, auteur de l'*Histoire abrégée de la langue et de la littérature françaises*, ne manifeste aucune volonté de rivaliser avec des ouvrages de critique littéraire, bien qu'il entende compléter par des jugements d'ordre stylistique les appréciations relevant de la critique littéraire proprement dite. Celui-ci se plaît à souligner, du reste, la concordance entre les jugements littéraires contenus dans son manuel et "ceux des maîtres de la critique". Il se soucie, enfin, de choisir des sujets qui ne sont guère susceptibles de perturber l'innocence des "jeu-

lira sans critique, si l'on s'obstine à les proscrire des écoles, au lieu d'apprendre, par une direction tout ensemble libérale et sévère, à séparer le mort du vif, c'est-à-dire à discerner les qualités des défauts, et l'excellent du mauvais ou du médiocre" (*Extraits des classiques français [cours moyen]* [Paris: Fauraut, 1870] p. VII).

[36] "Histoire de l'histoire de la littérature", *Histoire des littératures* (Paris: Gallimard, 1958) III, 1728.

[37] *Les Ecrivains célèbres de la France* (Paris: Martin, 1871) p. I.

[38] *Cours complet de littérature... (Style)* (Paris: Lecoffre, 1870) p. V.

[39] J. Demogeot, p. VII.

nes âmes"[40]. C'est ainsi qu'il condamne le goût douteux de Molière, tant sur le plan des sujets abordés que sur le plan stylistique.

Quant au manuel de G. Merlet, tout se passe comme si l'auteur avait longuement médité sur la relation entre la littérature scolaire et la pratique du professorat. Dans la mesure où il se réclame de la définition que donne Sainte-Beuve de l'enjeu de la critique — il s'agit de l'"art de savoir lire judicieusement les auteurs et d'apprendre aux autres à les lire de même" — G. Merlet finit par se situer dans une chaîne d'emprunts allant d'un maître à l'autre, par suggérer une relation d'intertextualité rapprochant la critique exégétique et le discours scolaire[41]. Hérité de Sainte-Beuve, son idéal d'une critique indépendante le pousse à privilégier le naturel aux dépens de la rhétorique, à omettre les passages se prêtant à une déclamation creuse. Dans une édition qu'il publie plus tard et qui s'adresse, cette fois, à l'enseignement primaire, G. Merlet fait le voeu pieux de subordonner le "plaisir du texte" au devoir scolaire:

> Puisse ce modeste travail, destiné au plus intéressant de tous les âges, fixer des souvenirs agréables à des connaissances profitables, et habituer nos enfants, qui deviendront des hommes, à chercher toujours le plaisir dans le devoir![42]

Notons, enfin, qu'il n'existe aucune solution de continuité entre la critique exégétique et les manuels scolaires. C'est ainsi que A. Guibout, dans *Les Ecrivains célèbres de la France*, s'inspire indifféremment d'auteurs appartenant à l'un ou l'autre de ces registres: celui de La Harpe, Sainte-Beuve, Nisard, ou celui de Géruzez, Demogeot et H. Martin[43]. Dans cette réalité mouvante et complexe, on assiste à une

---

[40] *Histoire abrégée de la langue et de la littérature françaises* (Paris: Delalain, 1874) pp. VI-VII.

[41] *Extraits des classiques français (cours moyen)* pp. II-VII.

[42] *Extraits des classiques français (cours élémentaire)* (Paris: Fauraut, 1891) p. VIII.

[43] *Les Ecrivains célèbres de la France* (Rouen: Mégard, 1881) 10. Il existe, de même, un rapport de complémentarité entre le discours critique et la pratique scolaire. Le devoir suivant, exigeant la rédaction d'une composition sous forme épistolaire, tient compte de la consécration officielle de Molière par la critique du XIXème siècle:

> "*Lettre à un ami*. 'Vous venez d'expliquer *Le Misanthrope*. Plein d'admiration pour ce chef-d'oeuvre et pour l'auteur, vous communiquerez vos impressions à un ami.' (Plan général de la lettre: sommaire de la pièce (caractères [sic], scènes, style) — 'Molière a été l'objet des critiques les plus vives; Fénelon notamment ne l'a pas épargné dans la *Lettre à l'Académie*. Quel singulier aveuglement! Notre siècle, plus juste, accorde à cet incomparable poète une des premières places, sinon la première, parmi les grands écrivains qui ont illustré le siècle de Louis XIV'" (Poitiers, 1880) (*Annales du baccalauréat de l'enseignement secondaire spécial*) [1892] 10-11.

interaction constante entre deux domaines qui ne cessent de s'entre-influencer. On pourrait parler, en fait, d'un circuit d'intelligibilité qui s'instaure entre ces deux pratiques institutionnelles que sont la critique et la pédagogie; ces pratiques s'insèrent dans une médiation qui prend son sens dans une perspective globale sur le fonctionnement de l'Ecole républicaine, c'est-à-dire, la transmission du savoir dans la culture française du XIXème siècle et, plus particulièrement, la distribution de ce savoir à travers les différents niveaux d'enseignement.

Il est significatif que Ch. des Granges — dans son recueil de morceaux choisis qui sert à "illustrer par des exemples" son manuel d'histoire littéraire[44] en fournissant aux maîtres et aux élèves un ensemble de passages pour l'explication de textes — se réclame à la fois d'A. Gazier, de Faguet et de Lanson, auteurs qui, tout en se distinguant dans le domaine de la critique exégétique, ont publié des traités d'explication française. Quoiqu'il souligne la place privilégiée prise par l'explication de textes dans la hiérarchie des exercices scolaires, Ch. des Granges finit par reconnaître qu'il existe plus d'une méthode pour expliquer les textes canoniques. Il est néanmoins possible de s'entendre, selon lui, sur quelques principes de base, sur une maïeutique gouvernant cet exercice, qui tire sa valeur du rôle de la personnalité de l'individu — maître ou élève — qui entreprend l'explication. Parmi les conseils méthodologiques qui se trouvent dans ce recueil, on peut citer le souci de recourir à des livres de référence — dictionnaires, manuels d'histoire littéraire et "même l'ouvrage complet" — lors de la préparation d'une explication. Un tel conseil témoigne de l'apport indispensable des livres scolaires au travail quotidien de la classe. Ch. des Granges préconise, de surcroît, une sorte de lecture-commentaire du texte qui détourne les élèves de la déclamation[45]. Chose plus importante, peut-être, l'auteur souligne le danger de rédiger une dissertation en omettant la lecture du texte lui-meme. Sur ce point capital, le propos de des Granges rejoint celui de G. Arnaud qui, dans son

[44] Il s'agit de ses *Morceaux choisis des auteurs français, deuxième cycle* (Paris: Hatier, 1917) p. I.
[45] A. Pellissier s'en prend, lui aussi, à cet "ânonnement ridicule" auquel se livrent les écoliers français obligés de réciter des leçons. Selon lui, le "plaisir du texte" se ramène à l'art de la récitation, c'est-à-dire, au plaisir de lire à haute voix. Il propose en l'occurrence une nouvelle conception de cet exercice quotidien qui l'emportera sur les méfaits d'une pratique académique fort répandue (pp. IV-VIII).

Recueil méthodique de compositions françaises, met justement en garde contre cette fâcheuse tendance à envisager la dissertation en dehors du recours direct aux textes[46]. Une telle critique est propre aux détracteurs de Renan qui, on se le rappelle, rêvait de voir le manuel se substituer à l'oeuvre. G. Arnaud déplore, du reste, la difficulté des sujets de composition, situation aggravée, à ses yeux, par une Ecole républicaine fascinée par le modèle allemand et qui fait une trop large place à l'érudition.

Le dernier souci de certains auteurs de manuels de cette époque — souci lié à un débat qui est, de nos jours encore, loin d'être résolu — c'est la lecture limitative et fragmentée des textes caractéristiques des anthologies scolaires. Ainsi, pour éviter les écueils d'une lecture nécessairement fragmentaire, M.-L. Ducros recommande aux écoliers de passer des morceaux choisis aux textes intégraux (5). Alors qu'il justifie l'organisation et le choix des morceaux choisis de son recueil, L. Etienne fait la part du débat qui opposait Fénelon à Bossuet: tandis qu'en effet, ce dernier désapprouvait la lecture des textes "par parcelles", l'auteur de la *Lettre à l'Académie* croyait, lui, fermement à l'efficacité pédagogique de ces morceaux choisis (p. vi).

La place de Molière dans les manuels

Malgré la dimension livresque et donc, plus ou moins figée des manuels scolaires, qui empêche la saisie directe d'une vie de classe fondée sur un dialogue constant entre maître et élève, ces livres constituent néanmoins un témoignage précieux sur les modalités de l'enseignement littéraire en France au XIXème siècle. Plus précisément, les manuels contribuent de manière significative à la constitution du discours scolaire sur Molière. Notre propos consiste ici à saisir, à travers une analyse systématique des manuels, les aléas de la fortune scolaire de Molière à cette époque, c'est-à-dire, les éclipses, les permanences et les mutations de son oeuvre. Erigé en classique moderne par l'Ecole républicaine, Molière devient un auteur universel, jouissant d'une évidente "rentabilité" académique. Situer l'oeuvre moliéresque dans un circuit de distribution scolaire, c'est tenir compte d'abord des divers systèmes de valorisation dans lesquels cette oeuvre a été prise, c'est-à-dire, le réseau de médiations reliant les conditions et les enjeux d'une production critique massive et les modalités

---

[46] *Recueil méthodique de compositions françaises* (Marseille: Laffitte, 1896) p. VIII.

de la réception scolaire. Car il est évident que les auteurs des manuels se livrent, par leur choix particulier des textes de Molière, à une réécriture scolaire, à une synthèse réductrice des principaux arguments des maîtres de la critique universitaire; un examen des constantes référentielles présentes dans les morceaux choisis serait, à ce sujet, particulièrement utile. Etant donné l'enchevêtrement des discours multiples sur l'auteur du *Misanthrope*, il serait bon d'étudier les manuels d'abord en fonction de leur filiation idéologique, c'est-à-dire, par rapport à la problématique de la laïcité, débat politique et culturel essentiel pour les Français du XIXème siècle. Nous nous interrogerons, dans une première partie, sur les livres de classe qui se rattachent à la tradition critique idéaliste véhiculant l'image catholique d'un Molière semeur d'immoralité. Nous aborderons ensuite l'ensemble des manuels, bien plus nombreux, ceux-ci, qui contribuent à la canonisation laïque de Molière, objectif principal, on le sait, de l'Ecole républicaine.

Molière dans les manuels catholiques

Le *Tableau d'histoire littéraire* des Pères Sévère-Jacques Bizeul et P. Boulay, publié en 1885, présente un plan schématique qui synthétise les divers aspects de l'esthétique comique chez Molière. La mise en place formelle de ce manuel privilégie la morale moliéresque au détriment des éléments proprement dramaturgiques (l'intrigue, les personnages, les situations, le comique et ses sources, etc.). Se réclamant, de façon paradoxale, des réserves traditionnelles de Rousseau, les auteurs insistent sur l'insuffisance radicale de cette morale; marquée par la prédominance du mal sur le bien, l'oeuvre de Molière apparaît en effet comme une école de perdition morale. De plus, S.-J. Bizeul et P. Boulay font, à l'appui de leur thèse, une référence implicite à Fénelon, car le dramaturge "… a donné un tour gracieux au vice" et une "austérité ridicule et odieuse à la vertu"[47]. Dans la préface du *Cours complet de littérature*, ouvrage anonyme à l'usage des séminaires et des collèges (1870), on trouve une défense de l'humanisme littéraire, l'auteur défendant la sainte cause des belles-lettres contre ceux qui voudraient les subordonner à l'étude des "sciences exactes" (pp. v-vi)[48].

---

[47] *Tableau d'histoire littéraire* (Paris: Poussielgue, 1885) 97.

[48] Dans cette même perspective, on peut citer Blanchard et Des Roches qui, dans leurs *Nouveaux éléments de littérature* (Paris: Sarlit, 1873), déplorent la nouvelle priorité accordée aux sciences au détriment des lettres, ainsi que le goût du matérialisme et du sensualisme. Selon eux, l'influence de la littérature, multiforme, doit

Fondé sur une dialectique questions/réponses, ce catéchisme scolaire aborde un ensemble de problèmes relevant de l'esthétique comique. Ainsi, à la question "Quel doit être le but moral de la comédie?" l'auteur répond que la comédie consiste en une sorte d'oeuvre de salut public en ce sens qu'elle vise à un flétrissement des vices[49]. *Tartuffe* fait évidemment exception à cette règle générale, car la piété et la vertu s'y trouvent bafouées. La réponse que l'on trouve à la question "Que *faut-il* penser de la farce?" (nous soulignons), question d'une évidente valeur normative, s'avère catégorique: il n'est pas question de porter un jugement indépendant sur la farce, perçue comme trop basse dans la hiérarchie des genres. Il ne faut pas non plus élever le statut de la farce au niveau de celui de la comédie-ballet: une telle démarche aboutirait à la dégradation pure et simple des moeurs françaises. Au total, le théâtre est envisagé dans ce manuel comme une influence maléfique qui ne peut contribuer qu'à la dépravation de la société.

Père jésuite, G. Longhaye dresse un réquisitoire sans complaisance contre le théâtre de Molière[50]. Il prend d'abord à partie la philosophie conjugale d'Arnolphe, qui ridiculise la "sainteté du mariage" (162). Faisant bon marché de l'autorité critique de Sainte-Beuve, qui a loué *Tartuffe*, il met en question le rôle de cette pièce en tant que véhicule des revendications anticléricales:

> Cet oracle de Sainte-Beuve fait toujours loi et, parmi les écrivains de marque, L. Veuillot seul ou presque seul a osé s'inscrire en faux... je me demande si un jour ne viendra pas où elle [c'est-à-dire, *Tartuffe*] semblera usée comme une machine de guerre, soit apaisement relatif de la haine antichrétienne, soit pur et simple amour de la nouveauté. (168)

Conformément à la démarche de L. Veuillot, G. Longhaye met en cause la vraisemblance des personnages dans *Tartuffe*, et tout particulièrement, Orgon, contre lequel il tonne: "aujourd'hui, de ce qu'un caractère est moralement impossible, on infère qu'il est réel" (172). Selon lui, le projet même d'écrire une comédie sur la fausse dévotion est une gageure. Abordant *L'Avare*, il s'inspire des arguments de Saint-Marc Girardin qui, on s'en souvient, a valorisé le spectacle immoral

s'exercer sur les plans familial, pédagogique, social et religieux, mais notamment "... dans la noble mission que Dieu a confiée à la jeunesse de notre époque, *la régéneration de la France par la sanctification des âmes*" (10). Jouissance pure, l'étude littéraire permet de la sorte de s'approcher de Dieu.
[49] *Cours complet de littérature* 314.
[50] *Histoire de la littérature française au dix-septième siècle* (Paris: Retaux, 1895) ii, 162-205.

d'une paternité ravagée par le fléau de l'avarice; la leçon qui se dégage de cette pièce doit s'adresser, de préférence, à "un auditoire exclusivement composé de pères de famille" (179). C'est à l'occasion d'une présentation des vues esthétiques sur la comédie que G. Longhaye précise que le rôle des maîtres est double: ceux-ci doivent non seulement faire "l'éducation de notre goût" mais aussi former "notre conscience littéraire" (187). De plus, loin d'être un instrument de perversion, la comédie doit viser plutôt à élever les spectateurs et en même temps à renforcer chez eux l'esprit pragmatique. Déplorant le fait que Molière n'ait pas élaboré, à proprement parler, une théorie du genre comique, le critique finit par louer l'esthétique moliéresque au détriment de ses valeurs éthiques. Après avoir rejeté la théorie de l'humour que P. Stapfer applique au dramaturge, il en vient à voir, dans la vision moliéresque,

> ... le sens juste et prompt du ridicule, ce qui implique un jugement sûr, un goût vif du naturel, du mesuré, du vrai en toutes choses... [ainsi que] l'esprit... la raison, la logique, moins pratique d'instinct et non spéculative... (195)

Quoiqu'il admette que le théâtre ne puisse remplacer la chaire, G. Longhaye s'en prend néanmoins avec vigueur à l'épicurisme de Molière, philosophie aux antipodes de la morale chrétienne. Du goût du naturel à la défense du naturalisme, il n'y a qu'un pas, que le dramaturge s'empresse de franchir. Le critique cite Lemaître et Brunetière pour mieux discréditer la morale moliéresque. Il dénonce l'appel constant à la passion, à toute forme de *libido sentiendi* qui transparaît dans ce théâtre. Pis encore, les seuls défenseurs de la religion, chez lui, se révèlent être ou bien imbéciles (Sganarelle) ou bien hypocrites (Tartuffe). Au demeurant, la présentation de l'autorité paternelle comme objet de ridicule, et le recours au cocuage comme justification naturelle des excès d'un mari jaloux s'expliquent par la tyrannie des pères de famille et des maris en général. Ce que G. Longhaye semble regretter le plus, c'est que les vieilles vertus de la famille française, issue de la bourgeoisie de cette époque, ne trouvent pas place chez Molière. De fait, si la vertu trouve, en principe, ses meilleurs points d'ancrage dans le domaine de la comédie — plus particulièrement sous forme de la notion de "bon sens" — il va de soi que le théâtre moliéresque apporte un démenti catégorique à cet idéal. G. Longhaye réfute enfin l'image de l'auteur dramatique "grand homme de bien" créée par la légende. Dans sa polémique contre les défenseurs du "mythe Molière" (A. Dupuy, l'Encyclopédie Lamirault, de la Pommeraye), il affirme que le simple fait d'être auteur dramatique ne lui donne pas licence d'agir en toute impunité.

Dans ses *Etudes littéraires sur les auteurs français* (1914), le Père Fernessole, professeur à Notre-Dame de Bétharran, s'appuie sur une autorité religieuse pour justifier sa démarche scolaire[51]. Considérant le Christ comme le "Divin Pédagogue", il espère que son manuel va bénéficier à cette partie de la jeunesse qui "... sera l'auxiliaire du Prêtre dans la formation des âmes..." (p. I). L'auteur déplore l'absence de la religion chez Molière, ce qui le pousse à minimiser la dimension morale et philosophique de son oeuvre. Toutefois, l'étude de l'humanité qui se dégage de ce théâtre aboutit à une codification des règles dans le domaine de la morale, et c'est cette résonance comtienne chez le Père Fernessole qui fait ressortir le paradoxe de sa démarche. Dans la mesure où la raison constitue la "loi de l'humanité", elle apparaît en même temps comme la qualité maîtresse de l'oeuvre de Molière. Opérant un glissement sémantique, l'auteur se permet de rattacher la loi comtienne des trois états à la thèse naturaliste que développe Brunetière au sujet de Molière: "Nous disons raison, d'autres disent nature" (203). Ainsi, grâce à sa raillerie systématique de ceux qui se laissent diriger par une manie particulière, le dramaturge se livre à une défense des droits de la raison. Tout en étant "raisonnables", des personnages tels qu'Henriette, Elmire et Clitandre n'atteignent pas à l'héroïsme. Afin d'illustrer l'efficacité de "la leçon de l'expérience" que nous enseigne Molière, le Père Fernessole en appelle à la notion de "justice distributive" chère à Saint-Marc Girardin et à Nisard: Harpagon est victime de sa propre vanité, Tartuffe de son hypocrisie. Enfin, c'est par le "culte des bienséances" — on songe à ce sujet à l'observation de Voltaire — que la comédie moliéresque prend une valeur morale évidente, le souci de respecter les usages en vigueur étant une conséquence immédiate de la raison.

L'intérêt du manuel du Père M., professeur de rhétorique, réside, lui aussi, dans l'avilissement qu'il perçoit dans la morale de Molière[52]. L'auteur fait appel aux arguments de Bossuet afin de démontrer à

---

[51] *Etudes littéraires sur les auteurs français* I (Paris: Beauchesne, 1914). Une telle prise de position ne prédispose pas, toutefois, cet auteur à un conservatisme étroit. Dans un manuel antérieur, il s'en prend à l'étroitesse de la vision de Chrysale dans *Les Femmes savantes*, qui postule un idéal maternel ayant ses racines dans l'enseignement ménager. Le Père Fernessole se montre partisan ici d'un juste milieu qui échappe à Chrysale, c'est-à-dire un "idéal moderne" se situant "entre le bas-bleu et la cuisinière" (*La Littérature française par l'étude des textes* [Paris: De Gigord, 1912] 114).

[52] *Etudes littéraires sur les auteurs français* (Paris: Delhomme et Briguet, 1886).

quel point le dramaturge fait preuve d'un cynisme licencieux. La "leçon" qui apparaît au dénouement de ses pièces n'ayant pas de valeur corrective, il n'y a donc pas de conversion chez lui. Le dénouement de *Tartuffe*, par exemple, met en évidence la naïveté de Cléante, qui souhaite la conversion du faux dévot en prison. Quant au caractère de Tartuffe, l'auteur s'appuie sur la distinction que fait L. Veuillot entre l'escroquerie et l'hypocrisie. Orgon, en raison de sa crédulité exemplaire, finit comme Tartuffe par être un portrait-charge. Tout comme Elmire ne fait guère figure d'épouse chrétienne, le comportement de l'impertinente et immodeste Dorine fait violence à la piété chrétienne; quant à Cléante, il est condamné à un prudent libertinage. C'est dans une perspective rhétorique que le Père M. examine la préface de *Tartuffe*, car il engage l'élève à s'adresser directement à cet auteur dont la volonté est, à n'en point douter, de pervertir la jeunesse. L'intention sacrilège de ce dernier amène l'élève à porter une accusation double: "vous avez agi en *maladroit*" ou bien "vous avez agi en *traître*", reproche qui finit par confondre le créateur et sa création (206). Le théâtre ne peut guère, en effet, légiférer en matière de morale, et l'auteur cite à ce sujet Geoffroy, qui atteste l'abondance des faux dévots à la cour d'un Louis XIV vieilli. L'auteur cite de nouveau ce critique afin de montrer que *Tartuffe* fournit des armes dangereuses à ceux qui ont des préventions contre la religion. La référence à A. Charaux sert, enfin, à faire ressortir le génie avec lequel Molière a conçu son protagoniste: "Tartuffe, c'est moi" (208). Quant au *Misanthrope*, le ridicule d'Alceste naît de sa sévérité excessive, de son manque de tolérance. Le Père M. fait appel ici à une maxime de saint Paul, laquelle sous-tend le jugement de Philinte d'après qui il faut prendre son mal en patience. Cette pièce affirme, de la sorte, le triomphe de l'idéal de l'honnêteté, idéal qui l'emporte sur l'anarchie où domine un individualisme forcené, ainsi que sur les rapports d'agressivité qui sont le propre de l'état de guerre. Le dénouement du *Misanthrope* justifie pleinement l'observation de Nisard, selon laquelle chaque personnage "… y reçoit une punition proportionnée à ses travers": des marquis bafoués, une Arsinoé éconduite et enragée, une Célimène privée de sa cour, un Alceste condamné à l'isolement de son désert. Alors qu'une "mésalliance" d'ordre caractériel divise à jamais Alceste et Célimène, Philinte et Eliante se joignent dans une union parfaitement raisonnable.

Le contenu des *Auteurs français du baccalauréat moderne*, manuel à l'usage de l'enseignement confessionnel, témoigne d'un catholicisme plus libéral que celui, doctrinaire et polémique, de L. Veuillot[53]. Professeur aux petits séminaires d'Orléans, C. Blanchet se réfère à Sainte-Beuve pour renforcer son jugement sur Cléante; il loue le discernement exemplaire du raisonneur dans *Tartuffe*, sa capacité à distinguer nettement entre la vraie dévotion et la fausse. Quant à la "philosophie" du dramaturge, c'est l'opinion de Nisard qui est invoquée afin de démontrer le rattachement de Molière et de La Fontaine au courant libertin du XVIIème siècle. Le jugement de Saint-Marc Girardin permet à l'auteur de définir la morale moliéresque en fonction de l'expérience humaine; bien qu'elle soit dépourvue d'élévation, cette morale ne manque pas de justesse. Dans ses pages consacrées au statut de Molière dans l'évolution de la critique, C. Blanchet cite enfin V. Laprade, critique idéaliste qui n'a pas partagé cette admiration "sans restriction" à l'égard du poète comique, et qui a regretté l'absence "... de cette élévation morale que nous trouvons dans un Corneille ou un Racine... Il a manqué à Molière ce que rien ne remplace: la foi religieuse, seule véritable source des grands sentiments" (232). On trouve, de même, un jugement catholique modéré dans un manuel de l'Abbé Drioux, qui date de 1850[54]. Ce dernier exalte l'acuité de l'observation morale de Molière, qu'il surnomme "le premier des philosophes moralistes" (109). C'est ainsi que l'art de la comédie rejoint, chez lui, l'art de la correction, dont l'efficacité se fait sentir dès le triomphe des *Précieuses ridicules*, aussi bien sur la cour que sur la ville. Le coup de pinceau du dramaturge se mesure de plus, selon lui, par la profondeur plutôt que par la finesse. Abordant, enfin, l'écriture moliéresque, l'Abbé Drioux soutient que la multiplicité des proverbes qui se dégagent de son théâtre témoigne à coup sûr de la vigueur de son style.

Quoiqu'il prétende recourir, comme on l'a vu, à l'autorité de la critique universitaire dans *Les Ecrivains célèbres de la France* (1871), D. Bonnefon ne nomme pas de manière explicite l'exégète qui soutient, par exemple, sa mise en cause du système éducatif dans *L'Ecole des Maris*. Ainsi, il souscrit au point de vue rétrograde de Sganarelle, qui s'oppose aux manifestations de plus en plus courantes de l'honnêteté mondaine au XVIIème siècle, c'est-à-dire, bals, fêtes et spectacles. Ce qu'il déplore, dans les deux "comédies-écoles" de Molière, c'est avant tout

---

[53] A. Mouchard et C. Blanchet, *Les Auteurs français du baccalauréat moderne* (Paris: Poussielgue, 1894).
[54] *Histoire de la littérature française* (Paris: Belin, 1850).

leur indélicatesse, qui les rend impropres aux "oreilles chastes" des jeunes écoliers des maisons d'éducation chrétienne[55]. Ceci dit, on ne s'étonne guère que D. Bonnefon s'en prenne à l'abondance des farces dans le théâtre de Molière: "Il est à regretter qu'un grand nombre de comédies de Molière renferment des bouffonneries grossières, où la morale est trop souvent blessée et qui en rendent la lecture difficile."[56]. Un tel parti pris s'accorde avec une orthodoxie académique qui fonde les critères gouvernant la sélection des textes sur une volonté d'exclusion systématique de tout ce qui relève du registre de la farce, c'est-à-dire, des "bassesses" tels que la scatologie, les jeux de corps, et les comportements névrotiques de certains personnages. Enfin, si l'auteur définit l'extravagance des "pecques provinciales" et des femmes savantes comme une profonde envie de sortir de "la destinée de leur sexe", c'est afin de rattacher ce motif au spectacle de la déraison comique à laquelle est voué tout souci de mobilité sociale chez Molière — et l'on songe d'emblée au projet de Dandin, de Jourdain et de Pourceaugnac. La notion d'une défaillance morale à tel point systématique dans ce théâtre amène le Père Caruel à reprocher au dramaturge un manque de patriotisme[57]. En recourant à un grand nombre de critiques, cet auteur vise à porter un jugement d'ensemble sur les différents aspects de la morale de Molière et en particulier sur ses nombreuses lacunes. Alors que sa référence à Nisard — il s'agit de son idée de "justice distributive" dans l'univers comique — sert à rattacher l'observation du critique à l'impératif religieux de rétribution, son recours à Sainte-Beuve a pour objet de mettre en valeur l'absence de tout représentant de la vraie dévotion dans *Tartuffe*. Dans le cas de Saint-Marc Girardin, le Père Caruel élabore une notion de critique-sermon, d'après laquelle le moraliste envisage la révolte des enfants d'Harpagon comme "le châtiment de l'avarice du père..." (698). Il se réfère à Geoffroy, enfin, pour mieux renforcer ce que vise, selon lui, la satire moliéresque dans *Le Bourgeois Gentilhomme*, à savoir, la sotte prétention de vouloir changer de classe.

Dans un livre scolaire destiné aux pensionnats de jeunes filles, rédigé par une religieuse anonyme (J.M.J.A.), on trouve, à côté de considérations générales sur la nature du "poème dramatique", une définition moralisante de la notion du "caractère" d'un personnage de théâtre; cette définition relève des catégories aristotéliciennes traditionnelles:

[55] D. Bonnefon 130.
[56] D. Bonnefon 130-131.
[57] *Etudes sur les auteurs français* (Tours: Cattier, 1901) 653.

"On entend *par caractère* ce qui distingue un homme d'un autre sous le rapport de l'âme, de l'esprit, les qualités bonnes ou mauvaises"[58]. A ce jugement s'ajoute celui que l'auteur émet sur les moeurs: "Les moeurs sont les inclinations bonnes ou mauvaises des hommes, les usages, les lois particulières d'un peuple" (291). Quant au but de la comédie en général, la religieuse le lie étroitement à la critique implacable des vices et des défauts. Dans cette perspective, le rire prend un caractère essentiellement punitif. Un manuel analogue, destiné, celui-ci, au pensionnat dirigé par la Retraite-Société de Marie, souligne le danger propre à la lecture de la plupart des comédies de Molière[59]. Bien que ces pièces aboutissent à une correction des défauts, elles contribuent en même temps à un affaiblissement chez le "jeune coeur" du "sentiment de la vertu et du devoir" (266). Il est intéressant de noter que, dans ce traité, comme dans maints autres du Second Empire, la disposition du contenu accorde une place secondaire à la littérature (les passages en prose ou en vers sont relégués à la fin du livre); les genres d'éloquence — sacrée, politique, judiciaire, militaire et académique — et les catégories de rhétorique — invention, disposition et élocution — font en revanche l'objet principal du livre.

Sans pour autant se rattacher à la tradition de la critique idéaliste, un ensemble de manuels fait ressortir sinon l'absence de morale chez Molière, du moins sa mise en question. Ainsi, en parfaite conformité avec la vie, le théâtre de Molière ne présente, selon A. Grenier, aucune leçon: aucun personnage n'est corrigé, et *Tartuffe* devrait logiquement se terminer par le triomphe du faux dévot[60]. Le dynamisme des personnages moliéresques repose, selon lui, sur une tension permanente entre le respect de l'idéal de la nature et les diverses infractions à cet idéal. De même, F. Godefroy signale l'absence de conversion morale dans ce théâtre, enfermé dans les limites d'une bienfaisance exclusivement comique[61]. Dans leurs *Etudes littéraires sur les auteurs français*, L. Bénard et H. Bonnemain insistent sur l'invraisemblance des dénouements de Molière. La seule leçon qui se dégage de ce théâtre, c'est la "loi du plus fort":

---

[58] *Cours de littérature* (Paris: Lecoffre, 1878) 291.
[59] *Cours abrégé de rhétorique et de littérature* (Angers: Cosnier et Lachèse, 1854) 266.
[60] *Histoire de la littérature française* (Paris: Garnier, 1920) 335.
[61] *Histoire de la littérature française au XVIIème siècle* (Paris: Gaume, 1877). Dans son édition du *Misanthrope*, G. Pellissier, tout en évoquant les défauts qu'Alceste doit corriger — intolérance, orgueil et brusquerie — laisse entendre que la pièce peut se ramener à un drame de la conversion impossible (Paris: Quentin, 1882) 41.

Molière ne donne pas de préceptes, il constate des faits. Il sait que, dans la réalité, les méchants, qui sont les plus horribles, sont souvent aussi les plus forts. Il le montre, et la seule leçon qu'il donne, si on veut absolument qu'il en ait donné une, c'est qu'il faut se défier[62].

Par suite de leur mise en garde contre les erreurs d'interprétation entraînées par une fausse sentimentalité romantique, ces auteurs en viennent à affirmer la primauté du caractère dans la dramaturgie de Molière, à tel point que ses héros restent tout à fait incorrigibles, et donc incapables de faire marche arrière. De tels monomanes font preuve d'une parfaite insensibilité morale, et Dom Juan va jusqu'à se livrer, dans sa tirade sur l'hypocrisie (V, 2), à une auto-justification. Dans la mesure où ils n'envisagent aucune solution de continuité entre "le Molière de la haute comédie" et "le Molière des farces", L. Bénard et H. Bonnemain finissent par mettre en question l'image qui s'est constituée au XIXème siècle d'un Molière artificiel et académique, image qui doit son origine, on le sait, à la célèbre boutade de Boileau:

> Dans ce sac ridicule où Scapin s'enveloppe,
> Je ne reconnais plus l'auteur du *Misanthrope*.
> (*L'Art poétique* III)

Dans ce même ordre d'idées, ils renouent avec la tradition d'un Molière homme de théâtre, car il est question, selon eux, d'un théâtre destiné exclusivement à la représentation (c'est-à-dire, la "récitation") et non à la lecture scolaire: "... Molière n'écrit point pour la lecture, il écrit

---

[62] *Etudes littéraires sur les auteurs français* (Paris: Delaplane, 1892) 346. A sa mise en cause de la folie de toute entreprise de correction morale dans la comédie moliéresque (*Analyse explicative et raisonnée de cent morceaux choisis* [Paris: Belin, 1882] 243-244), il convient d'ajouter, chez A. Ditandy, une volonté d'envisager cette comédie comme une dramatisation des fables de La Fontaine. Ainsi, la morale catégorique du fabuliste — "Apprenez que tout flatteur / Vit aux dépens de celui qui l'écoute" ("Le Corbeau et le Renard") — sous-tend cette observation sur *L'Avare*: "Valère est un flatteur et, comme tout flatteur, il trompe celui qu'il flagorne": l'inhumanité d'Harpagon, homme d'argent en proie à une inquiétude perpétuelle, de même, illustre à merveille l'enseignement du "Savetier et le Financier" (2, 6).
On ne saurait trop insister, d'autre part, sur le caractère fortement homogène, voire répétitif des livres scolaires. En fait, le passage cité de L. Bénard et H. Bonnemain fera l'objet d'une transposition textuelle exacte dans le manuel de R. Doumic, *Histoire de la littérature française* (Paris: Delaplane, 1893) 337 sqq., ainsi que dans un manuel ultérieur du même auteur et de L. Levrault, *Etudes littéraires sur les auteurs français* (Paris: Delaplane, 1900) 125 sqq.

pour la récitation; et ce langage parlé du théâtre a ses règles et surtout ses libertés qui lui sont particulières"[63]. Cette distinction fondamentale entre représentation théâtrale et lecture scolaire sera reprise par les partisans d'une critique se situant dans la lignée de R. Bray[64].

Si R. Canat, lui, se réclame de la thèse "naturaliste" chère à Brunetière, c'est afin de faire le bilan des avantages et des inconvénients de la morale de Molière[65]. Ainsi, tout en étant "une excellente et solide école de bon sens et d'honnêteté" (250), ce théâtre pèche en ce sens qu'il méconnaît la nécessité de lutter contre la nature dans certaines situations. Outre le manque de réalisme des portraits de jeunes filles chez Molière, cet auteur discerne également un manque de délicatesse dans cette morale et ses propos rejoignent, de toute évidence, les réserves de La Bruyère à ce sujet. Conformément à ce que disent L. Bénard et H. Bonnemain, P. Albert estime que la vie réelle — marquée par le triomphe incontestable des méchants — dément la vision poétisée et fantaisiste du monde propre aux dénouements moliéresques[66]. Etant donné la sévérité implacable de "la loi du plus fort" — ni la justice ni la sincérité ne sont, selon l'auteur, "de ce monde" — la morale du poète comique apparaît, au total, comme la sécularisation d'une vérité évangélique. Quoiqu'il soit inexact de le considérer comme réformateur ou idéaliste, Molière s'attaque avant tout aux diverses formes de la tyrannie, c'est-à-dire, à l'ensemble des personnalités en proie à la puissance d'une *libido dominandi* — que leur masque comique soit celui de l'avare, du faux dévot ou du malade imaginaire.

Molière dans les manuels laïcs

Parmi les nombreux manuels d'inspiration laïque et, par là, conformes aux finalités de l'Ecole républicaine, il convient de citer, d'abord, *Les Lettres françaises* d'E. Gellion-Danglar, qui résume l'opinion de la gauche républicaine sur Molière[67]. Après avoir évoqué le passage célèbre de La Bruyère — "Un homme né chrétien et Français se trouve contraint dans la satire..." ("Des esprits forts") — qu'il qualifie d'"acte d'accusation terrible (que celui-ci) porte contre son époque avec une

---

[63] *Etudes littéraires* (1892) 353.
[64] *Molière homme de théâtre* (Paris: Mercure de France, 1954).
[65] *La Littérature française par les textes* (Paris: Delaplane, 1906) 246-247.
[66] *La Littérature française au XVIIème siècle* (Paris: Hachette, 1880) 258.
[67] *Les Lettres françaises depuis leurs origines* (Paris: Degorce-Cadot, 1882).

singulière audace", E. Gellion-Danglar invoque le théâtre moliéresque à titre d'illustration de la validité de cette observation (246). Il loue la tirade de Dom Juan sur l'hypocrisie en raison de sa résonance moderne, voire progressiste, et il admire la vigueur de la "verve révolutionnaire" du dramaturge, qui l'amène à mettre en lumière aussi bien l'avidité de la noblesse que l'exploitation du peuple. L'auteur souligne, enfin, les revendications populistes propres à la démarche de George Dandin et, face à la morgue de Mme de Sotenville — "Votre bonnet à la main le premier: Monsieur est gentilhomme, et vous ne l'êtes pas" (I, 7) — il constate: "Cela est terrible; et dans cette pièce, il y a tout Quatre-Vingt-Treize" (250). Le préjugé antiaristocratique de F. Godefroy fait de Molière le héraut des vertus bourgeoises:

> Après Richelieu, J.-B. Poquelin est l'homme qui a porté le coup le plus rude au privilège de la naissance. Il ne descend pas jusqu'à la lie plébienne, mais en renversant l'ancienne aristocratie, il en élève une nouvelle. C'est dans la classe intermédiaire, dans la bourgeoisie, qu'il place toutes les vertus, la fidélité conjugale, la probité dans le goût, la prudence dans la conduite, la tolérance dans la religion[68].

Dans la mesure où les révolutionnaires ont perçu chez le dramaturge un ancêtre de la tradition laïque, l'auteur peut évoquer la filiation républicaine de ce dernier. Dans ce même ordre d'idées, enfin, A. Guibout met en valeur la modernité de l'oeuvre de Molière, véritable "poète de l'humanité" et défenseur ardent de la cause anticléricale (*Les Ecrivains célèbres de la France*).

Maître de conférences à l'Ecole Normale Supérieure, E. Géruzez est l'auteur d'un célèbre manuel qui présente, en fait, une apologie de la morale moliéresque. L'enseignement que fournit cette comédie dépassant l'expérience elle-même, on ne s'étonne pas que l'auteur considère Molière comme un dramaturge incomparable, "le plus rare génie qui ait jamais existé"[69]. Dans un manuel antérieur, maintes fois réédité, E. Géruzez signale un souci de réforme morale sous-jacent au programme de l'enseignement moliéresque[70]. Dans ce programme,

---

[68] *Théâtre classique* (Paris: Gaume, 1880) 595.

[69] *Histoire abrégée de la littérature française* (Paris: Delalain, 1880) 199.

[70] *Histoire de la littérature française* (Paris: Didier, 1861) II, 164. Voir aussi, sur ce point, A. Le Roy qui, dans son *Memento du baccalauréat de l'enseignement secondaire* (Paris: Hachette, 1894), conforte cette image d'un Molière épris de réforme: "Molière, et c'est là sa principale gloire, n'a pas seulement l'intention de divertir, il veut avant tout instruire et réformer" (190).

l'hypocrisie apparaissant comme le pire des vices, l'auteur exalte la position moyenne et raisonnable de Cléante, parfait représentant de la vraie dévotion dans *Tartuffe*. La dramaturgie moliéresque illustre donc l'idéal humaniste qui suppose une alliance entre le vrai et le bien — la mésothèse et le bon sens formant ici la véritable clef de voûte de son oeuvre. Si E. Géruzez se range au côté de N. Lemercier et de Saint-Marc Girardin, c'est afin de renforcer la valeur thérapeutique qui se dégage du théâtre de Molière (170). S'il recommande, enfin, une attitude de reconnaissance envers l'apprentissage qu'offre le rire moliéresque, c'est que la mission de ce "moraliste réformateur" est telle que l'on peut se permettre de transformer sa dramaturgie en pédagogie:

> Toutes les fois qu'il n'est pas obligé de divertir la cour par ordre, ou le peuple par nécessité, il moralise pour le siècle, il donne des cours, il tient école. *Le Misanthrope*, *Le Tartuffe*, *Le Bourgeois Gentilhomme*, *Les Femmes Savantes* ne sont que des chapitres, et les plus importants, de ce cours de morale dramatique à l'usage des gens du monde (164)[71].

De même, le propos d'H. Lucas, dans son *Histoire philosophique et littéraire du théâtre français* (1843), relève du discours scolaire élogieux sur Molière. Ce dernier est considéré comme un génie universel — au même titre que Dante ou Homère — pour avoir rassemblé les "préceptes universels de la raison et les [avoir mis] sous forme comique"[72]. Dans cette transposition des principes cartésiens à l'univers comique, Molière partage systématiquement les multiples devoirs qui incombent aux divers membres d'une famille, définissant par là le dynamisme de leurs rapports réciproques. H. Lucas insiste en particulier sur la vertu intellectuelle du théâtre moliéresque, qui s'adresse avant tout aux fines intelligences dans tous les domaines de la société. Quoiqu'il réfute la thèse selon laquelle Molière part en guerre contre ceux qui cherchent à améliorer leur sort en passant d'une classe à l'autre, il semble démentir cette position lorsqu'il décèle, dans *George Dandin*, une leçon adressée à "la sottise orgueilleuse des gens qui recherchent une alliance déplacée" (128).

---

[71] Voir aussi, à ce propos, du même auteur, son *Cours de littérature*: "Reconnaissance éternelle à celui qui nous apprend à rire sans aigreur et qui nous instruit sans ennui. Molière, observateur profond, philosophe pratique, sans colère et sans faiblesse, âme élevée et tendre, coeur généreux, a rempli avec la dignité du génie sa mission de poète et de moraliste" (Paris: Delalain, 1841) 363.

[72] *Histoire philosophique et littéraire du théâtre français* (Paris: Gosselin, 1843) 92.

L'image d'un Molière chantre de l'humanité apparaît aussi dans le manuel de J. Demogeot, qui met en évidence l'intimité que l'on partage avec ses personnages — d'où l'importance de l'expérience vécue à laquelle se réfère le discours scolaire au XIXème siècle. L'intérêt du passage suivant est double: d'une part, il signale à quel point l'hypocrisie religieuse suscite une haine particulièrement vigoureuse de la part des anticléricaux, très nombreux en France à cette époque; d'autre part, il fait de la crainte du ridicule l'objet principal de la psychologie collective, et il n'est guère téméraire de tenter d'expliquer par ce biais la place importante de Molière dans la mémoire culturelle des Français:

> En vrai poète national, [Molière] donne une expression immortelle à la plus vivace de nos haines, et, par une merveille dont lui seul est capable, il inflige au plus odieux des vices le châtiment le plus terrible chez les Français, le ridicule[73].

Dans ses *Textes classiques de la littérature française*, manuel rédigé en fonction des programmes officiels de 1866 pour l'enseignement secondaire spécial, J. Demogeot rend hommage à "la coopération active" de Victor Duruy, ministre de l'Instruction publique sous le Second Empire, dans l'élaboration de son *Histoire de la littérature française*. La popularité de ce texte, qui connaît une septième édition en 1867, tient, d'après lui, à cette collaboration.

On trouve une autre justification de la morale moliéresque dans un recueil de composition qui invite l'élève à s'interroger sur le "rôle moral du poète"[74]. Alors que l'"école" de Corneille vise à inspirer un sentiment de réarmement moral par des exemples de constance héroïque, de droiture et de loyauté, et que le théâtre de Racine souligne le danger des diverses passions issues de la *libido dominandi*, Molière, lui, évoque une expérience à laquelle on peut s'identifier de manière plus spontanée. Plus près des préoccupations quotidiennes du lecteur/spectateur, le dramaturge sert ainsi en quelque sorte de "conseiller de la famille" (415). De ce fait, il opère une espèce de règlement de comptes dans la mesure où il justifie le déshabillage moral des Précieuses tout aussi bien que le dévoilement de l'hypocrisie d'Arsinoé; même si la coquetterie de Célimène reste incorrigible, celle-là finit par être l'objet d'une sérieuse mise en garde. En fait, la diversité des leçons qui se dégagent de la sagesse moliéresque sert à rappro-

---

[73] *Histoire de la littérature française* (Paris: Hachette, 1852) 412.
[74] U.-V. Chatelain, *La Composition française* (Paris: Nathan, 1920) 412.

cher ce théâtre, selon U.-V. Châtelain, d'un "manuel de tous les ins-
tants", c'est-à-dire, d'un ensemble de modèles de savoir-vivre tirés de
l'expérience quotidienne (416).

Professeur au lycée Henri IV à Paris, Ch. des Granges envisage
la morale du dramaturge en fonction de la punition comique réservée à ceux qui se laissent entraîner par la vanité ou bien par un vice
quelconque[75]. Sans pour autant s'opposer à la morale chrétienne, cette
morale comique lui est, de toute évidence, inférieure, et l'auteur ne
manque pas de signaler l'indélicatesse du projet de représenter au théâtre l'hypocrisie religieuse. De plus, par son refus implicite de la thèse
de Brunetière, il s'insurge contre une vision anarchique de la "nature"
chez Molière. D'après Ch. des Granges, la philosophie de ce dernier
se confond avec les lois mêmes de l'esthétique comique. Dans sa présentation de la vie et de l'oeuvre de Molière, qui suit de près le schéma
établi par Lanson, l'auteur précise que ce qui caractérise avant tout
la morale moliéresque, c'est la santé; c'est précisément cette santé qui
fait défaut à une interprétation erronée de la morale du dramaturge.
Si l'auteur dénonce les mauvais "glossateurs", c'est qu'un lecteur/spec-
tateur mal averti risque de se laisser guider par des impressions trop
subjectives, par une réaction viscérale qui l'empêche de saisir la vision
philosophique de Molière.

Les *Etudes historiques et critiques sur les classiques français* de Ch. Urbain
et Ch. Jamey participent, de même, à la mise en place d'un discours
louangeur sur le poète comique. Ce qu'il convient de relever dans
ce manuel, c'est le réseau de références critiques qui investit l'argu-
mentation d'ensemble d'une autorité exégétique. Ainsi, les auteurs
citent à plusieurs reprises Auger pour faire valoir le rôle du dramaturge en tant que défenseur d'une notion de juste milieu chère à la
classe moyenne. Nisard et Sainte-Beuve, eux, contribuent à renforcer l'originalité de Molière par rapport à ses modèles et, de ce fait,
à démentir la critique dénigrante de Schlegel. Selon cette optique,
se voulant réformateur moral, soucieux avant tout de correction,
Molière proposerait un idéal moyen qui n'évoque ni la sainteté, pas
plus que l'héroïsme. De surcroît, Ch. Urbain et Ch. Jamey mettent
en avant les qualités morales et sociales de l'honnête homme tel que
le définit Molière: indulgence, bienveillance envers les défauts d'autrui,
agrément et modestie, bonnes manières sans affectation, il doit éviter en fait les excès de toute sorte. Leur volonté de porter Molière

---

[75] *Histoire de la littérature française* (Paris: Hatier, 1913) 503.

aux nues se manifeste enfin par une référence à La Harpe, qui va jusqu'à considérer le dramaturge comme un "homme divin".

Dans une anthologie destinée à satisfaire une double visée, à savoir, la lecture et la récitation — objectif de la vaste majorité des recueils de morceaux choisis à cette époque — C. Berville met en évidence un souci de programmer des leçons de morale[76]. Selon lui, le domaine des belles-lettres illustre à merveille un parfait rapport de complémentarité entre le Beau et le Bien. Parmi les passages tirés du théâtre de Molière, on peut citer la scène du vol dans *L'Avare* (IV, 7), qui dramatise la "vile passion" à laquelle Harpagon est en proie. "Grand moraliste", Molière se livre, de manière générale, à une flétrissure systématique des vices (287)[77]. De même, les *Etudes biographiques et critiques* de L. Tarsot et M. Charlot font ressortir la vérité morale qu'incarnent les personnages moliéresques, qui personnifient tous, à des degrés divers, une vertu ou un vice particuliers. Examinant l'univers éthique des jeunes gens dans *L'Avare*, ces auteurs mettent en accusation Cléante, "vulgaire libertin", et émettent un jugement aussi peu flatteur sur Valère. Ils viennent toutefois au secours d'Elise, et le portrait suivant montre à quel point le discours scolaire n'est pas dépourvu d'un engagement personnel de la part du maître:

> Elise vaut mieux, sans doute. Elle respecte encore son père, et, dans une situation pénible, elle garde de la dignité et de la droiture. Si elle aime Valère, c'est par reconnaissance pour un grand service rendu. Et puis, que faire entre un père et un frère presque également indignes? Il faut bien qu'elle se cherche elle-même un protecteur, puisque, parmi ceux que la nature désignait pour ce rôle, personne ne songe à la défendre et à la guider[78].

Puis, la question impérieuse "que faut-il penser de Marianne?" reçoit une réponse tout aussi catégorique, car elle "... appartient évidemment à la catégorie des filles peu et mal gardées" (179). S'interrogeant sur l'absence de la mère dans cette pièce — "Qu'est-ce que cette mère qui reste à la cantonnade?" — L. Tarsot et M. Charlot l'envisagent, comme il leur est habituel, comme une abstraction dont il convient de dégager les traits caractériels d'une nature permanente. Fixer le

---

[76] *Belles pages littéraires et morales à l'école* (Paris: Larousse, 1912) 5.

[77] Une telle prise de position rejoint celle de Ch. Gidel, qui qualifie Molière de "moraliste puissant", soucieux avant tout de démasquer le vice (*Histoire de la littérature française* [Paris: Lemerre, 1882] 444).

[78] *Etudes biographiques et critiques* (Paris: Delalain, 1900) 178.

caractère de ces personnages, c'est nécessairement en dévoiler la "valeur morale", car, comme on l'a déjà vu, ils sont voués soit à l'admiration soit à la réprobation[79]. Ces auteurs recourent, enfin, à des termes vigoureux, à caractère affectif, qui prédisposent le lecteur à la condamnation morale de ces personnages: "La Flèche, tranchons le mot, est un sacripant, un véritable gibier de potence... Il est l'ami de Frosine, c'est tout dire; et nous sommes fixés par là sur la valeur morale du personnage" (180). On trouve, dans une dissertation anonyme rédigée dans le *Journal des Elèves de Lettres* et qui a pour sujet la famille d'Harpagon, la même coexistence d'une problématique littéraire et d'une problématique morale[80]. Dans la mesure où la peinture des caractères débouche forcément sur celle des moeurs, les enfants d'Harpagon ne sont guère proposés en modèles. Toujours est-il que l'auteur trouve bon de défendre les "intentions" de Molière, jugées par ailleurs "irréprochables" (40). Le monde étant de toute évidence imparfait, il s'ensuit que le dramaturge ne peut guère être un professeur de vertu chargé d'enseigner les devoirs des enfants envers leurs parents. Son originalité réside plutôt dans le fait qu'il dramatise les conséquences néfastes des vices. Une dernière observation à relever dans cet exercice, c'est le décalage entre la gaieté marquant la représentation dramatique d'une pièce de Molière, et la réflexion sérieuse que procure la lecture scolaire de cet auteur, lecture propice à la solennité d'un enseignement moral. Cette distinction importante se manifeste, de même, chez G. Arnaud: "L'impression que nous laisse le théâtre de Molière est comique à la représentation, tragique à la réflexion et à la lecture"[81].

Dans son recueil, T. Delmont brosse un portrait physique et moral de Molière dans lequel il s'inspire des "travaux récents de G. Larroumet, ... qui semblent renfermer le jugement définitif de la critique

[79] Il va de soi que, dans une pédagogie à tel point moralisante, la peinture d'un caractère suppose forcément un jugement porté sur les qualités morales de celui-ci, comme l'illustre ce sujet de composition française: "Dépeindre et juger le caractère de Philinte dans *Le Misanthrope* de Molière" (Faculté de Douai, le 12 novembre 1883) (J. Condamin, *La Composition française au baccalauréat* [Lyon: Vitte et Perrussel, 1884] 349).

[80] Le sujet est posé en ces termes: "Que faut-il penser au point de vue littéraire et au point de vue moral de la famille d'Harpagon dans *L'Avare* de Molière?" (*Journal des Elèves de Lettres* 8.3 [le 16 novembre 1895] 37).

[81] *Recueil méthodique des compositions françaises* (Marseille: Laffitte, 1896) 172. Voir aussi, sur ce point, R. Doumic et L. Levrault, *Etudes littéraires sur les auteurs français* (Paris: Delaplane, 1900) 146.

et de l'histoire de notre grand comique"[82]. Il offre à cet effet maints exemples de l'esprit d'observation du poète comique, de sa charité, de sa bienfaisance, de sa générosité, de son honnêteté et de son tact. Telle qu'il l'esquisse, la "physionomie morale" de Molière consiste en une indulgence pour les défauts humains et un souci de suivre les appels de la nature, de se défier, en un mot, de toute forme de démesure. De tels traits s'accordent parfaitement avec la formulation de la morale de l'honnêteté entreprise par Sainte-Beuve dans *Port-Royal*. Le recueil de T. Delmont offre, de plus, une réponse, sous forme de dissertation, à la question: "Que pense Molière de l'éducation des femmes?" (704). Ce qui est mis en valeur, notamment dans le plan de cette rédaction, c'est la dimension démonstrative sinon éducative des pièces de Molière abordant le problème de l'instruction féminine. D'où le choix didactique des verbes servant à poser les questions:

> "*Les Précieuses ridicules* ne nous *apprennent-ils* pas..."; "*L'Ecole des Maris* ne nous *enseigne-t-il* pas..."; "*L'Ecole des Femmes* ne nous *montre-t-il* pas..."; "Dans *Les Femmes savantes*, Molière ne nous *fait-il* pas *voir*..."; "Comment nous *apprend-il* par la bouche de Chrysale (et surtout par celle de Clitandre) ce qu'il faut que sache une femme"? (704)

C'est ainsi que l'auteur souligne la "justice poétique" réservée aux Cathos et aux Magdelons, qui ne connaîtront pas le bonheur que procure le mariage. Grâce à la sagesse d'Ariste, dans *L'Ecole des Maris*, on s'aperçoit de la supériorité de l'"école du monde" par rapport à l'instruction livresque. Malgré l'humiliation "bien méritée" subie par les femmes savantes, celles-ci finissent peut-être par échapper à la correction, ce qui suppose une conversion morale. T. Delmont exalte, dans cette pièce, l'idéal de Clitandre — "Je consens qu'une femme ait des *clartés de tout*" (I, 3) — dans la mesure où il sert de fondement à un enseignement humaniste véhiculant les éléments constitutifs d'une "culture générale". C'est donc sans doute par les multiples qualités de son caractère — tendresse, dévotion, modestie — que l'"adorable Henriette" est proposée ici en modèle; cette figure héroïque montre fort bien, par son exemple, qu'il ne faut pas que le coeur d'une femme devienne "la dupe de son esprit" (710). Le discours scolaire de T. Delmont se trouve relayé par des sujets de composition dirigés, de toute évidence, vers une caractérologie de la femme[83]:

---

[82] *Recueil de compositions françaises, historiques et littéraires* (Paris: Putois-Cretté, 1888) 443.
[83] Selon J. d'Arsac, on comprend, dans ce même ordre d'idées, que la leçon du *Misanthrope* réside dans le châtiment du *caractère* de Célimène (*Histoire de la littérature*

"Apprécier, dans une courte analyse, les caractères des femmes dans *Les Femmes savantes*". (Faculté de Lyon, le 19 juillet 1885)

"Comment Molière a-t-il conçu et décrit les caractères de la femme savante?" (Faculté de Dijon, juillet 1885)

"Caractériser les principaux personnages des *Femmes savantes*". (Faculté de Clermont, le 22 novembre 1886) (455, 710)

Témoignages des cahiers de français

L'inventaire des cahiers de français du Musée National de l'Education offre, comme on l'a vu, un accès direct aux pratiques scolaires du XIXème siècle. Le cahier de Pauline Cartherinet de Rancey, datant de 1857, renferme des notes prises vraisemblablement au cours de leçons privées, et des références aux maîtres de la critique d'alors — Nisard, La Harpe, Geoffroy. Dans un devoir portant sur Molière, cette élève envisage la satire comme la dimension principale de la comédie bourgeoise, qui enseigne un respect général de la nature. Conformément à la démarche de plusieurs manuels, elle se livre à une condamnation du "bas comique" de la farce: "Le bas comique, c'est la farce, qui se trouve sur une pente bien entraînante, celle du comique grossier qui est un défaut dans tous les genres". Malgré le caractère souvent fragmentaire de ces notes, on peut déceler, néanmoins, des perspectives éthiques tirées, par exemple, de *L'Avare*. Il en est ainsi du devoir de Suzanne Worms qui, élève d'une école primaire supérieure en 1891, fait ressortir la dégradation suscitée par l'avarice. Dans le cahier d'Edmond de Devesly, élève à l'Ecole Normale d'Evreux en 1902, on remarque des notes — tirées sans doute d'une conférence professorale — se rapportant à l'absence de mère dans cette pièce: "Molière n'en a guère représenté dans son théâtre, trouve qu'il serait inconvenant de ridiculiser l'amour maternelle". A

220). Chez B. Pérez et E. Malvoisin, de même, l'éclairage moral dans l'oeuvre de Molière valorise, de manière générale, les "défauts" de caractère: "La jalousie d'Alceste, d'Arnolphe... les sottes prétentions de Cathos et Magdelon... l'avarice sordide d'Harpagon, l'hypocrisie odieuse de Tartuffe, la crédulité obstinée d'Orgon, le libertinage raffiné de Dom Juan, l'inepte vanité de George Dandin et M. Jourdain, les terreurs plaisantes d'Argan: tous les désordres et tous les excès de la nature humaine nous apparaissent reproduits avec une fidélité étonnante" (*La Composition de Rhétorique, recueil de tous les sujets de compositions françaises donnés à la Sorbonne de 1893 à 1898* [Paris: Croville-Morant, 1898] 406-407). Dans son *Traité classique de littérature*, enfin, manuel qui date de 1816, C.-L. Grandperret précise que le ridicule naît de la perception d'une "difformité de caractère ou de manières" (Paris: Brunot-Labbé, 1816) I, 206.

ces témoignages scolaires pris sur le vif, il convient d'ajouter un sujet de composition traité à l'occasion du concours général des lycées et collèges de 1928 et ayant pour point de départ le jugement des frères Goncourt sur le théâtre de Molière: ce dernier apparaît à leurs yeux comme "un grand événement de la bourgeoisie... une solennelle déclaration de l'âme du Tiers Etat"[84]. Le gagnant du premier prix, Vladimir Nectschen, élève de première au collège d'Etampes, s'inscrit en faux contre le jugement des Goncourt, perçu comme réducteur. L'élève fait plutôt ressortir la critique moliéresque de la noblesse et de la préciosité inauthentiques. Tout en admettant une "intention moralisatrice" chez le dramaturge, il ne la considère pas comme l'apanage d'un bourgeoisisme étroit et mesquin. Il s'agit de trouver "la note juste" entre l'idéalisme outrancier d'Armande et le pragmatisme grossier de Chrysale, la morale moliéresque se définissant avant tout comme la recherche d'un équilibre. Par son refus de la morale chrétienne, qui va de pair, selon V. Nectschen, avec son antipathie à l'égard des médecins, Molière fait figure d'ancêtre de cette incroyance voltairienne qui transparaît encore dans la pensée laïque du XIXème siècle.

Molière dans les programmes: le cas du Misanthrope

Afin de cerner le nouveau statut de Molière dans l'enseignement secondaire des années 1880, il convient d'examiner la place qu'il occupe dans les programmes scolaires. Selon le dépouillement de ces programmes effectué par A. Chervel, dès 1880, *L'Avare* et *Les Femmes savantes* apparaissent sur la liste officielle propre aux classes de seconde; *Tartuffe* et *Le Misanthrope* font partie, dès cette année, de la liste prévue pour les classes de rhétorique[85]. On assiste ici à un tournant significatif dans la constitution des programmes, car jusqu'alors on se contentait d'ordinaire de la désignation générale "théâtre classique" ou bien "morceaux choisis" sans préciser les pièces. La sélection de cette tétralogie dramatique témoigne d'une volonté de dégager une cohérence morale dans ces "comédies de caractère" — on dirait aujourd'hui ces "grandes comédies" — approuvées par Nisard[86]. La mise en place

[84] *Annales du concours général des lycées et collèges (1924)* 27-28.
[85] A. Chervel, *Les Auteurs français* 171, 201. Pour une analyse de l'origine historique de la classe de rhétorique, voir P. Griselli, "L'Enseignement de la rhétorique en France, 1660-1760", thèse de troisième cycle, Paris IV, 1989.
[86] Dans la liste des ouvrages "approuvés par l'Université" de 1802 à 1850, on trouve le *Précis de l'histoire de la littérature française, depuis ses premiers monuments jusqu'à nos jours* (1840) de Nisard. Voir sur ce point A. Chervel, *Les Auteurs français* 351.

de ces pièces canoniques s'explique, comme on l'a déjà vu à travers le discours scolaire des manuels, par de multiples facteurs. Si l'on peut attribuer le choix de *Tartuffe* à la nature foncièrement polémique de cette pièce par rapport au débat anticlérical, le choix du *Misanthrope* en classe de première est d'autant plus significatif, car cette comédie a été l'objet d'une véritable glorification scolaire tout au cours du siècle, et notamment à partir de l'instauration de l'Ecole républicaine[87]. Afin de sonder le fétichisme qui se développe autour de cette pièce particulière, il convient d'examiner de près quelques-unes des constantes du discours scolaire sur celle-ci, tant dans les pratiques en classe — les sujets du baccalauréat et les exercices de dissertation — que dans les manuels proprement dits.

Quoique U.-V. Chatelain s'insurge contre la notion fétichiste du texte et en particulier contre une vision du *Misanthrope* en tant qu'objet de contemplation esthétique — à cause de sa déformation scolaire, l'auteur en arrive à l'appeler "une pièce de musée psychologique" — on trouve dans son recueil de compositions des signes d'un discours louangeur qui privilégie ce texte canonique de l'Ecole. Ainsi, grâce aux exceptionnels dons d'observation psychologique de Molière, la pièce renferme, selon lui, "les enseignements mêmes de la vie"[88]. Puis, le rôle que s'assigne le dramaturge étant celui d'"apôtre de la vérité", U.-V. Chatelain s'en tient uniquement, dans son portrait d'Alceste, aux qualités de ce dernier; une telle optique ne tient aucun compte, il est vrai, de l'égoïsme du protagoniste, de sa tendance inconsciente à se duper: "Cette connaissance de soi-même, cette absence d'ambition, cette sincérité nous conquièrent. Pourquoi ririons-nous de la vertu qui s'exprime avec modestie, de la rectitude qui proclame avec un noble courage la règle immuable de sa conduite?" (129). Cette vision unilatérale du personnage se trouve corrigée dans un passage antérieur, où l'auteur s'en prend aux "moralistes à courte vue" qui se contentent d'interprétations simplistes du *Misanthrope* et en vient à cette formulation paradoxale par laquelle il tente de nouveau de cerner la complexité du caractère d'Alceste: "Il a, comme les hommes que je connais, les qualités de ses défauts et les défauts de ses qualités" (122). Mieux vaut, selon lui, définir cette personnalité comme un mélange d'idéalisme et de narcissisme.

[87] Bien que *Le Misanthrope* jouisse d'une place privilégiée dans les programmes scolaires des années 1880, il convient de noter que cette pièce apparaît à des intervalles irréguliers dans les classes de rhétorique (1803, 1831, 1841, et 1851). *Le Misanthrope* apparaît aussi au niveau des classes de seconde en 1851.

[88] *La Composition française* 128.

Dans ses *Nouvelles études littéraires*, L. Mainard commence par s'en remettre au jugement de La Harpe, d'après lequel Molière ne compromet en aucune façon la vertu du protagoniste, pour démontrer que sa misanthropie masque une philanthropie réelle. Toutefois, à mesure qu'il analyse les composantes de cette personnalité, il signale la maladresse avec laquelle Alceste fait la leçon aux autres. Au lieu de détester les vices sous forme d'abstraction, celui-ci déteste les caractères particuliers de son entourage qui se livrent au mal. Admettant comme donnée fondamentale que le rire qui s'exerce aux dépens d'Alceste n'exclut pas l'admiration, L. Mainard fait le partage des positions dignes d'estime chez lui et de celles dignes de reproche. Il présente alors une série de jugements ponctuée par la double question: "a-t-il raison?" "a-t-il tort?" pour donner la mesure de l'ambiguïté du personnage, mais ici s'arrête sa volonté d'excuser ses défauts, la misanthropie constituant une "faute véritable":

> Enfin surtout il a tort, et ses travers, jusqu'ici excusables, *nobles*, héroïques même (acte IV, scène 1), deviennent une faute véritable, quand pour tous les ridicules, tous les vices qu'il voit autour de lui, il conçoit contre l'humanité cette haine violente qu'il ne cesse d'exprimer depuis la première scène jusqu'à la dernière[89].

Quand il aborde les autres personnages de la pièce, L. Mainard passe par une série d'exégètes moliéresques et reproduit tout autant le discours des critiques proprement dits que celui des auteurs de manuels (c'est-à-dire, Ch. Jeannel, G. Merlet, E. Géruzez, Sainte-Beuve, Nisard, La Harpe, H. Martin, J. Demogeot et P. Albert). Ainsi, c'est en se réclamant de Ch. Jeannel qu'il met en cause l'indifférence souveraine de Célimène et même l'abomination que représente la coquette "femme sans coeur". Il s'autorise de G. Merlet afin de renforcer son éloge des qualités d'Eliante: modestie, délicatesse, esprit de charité, bonté. Cette démarche s'achève sur les "opinions de divers critiques sur l'oeuvre de Molière".

On trouve, sous forme de plan d'une dissertation portant sur un sujet archétypal dans l'enseignement secondaire au XIXème siècle — "Molière a-t-il, ainsi qu'on l'en a accusé, ridiculisé la vertu, dans le personnage d'Alceste?" — une nouvelle justification de la morale de Molière[90]. L'auteur s'appuie en l'occurrence sur le jugement de Saint-

---

[89] *Nouvelles études littéraires* (Paris: Delaplane, 1884) 117.
[90] "Préparation aux examens", *Journal des Elèves de Lettres* 8.10 (le 1er mai 1896) 159.

Marc Girardin, référence fondamentale pour ce sujet si fréquemment posé, pour affirmer l'insuffisance de la thèse de Fénelon et de Rousseau. Plus précisément, l'intérêt profond suscité par Alceste peut s'expliquer par la coexistence de la plainte et de l'estime qui peuvent s'attacher tour à tour à ses actions, d'où la nécessité de faire le bilan de ses qualités et de ses défauts. Quoique Molière se soucie, selon cette optique, de mettre un frein à la vertu de son protagoniste, il va de soi que l'auteur de cet exercice lui reconnaît une supériorité morale incontestable sur les autres personnages de la pièce. Dans cette perspective, on peut citer, dans les notes de cours de Fernand Crapoulet, élève au Collège de Beauvais en 1890, cette dictée sur *Le Misanthrope*:

> On a voulu voir Molière lui-même dans l'original du Misanthrope. D'autres y ont cru voir le duc de Montausier. Il est certain toutefois que Molière n'a eu aucunement le dessein de ridiculiser la vertu et il n'a pas voulu nous donner Alceste comme un modèle à imiter. S'il se montre excessif et outré dans toutes ses actions, Molière l'a fait à dessein, pour nous engager à tenir un juste milieu entre l'excessive aigreur d'Alceste et la trop grande complaisance de Philinte[91].

Compte tenu de la reprise du même argument dans cet exercice, on s'aperçoit que sa construction rhétorique l'emporte sur son message moral. Bien que l'élève n'envisage dans la composition qui suit, ni Alceste ni Philinte en tant que modèle à imiter — il décèle même, à la suite de Rousseau, une misanthropie déguisée chez Philinte — sa préférence va tout de même vers Alceste: "C'est un ami sérieux et l'on peut compter sur lui aux heures de détresse". Au surplus, la conclusion de ce devoir — on ne trouve aucun souci chez Molière de tourner en dérision la vertu — rejoint de près une observation de la dictée qui le précède. Parmi les questions que l'on trouve, dans un recueil anonyme de sujets de composition, une même mise en accusation du dramaturge, coupable "... d'avoir rendu, dans *Le Misanthrope*, la vertu ridicule"[92]. Un des éléments de la réponse fournie dans le texte se ramène à un souci d'enlever à Molière toute responsabilité de créer un spectacle immoral; cette justification du dramaturge est fondée sur une formule selon laquelle Alceste serait "plutôt risible que ridicule", c'est-à-dire, marqué par un défaut plutôt que par un vice.

---

[91] Inventaire des cahiers de français du Musée National de l'Education, 83 1267 (1), Analyse littéraire — *Le Misanthrope*.
[92] *Compositions françaises*, sans éditeur (1886) 59.

Enfin, dans son recueil de compositions, J. Condamin, après avoir loué la fidélité d'Alceste — il s'agit de nouveau d'un ami sur qui on peut compter en toutes circonstances — souligne sa noblesse d'âme, lui fait privilégier la vertu aux dépens du vice[93]. Tout en comportant une morale moyenne, le théâtre de Molière est gouverné par la raison, qui éclaire une conscience morale axée sur la probité, l'équité et la bienveillance.

Dans l'anthologie de C. Labaigue, le principe de sélection des "textes-leçons" prend une évidente connotation éthique. *Le Misanthrope* est perçu ici comme une démonstration, couronnée par une "conclusion" prônant un idéal mondain lié au principe de la charité[94]. Cette optique s'accorde bien avec celle d'un sujet de composition qui, dans un autre recueil, invite l'élève à s'interroger sur le dénouement de la pièce, et plus particulièrement, sur la satisfaction morale entraînée par celui-ci: "Montrer comment le dénouement du *Misanthrope*, malgré son pessimisme apparent, est le plus souhaitable pour tous les personnages de la pièce, satisfait à la fois la morale et la logique"[95]. Une autre question illustre l'idéal de *mediocritas* — "'rien de trop', telle est la leçon de Molière" — comme sujet de réflexion[96], exercice qui ressemble à celui que propose H. Mossier dans *La Lecture et la récitation hebdomadaires*: "Faites la part de l'exagération comique dans les idées d'Alceste et ramenez-les à la juste mesure". Il s'agit ici de corriger la démesure du protagoniste, c'est-à-dire, de faire l'inventaire de ses défauts de caractère, afin de l'examiner par rapport à l'idéal de la "juste mesure"[97]. Dans le manuel de M. Chapsal, destiné à l'enseignement rhétorique et qui date de 1841, on trouve, parmi les morceaux choisis, la célèbre scène d'exposition du *Misanthrope*, envisagée sous forme d'un débat philosophique entre l'apôtre de la misanthropie et celui de la philanthropie[98]. A. Ditandy, lui, loue la franchise absolue d'Alceste, ainsi que son manque de médisance: "… il ne dit jamais du mal des gens par derrière, mais toujours en face. Alceste est

[93] *La Composition française au baccalauréat* (Lyon: Vitte et Perrussel, 1884) 350-351.
[94] "La conclusion morale [du *Misanthrope*] est celle-ci: la vertu véritable consiste non seulement à éviter de tout son pouvoir les travers et les défauts des autres hommes, mais à savoir supporter leurs imperfections, et lors même que nous serions persécutés par nos semblables, à les aimer encore et à les servir avec un généreux dévouement" (*Morceaux choisis de littérature française* [Paris: Belin, 1888] 370).
[95] J. Quentel 117.
[96] C. Labaigue 137.
[97] *La Lecture et la récitation hebdomadaires* (Paris: André, 1904) 138.
[98] *Modèles de littérature française* (Paris: Hachette, 1841).

l'homme franc par excellence, comme il est l'amant par excellence"[99]. S'interrogeant sur la dialectique du couple dramatique Alceste/Philinte, il voit chez le protagoniste un idéalisme, une soif d'absolu qui évoquent Don Quichotte, alors que son ami fait preuve d'un réalisme pratique, d'une acceptation sereine des limites de ce monde propre à Sancho Panza. Par un curieux renversement des choses, Faguet prend à son compte ici le jugement d'A. Ditandy, auteur d'un manuel scolaire (*vide supra* p. 135). Cette référence n'indique-t-elle pas que parfois la critique moliéresque prend volontiers appui sur une sorte de vulgate véhiculée sur cet auteur par les livres scolaires? Quelle que soit sa source, la référence au "Sancho français" trouve place dans une composition au sujet du "caractère de Sganarelle dans *Dom Juan*", remise par Mlle B., élève de sixième au lycée de jeunes filles de Toulouse en 1911[100]. Ce jugement particulier passe donc à travers tous les circuits de distribution en place à l'Ecole républicaine. Un examen de l'organisation du discours dans le manuel d'A. Ditandy révèle, enfin, que l'on assiste à une gradation dans le choix des textes, allant des pièces en prose (*Dom Juan*, *L'Avare*), destinées aux classes de troisième et de seconde, aux pièces en vers c'est-à-dire, des comédies de caractère (*Tartuffe*, *Le Misanthrope*), destinées aux classes de rhétorique; la section la plus avancée du manuel comporte en outre un plus grand nombre de citations.

La théorie selon laquelle le théâtre de Molière peut se ramener pour l'essentiel à une école des caractères trouve une excellente illustration dans les recueils de G. Merlet[101]. Se présentant en professeur

[99] A. Ditandy 249. Ajoutons de plus que l'auteur s'efforce ici d'innocenter Célimène face aux démarches démoralisantes des deux marquis. En ce qui concerne les autres pièces de Molière, A. Ditandy exalte, dans *Tartuffe*, par exemple, la fidélité conjugale d'Elmire — il l'appelle "une beauté de marbre absolument chaste et correcte" (254) — et met en évidence le catéchisme paternel par lequel Dom Louis réprimande son fils "au nom de la morale générale et de la vertu" (127). Abordant *Les Femmes savantes*, l'auteur établit une distinction entre l'érudition, signe d'excès, et l'instruction, qui représente l'idéal moliéresque. Clitandre apparaît, dans cette perspective, comme porte-parole du dramaturge: "Il suffit qu'une femme ait des 'clartés de tout'. L'érudition n'est pas son fait. L'instruction lui suffit, une instruction qui ne lui ôte aucune de ses grâces, et ne la jette point violemment hors de son ménage et de son sexe..." (142). Le discours d'A. Ditandy évoque, enfin, derrière le projet comique des femmes savantes, l'image d'une femme essentiellement décentrée.
[100] *L'Enseignement Secondaire des Jeunes Filles* 30 (1911) 211.
[101] *Extraits des classiques français* (Paris: A. Fauraut, 1890) 150-151, et *Etudes littéraires sur les classiques français* (Paris: Hachette, 1880). En fait, on assiste, chez Molière,

de bon sens, ce dernier s'attache à juger les divers caractères de cette école en mettant en lumière leurs "torts", c'est-à-dire, les conséquences de leurs comportements irréfléchis. Alors qu'il souscrit à la notion de "justice distributive" chère à Nisard, afin d'illustrer la portée éthique du *Misanthrope*, il dénonce l'entreprise de Fabre d'Eglantine qui, dans sa "suite" à cette pièce, finit par détourner l'intention originale du dramaturge. G. Merlet commence son portrait d'Alceste en projetant l'image d'un pur idéaliste, image qui se manifeste jusque dans la scène du sonnet (I, 2)[102]: "avant d'aimer Célimène, il savait évidemment se contenir; car il est de ces honnêtes gens qui craignent les éclats, et la scène du sonnet témoigne qu'il n'affiche pas volontiers son opinion" (217). Si l'auteur s'abstient de relever les subterfuges rhétoriques auxquels recourt le protagoniste pour ne pas avoir à exprimer son opinion, il souligne en revanche le décalage perpétuel dans lequel vit l'"atrabilaire amoureux", décalage entre ses principes idéalistes et son comportement réel. Il ne se prive pas, de surcroît, de reprocher aux critiques allemands de ne pouvoir s'empêcher de prendre à partie la faiblesse d'Alceste devant l'amour-passion. Dans la mesure où celui-ci se définit par la démesure, où son humeur misanthrope l'emporte souvent sur sa raison, il finit par souffrir d'une maladie que G. Merlet définit de manière paradoxale: il souffre, en un mot, d'"un excès de santé morale" (219). L'auteur termine son portrait en s'interrogeant sur la "postérité d'Alceste" — ce dernier sert de modèle, on le sait, à toute la génération romantique — et il se plaît à noter la dégénérescence de cette postérité. Il se réclame ici de Diderot, dont l'observation — "*Le Misanthrope...* est à refaire tous les cinquante ans"[103] — sert à justifier les nouvelles lectures critiques de la pièce en fonction des valeurs particulières de chaque époque. Si G. Merlet établit des rapports de parenté psychologique entre Célimène, d'une part, et Elmire et Angélique, d'autre part, il admire en revanche la modestie de la "sincère Eliante" qui, soucieuse de décourager la médisance, se montre à tout moment bienveillante et généreuse. Quant à Philinte,

à une mise en scène de la totalité des caractères et des vices auxquels ils sont en proie (200-201).

[102] "La fierté, la franchise, la délicatesse, la raideur d'une probité scrupuleuse, l'abondance expansive d'une âme sympathique, le culte de l'honneur, en un mot, les qualités les plus rares, voilà le fond de son caractère" (*Etudes littéraires* 216).

[103] Le propos de Diderot amène ce professeur de bon sens à tirer cet enseignement: "Le Misanthrope du dix-septième siècle nous demande de nous corriger; les autres rendent la société responsable de nos fautes" (G. Merlet, *Etudes littéraires* 222).

il est moins recommandable qu'Eliante, car son optimisme excessif dissimule mal une indifférence réelle, et il n'est guère proposé en modèle. Signalons toutefois chez lui des traits de caractère servant à racheter des défauts déjà relevés:

> ... [Philinte] s'efforce de faire voir [à Alceste] le rôle ridicule qu'il joue, et les soucis sans nombre qu'il se prépare. Il cherche à arracher son coeur à la coquette Célimène, à le décider en faveur d'Eliante, et fait son possible pour empêcher la querelle qu'il n'a pu prévenir, d'avoir les conséquences qu'il prévoit. Il ne se lasse pas de rendre service, sans se faire valoir à son ami, toujours maussade; il lui fait la leçon sans humeur, sans fiel, courageusement, mais avec ménagement. (113)

Afin d'illustrer la vérité des moeurs qui se dégage du *Misanthrope*, l'auteur s'en remet de nouveau à l'autorité de Nisard, dont le jugement tend à privilégier la valeur littéraire de la pièce — à savoir, la lecture scolaire de cette "école de caractères" — par rapport à sa valeur théâtrale.

Le fonctionnement des exercices scolaires

Le discours scolaire que renferment les manuels de cette époque se caractérise par l'ensemble des exercices dont disposaient les professeurs au niveau secondaire. Sans pour autant établir une typologie de ces diverses activités — Dialogues des Morts, narrations, pensées morales, sujets littéraires, rédactions tirées du cours d'histoire de la littérature, analyses, exercices de langue et d'orthographe, etc. — il convient de citer quelques exemples pour démontrer à quel point ils ont contribué aux finalités de l'enseignement littéraire au XIXème siècle. Héritier de l'enseignement rhétorique, le Dialogue des Morts jouit d'une popularité réelle sous différentes formes tout au long du siècle. On connaît les multiples pratiques de ce genre qui invitent l'élève à rédiger un dialogue ayant pour prétexte une rencontre imaginaire entre Molière et Aristophane (1853); cet exercice sert de point de départ aux échanges fictifs que l'élève est chargé de créer entre le dramaturge et Plaute (1897) et Rousseau (1900)[104]. Alors que la récitation et la rédaction constituent les principaux exercices du cycle primaire, la dissertation représente le principal exercice du cycle

---

[104] E. Valton, *Choix de sujets de compositions* (Paris: Delalain, 1861) 35; B. Perez, E. Malvoisin, et al., 396; T. Delmont, *Nouveau recueil de compositions françaises* 451; le Père Caruel, 669.

secondaire à l'Ecole républicaine. La primauté de cette pratique est telle que l'on peut à bon droit parler d'un exercice canonique correspondant au texte canonique; il existe, à cet égard, des constantes frappantes dans le choix des sujets de composition comme dans le choix des morceaux d'anthologie. On ne saurait trop insister, tout d'abord, sur le fait que les professeurs de cette époque mettaient en jeu, par leur choix d'exercices, une expérience vécue bien plus significative que celle de leurs collègues d'aujourd'hui. Il en est ainsi de la question suivante, qui engage l'élève dans un véritable cas de conscience: "Que devons-nous faire lorsque les autres nous prient de leur dire tout ce que nous pensons d'eux"[105]? Selon le plan fourni, ce sujet de composition — qui reproduit le dilemme d'Alceste — vise à guider l'élève dans sa recherche du "principe de notre conduite": la transmission d'une vérité doit atteindre avant tout à un but pratique, c'est-à-dire, que l'on ne peut s'assurer qu'un autre se corrige sans faire preuve d'un tact exemplaire. On ne s'étonne pas que les auteurs de ce manuel soulignent l'intérêt méthodologique de la "lecture expliquée", qui doit être adaptée en fonction de l'acquis moral de l'écolier; de telles adaptations servent à préparer les écoliers à la vie.

L'utilisation fréquente de sujets toujours semblables situe ce discours dans une rhétorique fondée sur la redondance, comme l'atteste la série des questions suivantes:

"Aimeriez-vous mieux vivre avec Alceste ou avec Philinte?" (Sorbonne, 1882)[106];

"Dans quelle société aimeriez-vous vivre: dans celle de Philinte ou dans celle d'Alceste?" (Faculté de Paris, le 7 novembre 1882)[107];

"A qui préférez-vous ressembler dans la vie, à Alceste ou à Philinte?" (1904)[108];

"Voudriez-vous avoir un ami comme le Philinte du *Misanthrope*?" (1898)[109].

---

[105] P. Philippon et Mme Plantié, *Les Lectures littéraires à l'Ecole* (Paris: Larousse, 1927) 89.

[106] *Compositions françaises*, sans éditeur (1886) 59.

[107] J. Condamin, *La Composition française* 348.

[108] J. Quentel 115. L'auteur laisse transparaître clairement sa préférence personnelle dans la réponse qu'il apporte à cette question:

"[Alceste] est donc le personnage qui a pour lui la raison et la justice, il est d'une très haute moralité.

Il convient donc de préférer Alceste. Ses défauts ne sont pas de ceux qui humilient et il est l'honnête homme personnifié". (116)

[109] *Revue Universitaire* 7 (1898) 419. (Désormais abrégée *RU*.)

Cette litanie de sujets de composition, que l'on trouve reproduits à peu de choses près dans de nombreux livres scolaires de l'époque, fait ressortir une évidente stratégie pédagogique. Grâce à la conception idéaliste de l'oeuvre qu'elles sous-tendent, ces questions inscrivent l'élève dans un rapport parfaitement imaginaire avec le texte. En l'invitant à choisir entre la société d'Alceste et celle de Philinte, par exemple — l'emploi du conditionnel est à ce sujet particulièrement révélateur — cette question évite en fait de s'en poser une autre: *"Aimez-vous vivre dans cette société de 1882?"* A l'investissement psychologique dans le passé correspond donc un "désinvestissement" dans le présent. Tels que les postule le discours scolaire de cette époque — et il reflète sur ce point important la critique universitaire — l'oubli, le refus, voire la dévalorisation du monde contemporain font partie intégrante de la dimension immobile, a-historique propre à l'enseignement littéraire.

Un tel phénomène de distanciation historique se manifeste, par exemple, par le comportement de la bourgeoisie française des années 1870. Alors que cette classe était confrontée, dans ses rapports quotidiens avec les ouvriers, à un ensemble de problèmes réels — le syndicalisme, la menace des grèves, l'anarchisme politique, etc. — l'image qu'elle se plaît à récupérer dans le théâtre de Molière est totalement idéalisée: l'idéal du pot-au-feu cher à Chrysale et la thésaurisation d'Harpagon — pratique financière rétrograde au XIXème siècle — évoquent l'image d'une bourgeoisie sclérosée. Cet attachement nostalgique aux valeurs paternalistes propres à une société pré-industrielle, cette volonté de s'identifier à des ancêtres qui n'ont pas le contrôle des moyens de production économique, s'accordent avec une idéologie humaniste prisant les vertus de désintéressement esthétique aux dépens des valeurs matérialistes. Passer sous silence la notion primordiale de classe, c'est faire preuve d'une sorte d'auto-censure: la bourgeoisie de cette époque se livre à une représentation symbolique qui privilégie l'idéal de gratuité, ainsi que le révèle le sujet de composition suivant: "Expliquez pourquoi vous avez une déception lorsque, pour votre fête, on vous fait un cadeau utile" (Enseignement secondaire des jeunes filles, 1900)[110].

Outre cette fausse opposition entre le goût du lucre et l'attrait d'un esthétisme gratuit, on peut avancer que la généralité même de certains sujets de composition — "Aimeriez-vous vivre avec Alceste ou avec Philinte?" — permet un champ d'identification plus large: s'agit-il

[110] *RU* 9 (1900) 323. Voir aussi, sur ce point, L.-H. Parias 198.

ici du choix hypothétique d'un ami, d'un compagnon ou d'un mari? Afin de voir jusqu'à quel point de tels exercices constituent des instruments de régulation et de contrôle sur les textes littéraires dans la mesure où ils poussent l'élève à se reconnaître dans des personnages fictifs — ceux-ci jouant le rôle de "modèles formatifs" — il convient de s'interroger sur une catégorie de sujets visant à prolonger l'existence scénique des héros de comédie. Il en est ainsi de cette question qui propose d'imaginer une suite au *Misanthrope*:

> L'Alceste de Molière s'est retiré dans ses terres... où il vit d'une solitude chagrine, pendant que Philinte a épousé la sincère Eliante. Au bout de deux mois, Philinte écrit à Alceste. Il l'engage à revenir: il n'y a pas dans le monde que des Célimènes, des Arsinoés, des Orontes, des Clitandres, des Acastes, des pieds-plats comme celui avec qui Alceste a procès. Ne peut-on vivre heureux en étant sage avec mesure? N'est-ce pas un devoir pour l'honnête homme de ne pas déserter la société et d'y tenir tête aux méchants et aux sots? (Douai, 1886)[111].

On est ici en présence d'une nouvelle fiction dramatique qui présente, par le biais des questions rhétoriques, des principes éthiques — mesure et honnêteté — sous-jacents aux objurgations imaginaires de Philinte auprès d'Alceste. Le retour de l'"atrabilaire amoureux" suppose donc une sorte de conversion de sa part, accompagnée d'une prise de conscience de la validité de la philosophie du raisonneur. Une autre figuration imaginaire d'Alceste se trouve dans ce sujet de composition posé en classe de première au lycée de Tulle en 1908, et qui reprend le *topos* de la retraite solitaire du misanthrope:

> L'Alceste de Molière, retiré dans la solitude, a rompu tout commerce avec la société. Il lit pourtant quelques livres, ceux qui disent aux hommes leurs vérités... Philinte lui a envoyé les *Caractères* de La Bruyère...[112]

Ayant lu *Les Caractères*, notamment le passage tiré "De l'homme" qui souligne l'importance d'être tolérant, Alceste finit, dans ce scénario,

---

[111] *Compositions françaises* (anonyme) (1886) 59-60. Ce sujet rejoint un autre, qui suppose un dialogue entre Alceste et Philinte, "vieillis tous deux":

> "Vous composerez un dialogue entre Alceste et Philinte, vieillis tous deux. Philinte est dégoûté des hommes, qui ont abusé de son caractère conciliant..."; quant à Alceste, "... les années lui ont appris combien est vrai le mot d'un stoïcien: *Qui vitia odit homines odit*; et il est désormais indulgent pour les faiblesses inhérentes à la nature humaine" (Baccalauréat classique, Montpellier, 1896) (T. Delmont, *Nouveau recueil de compositions françaises*, 444).

[112] *RU* 17 (1908) 178-179.

par écrire à La Bruyère pour lui faire part d'une expression d'indignation vertueuse face à l'indifférence du moraliste. L'élève se trouve ici chargé de la rédaction d'une telle lettre. Un sujet analogue, posé la même année, exige la composition d'un dialogue: il s'agit d'envisager Alceste comme philosophe désireux de s'entretenir avec La Bruyère, "moraliste trop tiède à ses yeux"[113]. Si cet exercice met en jeu une volonté de personnaliser une expérience fictive, cette expérience ne se limite pas aux personnages de Molière, mais s'applique également à la vie du dramaturge. Il en est ainsi des sujets portant sur le choix du métier de comédien, comme, par exemple, ce sujet posé en classe de seconde en 1905 — "Souvenirs d'enfance, impressions de voyage et débuts de Molière (1658)" — et fondé sur la biographie de Grimarest; l'exercice consiste à recréer l'effusion du jeune dramaturge devant des amis au cabaret, des confidences personnelles sur son passé et sur son avenir[114]. L'exercice de rhétorique suivant, qui date de 1857 et s'intitule "Leçon donnée par Molière", sert à détourner un jeune homme, par le biais des conseils de ce dernier, du projet de devenir, lui aussi, homme de théâtre. Le corrigé de cet exercice met en valeur le regret personnel du poète comique d'avoir désobéi à ses parents en optant pour le métier de comédien. Prenant la parole, celui-ci se présente en maître à penser, en directeur de conscience aux yeux du jeune homme et s'appuie sur son expérience vécue afin de créer le sentiment d'une réalité prise sur le vif:

... c'est enfoncer le poignard dans le coeur de vos parents que de monter sur le théâtre, vous en savez les raisons. Je me suis toujours reproché d'avoir donné ce déplaisir à ma famille, et je vous avoue que, si c'était à recommencer, je ne choisirais jamais cette profession.

L'auteur de cet exercice précise que l'anecdote fait ressortir la "véritable grandeur du caractère de Molière"[115]. Dans cette même perspective, on peut citer, enfin, un sujet de composition offrant de dramatiser "la mort tragique de Molière sur scène"[116].

Si l'objectif principal de tels devoirs consiste à pousser l'élève à opérer le décodage d'un texte, décodage lui permettant d'intégrer une valeur littéraire dans une idéologie personnelle, cette stratégie de lecture peut

---

[113] *Bulletin Littéraire de l'Enseignement Secondaire Spécial* 12 (1908).
[114] *RU* 14 (1905) 455.
[115] E. Lefranc, *Nouveau manuel des aspirants au baccalauréat ès lettres* (Paris: Delalain, 1857) 419-423.
[116] *RU* 20 (1911) 450.

se manifester tout aussi bien dans la création d'un nouveau scénario dramatique où des personnages d'un univers fictif finissent par rejoindre ceux d'un autre univers fictif. C'est bien le cas de ces sujets qui mettent en jeu un dialogue d'outre-tombe de deux personnages bourgeois: "M. Jourdain et Chrysale, tous deux irrités contre leur femme...", "Chrysale et Mme Jourdain se rencontrent aux enfers..."[117]. Amener l'élève à réfléchir à des expériences relevant de l'ordre de l'action — et ceci dans un souci de fixer, voire de régulariser la conduite selon un ensemble de normes universelles — voilà une stratégie pédagogique de premier ordre qui fonctionne particulièrement bien, par exemple, dans le cas des *Femmes savantes*. Sans trop entrer dans les détails, signalons que l'enseignement secondaire des jeunes filles — nouvelle filière créée en 1882 — a érigé en textes canoniques *Les Femmes savantes* et *Les Précieuses ridicules*[118]. Le rire moliéresque qui est dirigé contre la préciosité et le pédantisme — affectations prétendues être propres aux femmes — se transforme, dans cet enseignement qui se veut moderne, en discours normatif sur la société et, en particulier, sur une conception universellement admise des traits d'identité féminine légitimés par l'Ecole. Ainsi, dans un sujet de composition, le ridicule de Magdelon s'apparentant à une espèce de folie, l'élève doit s'interroger sur la guérison de cette "pecque provinciale" qui connaît désormais le repentir: "Guérie de sa manie, Magdelon écrit à une parente de province et lui dit combien elle regrette d'avoir été si ridicule"[119]. Abordant cette même perspective d'une réhabilitation éthique des Précieuses, un autre sujet pousse l'élève à intérioriser les leçons apprises par celles-ci; accablées par la honte, Cathos et Magdelon s'entretiennent, dans un dialogue imaginaire, sur les dangers inhérents à la préciosité: "Elles se remémorent la cruelle leçon qu'elles viennent de recevoir et prennent des résolutions: lesquelles?"[120]. Une composition remise en 1911 par Mlle M. H., élève de troisième année au lycée de jeunes filles de Clermont-Ferrand, fait ressortir, de même, l'influence néfaste du snobisme féminin sur l'éthique bourgeoise, dans la mesure où il finit par "... détruire peu à peu le respect, l'amour filial, l'amour maternel et conjugal"[121]. *Les Précieuses ridi-*

---

[117] *RU* 10 (1901) 538; *RU* 3 (1894) 510.

[118] Voir, à ce sujet, notre article, "Images de la femme dans le discours scolaire républicain (1880-1914)", *French Review* 62 (1989) 740-748.

[119] L. Levrault, *Auteurs grecs, latins, français* (Paris: Delaplane, 1902) 327.

[120] *RU* 22 (1913) 460.

[121] *L'Enseignement Secondaire des Jeunes Filles* 30 (1911) 66.

cules donnent lieu, enfin, à un devoir, au collège de jeunes filles d'Arras en 1913, ayant pour objet le portrait d'une précieuse[122]. Elève de "première année secondaire", Mlle S. V. dénonce la frivolité et la sécheresse de coeur de Magdelon, qui méconnaît la valeur propre aux choses du ménage et va jusqu'à "... renier son père".

Henriette: une héroïne du discours scolaire républicain

De tels exercices mettent en jeu une volonté de construire un modèle pédagogique et un souci d'entraîner les lycéennes à s'exercer dans l'art de porter des jugements de valeur, à rester à l'affût des "défauts" du caractère féminin[123]. Tout se passe comme si ces élèves étaient amenées à dissoudre la nature fictive des personnages de Molière en se livrant à une représentation symbolique du moi. On assiste ici à un phénomène d'identification à une référence scolaire, mécanisme qui vise non seulement à la transformation des normes de comportement en traits de caractère, mais aussi à une acceptation inconditionnelle des normes universelles, comme le fait remarquer à ce sujet G. Fressange:

> ...dans les recueils du premier cycle, la référence primordiale du discours pédagogique porte sur les sentiments, c'est-à-dire, sur une psychologie et une caractérologie qui renvoient à un universel humain... l'essentiel est que le lecteur prenne à son compte les valeurs universelles qui fondent notre culture[124].

On ne s'étonne guère, dans ces conditions, que le personnage d'Henriette dans *Les Femmes savantes* ait été l'objet d'une véritable héroïsation scolaire, tant sur le plan des manuels, qui la présentent systématiquement en modèle de la femme accomplie[125], que sur celui des sujets

---

[122] *L'Enseignement Secondaire des Jeunes Filles* 32 (1913) 241-242.

[123] Outre les exemples tirés des *Précieuses ridicules*, il convient d'évoquer, à ce propos, un sujet de composition qui suppose, de la part de l'élève, un examen systématique de la médiocrité générale des personnages dans *L'Avare*. C'est en ces termes que Mlle H. C., élève de quatrième au lycée de jeunes filles de Toulouse, juge le caractère de Cléante: "Mais n'a-t-il pas beaucoup de défauts? Hélas si! Il traite son père avec une désinvolture trop élégante pour ne pas être excessive; il se moque de lui sans pudeur... ce jeune homme qui juge son père, qui lui tient tête, qui se pose hardiment en son rival, témoigne d'un caractère d'une médiocre élévation" (*L'Enseignement Secondaire des Jeunes Filles* 33 [1914] 12).

[124] "Le Discours didactique dans les manuels de morceaux choisis de français", *Langue Française* 4 (1970) 50, 53.

[125] Voir, à titre d'exemples, R. Doumic et L. Levrault 187-188, et A. Ditandy 138.

de composition. En effet, plusieurs sujets supposent, à des degrés divers, un investissement psychologique de la part de l'élève. Il en est ainsi de celui qui demande aux élèves d'une classe de troisième au collège de Lodève en 1911, un portrait d'Henriette par Clitandre, brossé à l'occasion de l'annonce de son mariage à un ami[126]. Le même sujet se trouvant élargi deux ans plus tard, on est en présence, cette fois-ci, d'une perception masculine — il s'agit toujours de Clitandre — des membres féminins de la famille de Chrysale; plus précisément, on a affaire à une sorte d'éloge adressé à l'excellence morale d'Henriette, c'est-à-dire, de hiérarchie des femmes en fonction de leurs traits de caractère[127]. Un autre devoir, destiné aux classes de seconde en 1914, invite l'élève à rédiger la lettre qu'Henriette aurait écrite à une de ses amies, décrivant la rencontre de Trissotin et de Vadius[128]. On vise ici, de toute évidence, à la fabrication d'une jeunesse féminine prête à s'incorporer les traits saillants de cette héroïne moliéresque — bon sens et modestie — et les exemples suivants s'avèrent particulièrement significatifs à cet égard:

"Comment pensez-vous que l'Henriette de Molière, mariée à Clitandre et mère de famille, éléverait, sous le double ressouvenir des théories opposées de Chrysale et de Philaminte, ses propres filles?"[129].

"'Je consens qu'une femme ait des clartés de tout'. L'opinion de Molière sur l'éducation des femmes n'est-elle pas renfermée tout entière dans ce vers de Clitandre?" (Licence en lettres)[130].

Telle qu'elle est formulée, cette dernière question tendancieuse laisse en fait peu de choix à l'élève. Ainsi, dans une composition remise à ce sujet en 1895, Mlle Alène C., élève de troisième au Collège de la Fère, évoque la célèbre boutade de Clitandre, porte-parole du dramaturge, afin de définir avec vigueur les limites du savoir féminin: "Mais [Molière] ne veut pas que cette science soit poussée trop loin, car il est nuisible à une femme de connaître trop de choses parce qu'elle

[126] *RU* 20 (1911) 360.
[127] "Clitandre annonce à un de ses amis son prochain mariage. Il lui en raconte les péripéties préliminaires et lui dit sa joie d'épouser une jeune fille du caractère et de l'esprit d'Henriette, qu'il oppose aux autres femmes de la même famille (sans méconnaître d'ailleurs certaines qualités de Philaminte et même d'Armande)" (Classe de troisième, Paris), *RU* 22 (1913) 460.
[128] *RU* 23 (1914) 267.
[129] *RU* 17 (1908) 184.
[130] *RU* 1 (1892) 449.

oublie celles qu'elle doit savoir[131]. Si cette élève insiste sur l'emprise du devoir féminin, c'est qu'elle définit l'"étude" de la femme en fonction d'un idéal qui exalte l'importance de la famille et des responsabilités conjugales. Ainsi, dans la mesure où le discours scolaire féminin suppose que chaque jeune fille porte en germe la possibilité de devenir une précieuse, une évidente finalité de ce discours s'impose: l'image de la future mère-institutrice doit l'emporter à tout prix sur celle de la future précieuse. Cette tentative pour conquérir en quelque sorte l'âme de la jeunesse féminine, par le biais d'un modèle scolaire de perfectionnement moral, constitue une des tâches primordiales de l'Ecole républicaine.

Dans son discours prononcé lors de l'inauguration du lycée Molière à Paris en 1889, O. Gréard met en avant le rôle d'Henriette, qui devrait, selon lui, être l'héroïne éponyme des *Femmes savantes*[132]. Affirmant la supériorité de ce personnage par rapport aux autres modèles de jeunes filles chez Molière, il définit ainsi l'idéal à atteindre — rester au-delà de tout reproche: "(Henriette) est irréprochablement droite et loyale envers tous" (228). Au demeurant, le caractère d'Henriette — modéré, simple et naturel — s'avère parfaitement adapté au goût du jour, et même, d'après l'aveu d'O. Gréard, aux finalités des programmes scolaires:

> Henriette a par-dessus tout la simplicité, le naturel, la mesure, cette marque de l'esprit français. Nous l'aurions utilement consultée pour nos programmes, et il nous semble qu'elle n'en eût pas désavoué la direction. Elle n'entend pas le grec et nous ne l'enseignons pas... Qui ne la voit dans sa famille, veillant aux soins du ménage, sans exclure ni les agréments d'une imagination ornée, ni la poésie des sentiments bien placés? C'est une perfection, en un mot, mais une perfection de ce monde, qui s'est fait de la vie une idée saine et généreuse, et en goûte toutes les joies comme elle en accepte tous les devoirs. Quel plus enviable idéal pourrions-nous nous proposer? (229)

Une telle perspective est reprise dans une composition dont le sujet est l'insertion d'Henriette dans la vie française des années 1880[133].

---

[131] *L'Enseignement Secondaire des Jeunes Filles* 4 (1885) 9.

[132] "Discours prononcé à l'occasion de l'inauguration du lycée Molière", *Revue de l'Enseignement Secondaire et de l'Enseignement Supérieur* 10 (1889) 225-229.

[133] "Le Personnage d'Henriette dans *Les Femmes savantes*. — Que pensez-vous de ce caractère transposé dans la vie réelle?" (*Revue de l'Enseignement Primaire et de l'Enseignement Primaire Supérieur* 3.63 (1893) 776.

"Fille de Molière", celle-ci apparaît, en effet, comme l'idéal féminin auquel aspire le "XIXème siècle en son déclin" (777). D'après ce discours louangeur, le bon sens d'Henriette va l'empêcher de sombrer plus tard dans un matérialisme avilissant. On peut à bon droit prévoir, chez cet être exceptionnel, une existence morale au-delà de tout reproche, car elle se trouve sur le bon chemin, à savoir, "celui de la vertu" (777)[134]. Enfin, dans un discours prononcé à l'occasion du vingt-cinquième anniversaire de l'enseignement secondaire féminin, M. Dugard souligne la fonction "reproductive" du lycée, qui consiste à fabriquer de toutes pièces les "Henriettes du XXème siècle"[135]. L'étonnante actualité de cet idéal féminin s'explique, selon lui, par le fait qu'il incarne au plus haut degré les valeurs issues de cette "culture libérale" — "des clartés de tout" — dispensée par l'Ecole républicaine. Pays privilégié pour la floraison des jeunes filles parfaitement équilibrées, la France peut à juste titre, selon l'optique de M. Dugard, se prévaloir de cette création à tel point scolaire:

> C'est une figure essentiellement nationale, et que l'on retrouve dans la réalité quotidienne. Les étrangers qui réussissent à pénétrer dans la famille française ne cachent pas leur admiration pour ce type de femmes de parfaite santé morale... qui sont une des forces du pays[136].

Modeler son existence sur celle de la sage Henriette, c'est se livrer à une forme d'acculturation scolaire qui ne laisse pas d'avoir une valeur patriotique, c'est, en un mot, "... faire oeuvre de bonne Française" (298).

Malgré les réserves formulées par M. Dugard quant à la nature étroitement "raisonnable" d'Henriette, il n'en reste pas moins que les

---

[134] C'est de façon quasi dithyrambique que M. Maisonneuse loue l'élève qui parvient à se modeler d'après Henriette: "Jeune fille, elle sera, comme Henriette, respectueuse de tous les droits, dévouée à tous ses devoirs, aimante et indulgente pour les siens, et cela quels que soient leurs défauts, simple et vraie en tout et avec tous, soucieuse certes de son bonheur, également résolue à ne pas le compromettre par sa faute et à le défendre contre les entreprises d'autrui" (777).

[135] "L'Henriette du xxème siècle", *RU* 22 (1913) 294-300. Il convient d'évoquer, à ce sujet, la résonance moderne d'un sujet proposé dans le "concours des administrateurs" de Paris en 1905: "Molière a écrit dans *Les Femmes savantes*: 'Nos pères sur ce point étaient gens fort sensés / ... A connaître un pourpoint d'avec un haut-de-chausses'. Dire quel est, à votre avis, le rôle de la femme dans la société, et si l'opinion exposée dans ces vers de Molière est bien d'accord avec les conditions et les exigences de la vie moderne" (H. Grandamy et A. Saillard, *Recueil de corrigés de rédactions françaises* [Paris: Berger-Levrault, 1908] 133).

[136] M. Dugard 298.

livres scolaires tendent pour l'essentiel à idéaliser ce personnage[137].
Ainsi, ce dernier incarne, aux yeux de R. Doumic et L. Levrault,
l'idéal féminin en matière d'éducation, idéal qui doit se situer à mi-
chemin entre l'ignorance et le pédantisme, position qui rejoint celle
d'H. Lucas dans son *Histoire philosophique et littéraire du théâtre français*[138].
Celui-ci voit en Henriette "la création de Molière la plus nettement
posée peut-être"; dotée d'un caractère exceptionnel, elle parvient à
éviter tous les défauts:

> Complètement sage au milieu d'un entourage à demi fou, honnête sans
> pruderie, spirituelle sans licence, ferme sans ostentation, elle offre tou-
> tes les séductions de son sexe... Un fond admirable de bon sens l'a empê-
> chée de se gâter de sa sotte et précieuse famille (133)[139].

Selon H. Lucas, les pièces de Molière, apparaissant comme un ensemble de manuels, renferment tous les devoirs de la femme:

> ... dans les *Femmes savantes*, [Molière] a tracé... les véritables devoirs
> de la femme: il la veut simple, modeste, bienveillante, instruite, mais
> ayant à l'occasion l'air d'ignorer les choses qu'elle sait, ne fût-ce que
> pour empêcher la contradiction de faire grimacer sa charmante figure!
> (98)

De plus, outre la critique moliéresque des mésalliances dans *L'Ecole
des Maris* et dans *George Dandin*, on trouve une défense des démarches
d'Isabelle, obligée d'échapper à la réclusion qu'on lui impose. Enfin,
le dramaturge se livre, dans *George Dandin*, par exemple, à une critique virulente de ceux qui envisagent le mariage comme une "spécu-
lation", voire comme une exploitation cynique (128, 129).

---

[137] Toutefois, signalons ici que le propos de Lanson fait exception à la règle. L'auteur
des *Etudes pratiques de composition française* se demande en effet si le statut bourgeois
d'Henriette ne la disqualifie pas totalement en tant qu'incarnation de l'idéal féminin
cher à Molière: "Henriette n'a-t-elle pas ses lacunes, ses insuffisances? Ne manque-
t-elle pas de passion, d'enthousiasme et poésie? N'est-elle pas trop positive, trop bourgeoise? Et enfin, est-ce au hasard et sans dessein que Molière a fait d'Henriette une
bourgeoise, et qu'il ne lui a pas donné une noble famille?" (Paris: Hachette, 1891)
66. Tout se passe, enfin, commme si Henriette devenait l'objet d'une véritable controverse entre les auteurs des manuels.
[138] R. Doumic et L. Levrault 188; H. Lucas 105.
[139] Il convient de rattacher ce portrait à l'idéal d'éducation féminine proposé par
H. Marion, idéal qui répond parfaitement aux attentes de la bourgeoisie républicaine de son époque. Ce pédagogue met en avant une conception féminine de l'honnêteté dont le ressort principal — la modération — se manifeste aussi, dans ce passage,
jusque dans le domaine de la syntaxe; il soutient que "[La femme bourgeoise est]

Le Molière de la jeunesse, *ou la mise en place d'une censure académique*

Notre recensement des manuels scolaires a visé non seulement à mettre en lumière le rôle de la critique exégétique dans la formation du discours scolaire, mais aussi à examiner la place de Molière dans l'évolution des programmes, et notamment le fétichisme qui s'est organisé autour du *Misanthrope* et, à un moindre degré, autour du "cas Henriette". Plus précisément, le statut de la femme chez Molière soulève une problématique plus large, à savoir, celle de la censure morale dans les manuels, c'est-à-dire, l'exclusion des références à la matérialité du corps (fonctions biologiques et sexuelles, scatologie, etc.). Une telle instance de régulation détermine, comme on l'a vu, la constitution des programmes scolaires qui, marqués par un découpage officiel de l'oeuvre de Molière, accordent une primauté aux textes canoniques — des comédies de caractère — par rapport aux textes jugés indignes de l'orthodoxie académique, c'est-à-dire, les farces et les comédies-ballets; cette orthodoxie est évidemment liée à l'appareil idéologique de l'Ecole républicaine. Bien qu'une analyse de l'histoire de l'édition scolaire du théâtre moliéresque dépasse le cadre de cette étude, un examen attentif des adaptations scolaires de la série du *Molière de la jeunesse*[140] servira, au terme de ce chapitre, à illustrer le fonctionnement de cette censure. Destinée aux maisons d'éducation chrétienne, l'édition expurgée de 1830 se donne pour tâche, comme le note son éditeur, d'éliminer "… ce qu'il y a de répréhensible dans ces pièces" afin de produire un nouvel univers dramatique digne d'être représenté en famille: "Les jeunes personnes participeraient à ces représentations, qui auraient le double avantage d'exercer la mémoire, et de resserrer les liens domestiques"[141]. Ainsi, le sous-titre du *Misanthrope*, "comédie arrangée en un acte", est réduit à "Alceste l'atrabilaire", toute référence à une intrigue amoureuse étant gommée. En fait, on

fière sans vanité (le mot modeste dit à peu près les deux choses ensemble), bonne sans mollesse, aimable sans coquetterie, active sans vaine agitation…" (*L'Education des jeunes filles* [Paris: Colin, 1902] 136).

[140] M. Jauffret, éd., *Le Molière de la jeunesse* (Paris: Maurras, 1830); Al. P. M., *Le Molière de la jeunesse* (Lyon: Pelagaud, Lesne et Crozet, 1836). Voir aussi, sur ce point, notre article, "Le Discours scolaire au XIXème siècle: le cas Molière", *Continuum* 1.1 (1989) 29-47.

[141] M. Jauffret, éd., *Le Molière de la jeunesse*, avant-propos, pp. vj-vij (sic). Reconnaissons, toutefois, que la représentation de telles adaptations dans le contexte d'un public scolaire exclusivement masculin — dans lequel étaient choisis les acteurs — justifie également l'élimination des rôles féminins.

ne trouve aucune mention des personnages féminins de la pièce: Célimène, Eliante, Arsinoé. Etant donné l'absence du projet de mariage
entre Philinte et Eliante dans le dénouement parfaitement défémi-
nisé de cette adaptation, c'est plutôt devant le valet Dubois et Philinte qu'Alceste fait ses adieux au monde. Dans un recueil analogue
de 1836, dont les pièces peuvent être "représentées aux distributions
de prix", comme le précise l'éditeur anonyme, on trouve une version
très remaniée du *Malade imaginaire*, marquée par la suppression des
quatre rôles féminins — Angélique, Béline, Toinette et Louison.
D'après ces nouvelles données, c'est Auguste, fils d'Argan, qui remplace Angélique et qui est aux prises avec M. Belin, intendant inté-
ressé qui désire s'accaparer l'héritage d'Argan. En outre, le domestique Antoine joue ici le rôle de Toinette auprès d'Auguste. Au lieu
d'imposer un mariage par contrainte, le père autoritaire menace, dans
ce scénario, d'envoyer son fils à l'armée s'il n'accepte pas de devenir
apothicaire (i, 4). L'opposition d'Antoine suffit à mettre Argan hors
de lui et, à l'arrivée de M. Belin, il trouve une source de consolation
exprimée en termes douceureux — "mon cher ami", "mon cher", "dou-
cement, mon fils" — et lui répond: "M'amour, ce coquin-là (c'est-à-
dire, Antoine) me fera mourir" (i, 6). Dans cette scène, on assiste
à une reprise du rapport faussement sentimental entre un Argan dor-
loté et une Béline cynique. L'interrogatoire du jeune Louis par son
père est dépourvu de l'équivoque sexuelle qui fait le plaisir théâtral
de la scène originale de Molière. Comme il est question ici d'un domestique qui s'entretient avec Auguste dans sa chambre, le dialogue entre
père et fils se trouve de la sorte désexualisé:

(Argan) "Et qu'est-ce qu'il lui disait?" — (Louis) "Il lui disait je ne sais
combien de choses".
"Et quoi encore?" — "Il lui disait tout-ci, tout-cà, et que les affaires
s'arrangeraient pour le mieux".
"Et puis après?" — "Et puis après que mon oncle l'emmènerait chez lui".
"Et puis après?" — "Et puis après qu'il viendrait pour vous le demander".
"Et puis après?" — "Et puis après M. l'intendant est venu à passer,
et le domestique de mon oncle s'en est allé".
"Il n'y a point autre chose?" — "Non, mon papa".
"Voilà mon petit doigt pourtant qui gronde quelque chose". — "Ah,
mon papa, votre petit doigt est un menteur" (II, 18).

La distribution de rôles que l'on trouve dans une adaptation du
Médecin malgré lui se révèle, elle aussi, entièrement masculine (II, 18).

L'éclairage est dirigé sur le couple fraternel Fagotin/Martin, qui prend la relève du couple marié Sganarelle/Martine chez Molière. Ainsi, Martin, s'occupant des enfants depuis la mort de la femme de ce dernier, finit par reprendre l'identité de la femme maltraitée; il ne parvient pas à nourrir les enfants parce que Fagotin passe son temps à boire et à dilapider ses biens. En fait, il va jusqu'à battre son frère pour le réduire au silence (I, 1). Lorsque le voisin, M. Robert, vient à la rescousse de Martin, celui-ci le réprimande de s'ingérer ainsi dans des affaires qui ne le concernent pas; Fagotin bat et chasse le voisin fâcheux et l'on assiste alors à une réconciliation farcesque des frères (I, 2). Selon un nouvel agencement dramatique de *L'Avare*, l'exclusion d'Eliante, de Marianne et de Frosine est compensée par la présence des deux fils d'Harpagon, Cléante et Polyandre, et un de ses voisins, Oronte, qui reprend le rôle de Frosine (I, 2). L'autorité se trouve donc ici en proie aux revendications légitimes des fils, non plus des filles, comme c'était le cas dans la comédie originale. Harpagon contraint Cléante d'abord à devenir clerc auprès du maître Anselme, riche notaire, "… jusqu'à par sa mort (sic) vous en deveniez l'héritier" (x, 2). Quant à Polyandre, le père envisage dix ans de service chez le docteur Purgon. L'avare se réjouit fort du fait que le notaire et le médecin s'engagent à prendre ses fils "pour rien", et la formule "pour rien" — qu'il répète à quatre reprises devant son intendant Lapierre — prend la relève du "sans dot" chez Molière. L'astucieux Lapierre, qui va déjouer les projets d'Harpagon, considère cette formule comme le mot d'ordre de celui-ci, qui "ferme la bouche à tout" (x, 4). L'acte III est marqué par un nouvel éclairage donné aux quiproquos moliéresques qui, eux, avaient comme objets, respectivement, la femme et l'amour (v, 3). Compte tenu de l'absence de toute femme dans cette adaptation, le quiproquo entre Harpagon et Maître Jacques est fort sommaire (III, 2). Au lieu de parler d'une femme, Maître Jacques se réfère à un cochon de lait qu'il entend faire mettre dans l'eau bouillante et puis faire "pendre au plancher". Harpagon, lui, croit que ce dernier parlait de son voleur. L'adaptation scolaire du *Bourgeois Gentilhomme* met en jeu cette même volonté de désexualiser la comédie moliéresque (III, 2). La liste des *dramatis personae* révèle que ni Mme Jourdain ni la fille des Jourdain n'apparaissent sur scène, à l'exception de Cléonte, "prétendant de la fille de M. Jourdain" (celle-ci n'est pas nommée). Alors que Descroches joue le rôle du beau-frère du protagoniste, et que la marquise Dorimène est elle aussi absente, la servante se transforme, selon une démarche habituelle à ces adaptations, en son paronyme masculin, Nicolas. Covielle, le valet de Cléonte, apparaît ici sans qu'il ait une soubrette à aimer. Signalons enfin que Descroches reprend le rôle de Mme Jourdain; c'est par fidélité à celle-ci, devenue sa sœur défunte, qu'il entend empêcher que le protagoniste ne dissipe sa fortune — d'où son refus de la flatterie du baron Dorante.

Somme toute, l'entreprise de déconstruction scolaire à laquelle aboutit *Le Molière de la jeunesse* procède d'une lecture censurante visant à disqualifier sinon à éliminer la sexualité chez les personnages moliéresques. On a affaire à une sorte de "méta-comédie" marquée par une déféminisation radicale. La nouvelle fiction, créée par cette distribution fantaisiste de rôles en fonction de leur virilité, donne lieu à un renchérissement imaginaire, bref, à la mise en place de nouveaux modèles pédagogiques à la fois tendancieux et désexués. De telles "expurgations de textes" mettent en valeur la primauté de la morale, qui s'applique à supprimer l'attrait de la jouissance. De là, l'absence de toute référence, dans cette série, au répertoire moliéresque où il est question de cocuage: *L'Ecole des Femmes, Tartuffe, Dom Juan, George Dandin, Amphitryon*. Par le biais des personnages masculins parfaitement asexués, ces auteurs pudibonds, de peur de corrompre la jeunesse masculine, créent, en fin de compte, l'image d'un Molière châtré.

Conclusion

"The epitome of Frenchness" — c'est en ces termes que l'oeuvre de Molière est résumée dans un slogan récent imaginé par *Films for the Humanities*, une compagnie américaine de cassettes-vidéo. Mis en valeur par un portrait d'un Molière "contemplateur", ce discours publicitaire insiste sur la valeur éternelle des grandes comédies, objets qui, d'une transparence absolue et d'une consommation immédiate, se révèlent en même temps multipliés à l'infini. Cette entreprise commerciale cache mal la transformation d'une icône culturelle en un produit de marketing alléchant. Cette exploitation publicitaire de la littérature française — car d'autres "grands auteurs" font partie de cette collection — présente, sous forme de vignettes visuellement séduisantes, de véritables "concentrés" des classiques scolaires. Dernier avatar du mythe moliéresque du XXème siècle, ce Molière des publicistes témoigne d'une ethnographie ainsi que d'une socialisation du poète comique, érigé en ambassadeur culturel de la France. L'efficacité de cette stratégie publicitaire — Molière est un objet d'exportation éminemment vendeur — repose en grande partie sur la survie étonnante de l'oeuvre moliéresque. Classique scolaire par excellence, ayant été, comme nous l'avons vu, l'objet d'une passion publique tout au long du XIXème siècle, Molière jouit de nos jours encore d'une présence réelle dans la mémoire collective des Français. D'après une enquête menée il y a quinze ans auprès de soixante-six enseignants du second degré, aux rubriques "meilleur accueil" et "plus souvent étudié", c'est l'auteur du *Misanthrope* qui se trouve le plus souvent mentionné[1]. L'analyse plus récente de P. Lecoq rend compte, elle aus-

---

[1] P. Ronzeaud, "Le xviιème siècle dans le second degré", dans *Le* xviιι*ème Siècle Aujourd'hui*, cmrs 17, Marseille (1974) 76. L'enquête de P. Ronzeaud signale une

si, de son immense popularité dans l'enseignement actuel du second degré:

> Plus heureux que La Fontaine, [Molière] est devenu pour certains comme le saint patron de la nouvelle contestation; même destiné à la Cour, son théâtre conserve une saveur populaire que reconnaissent toujours les jeunes générations. La franchise de son rire, enfin, dit assez qu'il n'a pas partie liée avec les gens austères qu'on a pris l'habitude de voir, souvent à tort, dans ses contemporains les plus notables[2].

Dans la mesure où l'on reconnaît en Molière les traits fondamentaux du génie national, son oeuvre finit par représenter un des grands textes de l'imaginaire culturel français. Le fêter, c'est se livrer en quelque sorte à une auto-célébration nationale.

Molière à l'Ecole républicaine se veut avant tout une contribution à l'histoire socio-intellectuelle de la France après la Révolution. Cette étude valorise l'insertion institutionnelle de l'oeuvre de Molière, son investissement dans un champ de réception, ainsi qu'une volonté de programmer une lecture scolaire particulière. Bien que nous nous attachions surtout au dernier tiers du XIXème siècle et à la formation critique et pédagogique de la Troisième République, il va de soi que notre intérêt porte sur l'ensemble du siècle, et même au-delà. Cette ambiguïté d'ordre chronologique se trouve justifiée par le fait que 1870, paradoxalement, signale à la fois une rupture et une continuité. Comme nous l'avons vu, la prise de conscience suscitée par le mythe Molière se poursuit tout au long du siècle jusqu'au moment où elle s'épanouit de façon complexe dans le cadre de l'Ecole républicaine. Après 1815 et la chute de l'Empire, en effet, la conscience d'un passé perçu comme à jamais perdu et d'un avenir révolutionnaire difficile à imaginer, contient déjà les germes de l'idéologie intellectuelle et morale de la Troisième République. Chateaubriand, à la fin des *Mémoires d'outre-tombe*, s'interroge, une vingtaine d'années plus tard, sur cette problématique paradoxale; dans sa *Confession d'un enfant du siècle*, Musset, lui aussi, quoique sur un ton plus déclamatoire, partage cette perception, liée sans doute au "mal du siècle". Ainsi, bien qu'elle s'applique à l'enseignement de l'oeuvre moliéresque à partir

---

nette préférence pour Molière par rapport aux autres auteurs. La plupart des élèves du secondaire jugent, d'autre part, la place du xvııème siècle dans les programmes comme "excessive" et leur connaissance de ce siècle comme "déformée" (77).

[2] "Littérature du xvııème siècle et enseignement du second degré", *L'Information Littéraire* 40 (1988) 22.

des années 1880, la formule "Molière à l'Ecole républicaine" synthétise parfaitement les éléments constitutifs du "débat Molière" qui a
marqué le courant intellectuel de tout le XIXème siècle — sa morale
découle-t-elle des valeurs traditionnelles de l'Ancien Régime ou bien
annonce-t-elle les valeurs progressistes et laïques de la société post-
révolutionnaire? Les lectures diverses de Geoffroy et de La Harpe,
d'une part, ou bien celles de L. Veuillot et d'E. Doumergue, d'autre
part, démontrent à l'évidence à quel point le phénomène moliéresque a donné lieu à une réflexion permanente sur la modernité,
réflexion qui a souvent pris la forme, notamment dans le dernier tiers
du siècle, d'une lutte mettant aux prises les tenants de l'école confessionnelle et les défenseurs de l'école laïque.

Située au carrefour de la réception critique et de l'intertextualité,
cette étude vise à mettre en évidence la relation entre le savoir et la
formation des pratiques discursives en France au XIXème siècle,
c'est-à-dire, les conditions de transmission de ce savoir et l'efficacité
des filières de distribution scolaire. Afin de saisir cette complémentarité entre la critique exégétique et les livres scolaires, il convient de
recourir ici à une approche intertextuelle: dans la mesure où tout écrit
scolaire prend son sens par rapport à un espace discursif pré-établi,
il renvoie nécessairement à une pluralité d'autres textes. Une telle perspective suppose un travail incessant d'assimilation et de transformation, phénomène aboutissant au découpage et à la redistribution de
la critique exégétique à travers les manuels. D'autre part, ces deux
modes de transmission participant d'un univers mental commun, d'une
culture unitaire, ils contribuent en même temps à la formation rhétorique du lecteur.

Si l'intertextualité se ramène à un "discours entre textes", si elle
débouche sur une mise en abyme — à savoir, un processus par lequel
le texte moliéresque, hautement codé, se reflète à l'infini — si toute
pratique scolaire s'inscrit, en fin de compte, dans une intertextualité
particulière, il importe alors de s'interroger sur les tenants et les abou-
tissants de la relation texte-commentaire. En examinant les rapports
de complémentarité et d'exclusion reliant discours critique et discours
scolaire, qui constituent bien, selon nous, deux ordres de faits autonomes, nous espérons éviter le piège du "cercle herméneutique". Selon
la formulation récente de M. Charles, la critique se définit comme
une pratique essentiellement discursive ayant une dimension à la fois
institutionnelle et socio-culturelle:

> Le commentaire est le perpétuel entretien des textes fondateurs, leur
> établissement et leur mise à jour, leur reprise, leur actualisation; le com-

mentaire propose une image de la culture comme relecture incessante de ces textes[3].

Dans cette perspective, la critique exégétique ou "professionnelle", apparaît avant tout comme une affaire de spécialistes — "un système d'économie intellectuelle fermée" (131) — dont l'enjeu principal est de transmettre un savoir spécialisé. Dans la mesure où elle s'autorise d'un corps de références, une telle activité discursive est la condition même de l'existence du texte; c'est elle qui lui confère ses gages d'authenticité. Dépourvus de clôture, les ouvrages qui relèvent de la critique exégétique doivent forcément se situer les uns par rapport aux autres; on assiste en fait à la continuité d'une exégèse à l'autre, d'un réseau de significations à un autre.

Le discours scolaire, en revanche, n'est guère producteur de connaissance en ce sens qu'il participe d'une activité de consommation passive; simplifiée à l'extrême, la vulgate scolaire prend la forme d'un discours dégradé sinon parasite. Sa démarche est volontairement didactique, "citationnelle" et démonstrative, car il doit accéder à un public non spécialisé; comme on l'a vu, l'étudiant de lettres s'en tient, en principe, à un savoir fondé sur un seul manuel dès la classe de troisième jusqu'à la fin de sa scolarité. C'est, en fait, la reproduction massive des manuels en une multiplicité de textes identiques qui finit par imposer leur autorité. Le format des manuels (notes, questionnaire, etc.) aboutit à la création d'un espace intertextuel, dans la mesure où il vise à affirmer la validité d'un pré-texte. Le discours scolaire n'est, de la sorte, jamais dissociable du discours critique. Enfin, dans ce même ordre d'idées, soulignons la permanence, sous une formulation changeante, des poncifs scolaires: de nombreux manuels mettent en jeu une mosaïque de formules indéfiniment répétées — "Molière a-t-il rendu ridicule la vertu d'Alceste?" en représente un exemple repris à perte de vue — et apparaissent ainsi comme autant de caisses de résonance où se répercutent et se déplacent les commentaires[4].

Notre analyse du processus par lequel Molière a atteint au statut de classique scolaire en France au XIXème siècle met en lumière, de façon plus générale, la formation du mythe académique du classicisme à cette époque. Nous en remettant de nouveau à l'enquête de P. Ronzeaud, qui cherche à éclaircir le type de connaissance entraîné par

---

[3] *L'Arbre et la source* (Paris: Seuil, 1985) 112.
[4] Voir, à se sujet, l'analyse que consacre L. Jenny à l'"intertextualité comme réactivation du sens" ("La Stratégie de la forme", *Poétique* 27 [1976] 279 sqq.).

les thèmes ou par les auteurs étudiés dans l'enseignement secondaire actuel, nous sommes frappés par la lecture abstraite, figée et intemporelle des oeuvres du Grand Siècle: "... 60% des collègues [jugent] déformée par une tradition académique la connaissance du XVIIème siècle"[5]. Malgré la pertinence de ce recensement statistique, on peut néanmoins rattacher la formation de ce mythe à l'entreprise de reconstruction culturaliste qui s'est opérée en France au siècle dernier. A ce sujet, l'apport de Sainte-Beuve à la création d'un classicisme moderne a été fondamental. Prenant la suite d'un Malherbe ou d'un Boileau, l'auteur de *Port-Royal* parvient à transformer la critique en une police des lettres. Son idéal d'une restauration littéraire fondée sur la désignation des auteurs canoniques épris de modération et du goût de l'ordre, rejoint ainsi la restauration politique du Second Empire[6]. On peut à bon droit attribuer à Sainte-Beuve la volonté de transformer les écrivains en "biens nationaux", de charger la critique d'une mission culturelle, bref, de mettre en place une vision organique de la culture nationale. Il a, d'autre part, joué un rôle non négligeable dans la promotion des classiques scolaires et, par voie de conséquence, dans la constitution du canon au sein des programmes littéraires au XIXème siècle. Le projet de Sainte-Beuve consacre non seulement l'autorité incontestable de la critique professionnelle mais, chose plus importante, peut-être, annonce l'avènement de ce que M. Charles appelle "la nouvelle scolastique" de la fin du siècle, c'est-à-dire, l'émergence de l'histoire littéraire[7]. Celle-ci, dans la conception de Lanson, est axée en grande partie sur la sacralité des textes fondateurs, sur une représentation symbolique de la littérature française ayant le mérite d'offrir un savoir définitif — ce savoir s'appuie, on le sait, sur un ensemble de données intellectuelles et morales communes relevant d'un fonds de culture humaniste.

Grâce à l'efficacité de la notion du classicisme scolaire au XIXème siècle, laquelle est intimement liée à la création d'une véritable encyclopédie de lettres françaises, le rôle de l'enseignement littéraire dans la définition d'une identité culturelle propre à la France moderne apparaît maintenant avec netteté. Il convient d'évoquer, dans ce même ordre d'idées, la mise en place d'une mémoire culturelle à la suite des

---

[5] "Le XVIIème siècle dans le second degré" 62.
[6] On peut se reporter, sur ce point, à l'analyse d'A. R. Jones et N. Vickers: "Canon, Rule and the Restoration Renaissance", *Yale French Studies* 75 (1988) 9-25.
[7] *L'Arbre et la source* 12.

divers projets de vulgarisation républicaine. Notons, à ce sujet, que la promotion de Molière dans les manuels scolaires joue un rôle tout aussi significatif, toute proportion gardée, que des réalités aussi diverses que la mairie, le Panthéon, les centenaires de Voltaire et de Rousseau, ou que les funérailles de Victor Hugo au siècle passé[8]. On ne saurait trop insister, de même, sur les liens étroits rattachant à cette époque discours pédagogique et discours classique. En effet, tant sur le plan littéraire que sur le plan scolaire, le classicisme s'est voulu une discipline d'acculturation: dans la mesure où elle exerce une fonction normative et corrective, cette doctrine implique par ailleurs une volonté de formation, voire d'édification du sujet. Investi d'une autorité incontestable, le classicisme scolaire finit par consacrer des significations closes, univoques, qu'il enferme, par la suite, dans un système de pensée statique, réifiée par les pratiques institutionnelles. Examinant l'investissement des Français dans l'Ecole et, plus particulièrement, dans la notion scolaire du classicisme, H. Peyre évoque l'image "... [des Français] alourdis de préjugés favorables... refroidis par un enseignement scolaire jadis impatiemment subi..."[9]. Telle qu'elle est formulée par Descartes, la critique radicale de la *res literaria* ou plutôt de l'exploitation de celle-ci dans le cadre de l'institution scolaire — "J'ai été nourri aux lettres dès mon enfance..." — annonce la désaffection profonde qu'ont exprimée un Lavisse ou un Renan à l'égard de leur propre expérience de l'école[10].

On comprend, dans cette perspective, à quel point l'utilisation des auteurs classiques en tant que saints laïcs a contribué fortement à véhiculer une vision républicaine de la modernité, c'est-à-dire, à créer les valeurs de référence en fonction desquelles se définit l'identité nationale. L'analyse du "mythe Molière" au siècle dernier permet de mieux saisir cette prise en charge des valeurs culturelles du XVIIème siècle par les élites bourgeoises du XIXème siècle. Parmi les traits saillants de la "révolution culturelle" entreprise par ces élites, on peut citer l'autonomie de la littérature dans le champ culturel — ou bien la genèse de l'institution littéraire — et les instances de consécration aboutissant au culte du grand écrivain national, figure survalorisée qui, dès

---

[8] Le récent recueil de P. Nora (*Les Lieux de mémoire* I [*La République*] [Paris: Gallimard, 1984]) fait bien ressortir l'efficacité du concept de "mémoire culturelle" dans la France du XIXème siècle.

[9] *Qu'est-ce que le classicisme?* (Paris: Nizet, 1965) 112.

[10] Voir à ce sujet J. Brody, "What *Was* French Classicism?" *Continuum* 1.1 (1989) 66.

lors, "... fait partie du courant du pouvoir spirituel laïc"[11]. Classe au pouvoir, la bourgeoisie s'est, on l'a vu, approprié la culture, l'envisageant comme une sorte de nouvelle religion: cette sacralisation de la culture et, plus particulièrement, de la culture française, constitue, à n'en point douter, un des événements principaux de l'histoire moderne de la France. C'est ainsi que J. Dubuffet rend compte de la conception du musée, par exemple, en tant que nouvel espace sacré du monde moderne: "La culture tend à prendre la place qui fut naguère celle de la religion. Comme celle-ci, elle a maintenant ses prêtres, ses prophètes, ses saints, ses collèges de dignitaires"[12]. Selon la mission éducatrice de la bourgeoisie au XIXème siècle, les lycéens sont les dépositaires des biens symboliques d'un capital culturel, car ils jouissent d'un accès privilégié aux oeuvres canoniques; tout en étant en même temps gardiens de la culture, ils sont de parfaits représentants de la norme. L'éducation est ainsi perçue comme une "barrière" sociale, c'est-à-dire, comme un moyen essentiel de socialisation, voire une forme suprême de consécration. A cet égard, le portrait psychologique et social de la bourgeoisie française sous la Troisième République brossé par O. Marcel[13] nous permet ici de mieux cerner la fonction sociale propre à une classe éprise des principes d'humanisme. Le conservatisme de cette classe se marque, dans les années 1880, par le sentiment profond d'appartenir à une caste à part — le bourgeois se croyait "distingué", et aimait à se classer parmi les gens "très biens" — et par l'attachement à un idéalisme artificiel fondé sur l'esthétisme et sur le puritanisme, valeurs qui servent à masquer les réalités du monde matériel, à savoir, l'argent et l'amour physique[14]. Malgré certains aspects rétrogrades de leur conscience de classe, il ne faut

[11] P. Bénichou, *Le Sacre de l'écrivain, 1750-1830. Essai sur l'avènement d'un pouvoir spirituel laïque dans la France moderne* (Paris: Corti, 1973) 473.

[12] *Asphyxiante culture* (Paris: Pauvert, 1968) 13. On trouve de même, chez Nisard, cette mise en rapport entre la transcendance scolaire et la transcendance religieuse: parmi les traits communs liant les lettres à la religion, il cite "... leur tradition et leur catholicité... Ni dans l'église, ni au lycée, l'homme ne parle en son nom. Il transmet la foi telle qu'il l'a reçue, avec la seule originalité de son ardeur personnelle à la communiquer" (*Discours académiques et universitaires* [Paris: Firmin-Didot, 1884] 250).

[13] *Une Education française* (Paris: PUF, 1984).

[14] Une telle pudeur de classe se manifeste, par exemple, dans la réponse à la question suivante: "'Est-ce que Balzac avait du sang dans les veines?' — 'On peut le lire sans s'en douter car quelqu'un de bien n'a pas de sexe'" (Marcel 176).

cependant pas sous-estimer la contribution réelle des élites bourgeoises au développement de la France du XIXème siècle: conscience profonde d'une identité nationale et affirmation paradoxale d'un esprit résolument moderniste, où viendraient prendre place la science, le rationalisme et la laïcité, éléments constitutifs d'une modernité proprement républicaine.

Par sa mainmise sur l'enseignement secondaire au XIXème siècle, la bourgeoisie prend en charge la distribution officielle de la culture littéraire. Compte tenu du dynamisme de la production et de la consommation du savoir — dynamisme donnant lieu à la notion intertextuelle de la critique en tant que "relecture incessante" — on peut évoquer ici le point d'interaction entre le savoir et le pouvoir ou, plus précisément, les principes de sélection et d'organisation du savoir légitime. Ceci nous permet maintenant de mettre en lumière l'archéologie du savoir en France au XIXème siècle, c'est-à-dire, la constitution d'un corpus littéraire qui passe à l'époque pour le savoir légitime — ce qui justifie sa transmission par les filières de l'institution scolaire. Or un tel savoir, dans la mesure où il est socialement et idéologiquement constitué, peut, de toute évidence, être "déconstruit". La déconstruction vise, on le sait, à mettre en question l'espace discursif traditionnel, c'est-à-dire, le système de production et de consommation des significations. Ainsi, une pédagogie déconstructionniste se donne pour tâche de déclasser, voire de "démonumentaliser" l'enseignement littéraire[15]. Elle entend opérer, à cet effet, une transformation radicale de la littérature en textualité: il faut "décanoniser" les grandes oeuvres en leur enlevant toute signification pré-établie. Au lieu de se fonder sur la transmission d'un savoir codé, cette nouvelle approche valorise le jeu libre de signifiants propre à chaque texte.

De tels propos nous amènent à tenir compte ici, brièvement, de l'apport de Foucault à cette problématique. Dans la mesure où ce dernier, dès *L'Ordre des choses*, envisage la discipline comme l'expression privilégiée de la volonté du pouvoir, il va de soi que l'éducation doit être avant tout considérée comme une pratique disciplinaire ne faisant que traduire l'hégémonie de la culture dominante. Cette conception récupérative de l'éducation est fondée sur la capacité, propre

---

[15] Voir, à ce sujet, V. B. Leitch, "Deconstruction and Pedagogy", dans *Theory in the Classroom*, C. Nelson, éd. (Urbana: University of Illinois Press, 1986) 45-56.

à la nature humaine, d'être corrigée, d'où la dimension thérapeutique inhérente au discours scolaire. Entreprise correctionnelle par excellence, l'éducation met en avant la valeur disciplinaire de la correction — de même que la médecine s'appuie sur la valeur curative de ses prescriptions: "corriger, c'est guérir". En poursuivant cette analogie, on peut avancer que, tout comme le discours médical constitue une forme de pouvoir vis-à-vis du sujet-patient, le discours critique, tel qu'il s'institutionnalise dans les manuels scolaires, représente un "exercice dans le pouvoir" aboutissant à la constitution du sujet-lecteur. Participants à la production de la notion de vérité, les professeurs s'emploient à transformer des dogmes scolaires en vérités absolues; les manuels ont, de la même façon, le pouvoir de constituer la réalité, d'acculturer la jeunesse bourgeoise. De plus, la construction de l'identité de l'élève doit en principe se fonder sur une prise de conscience de sa participation active à la "création" du savoir. Tels que les pratique ce dernier dans le cadre d'une pédagogie corrective du français, les exercices scolaires se ramènent à des entreprises de "normalisation" linguistique et morale. Dans cette perspective, l'Université est une machine à régulariser les comportements déviants, à guérir les "déséquilibrés": selon Foucault, la normalisation suppose des processus aussi divers que la comparaison, la différentiation, la hiérarchisation, l'homogénéisation et l'exclusion[16]. Une telle approche a le mérite de montrer, nous semble-t-il, que la création du mythe Molière — de même que la fabrication de la notion de "Frenchness" — représente, en somme, un processus qui tire son origine des activités discursives au sein des pratiques institutionnelles de l'éducation.

Les tentatives d'"embaumement" de ses dévots n'y peuvent rien, Molière reste bel et bien vivant dans la culture française de notre temps, tant est grand l'amour presque irraisonné que lui portent les Français. Comme notre analyse des aléas de l'exégèse de Molière l'a démontré, malgré les sérieuses réserves émises par la critique idéaliste (L. Veuillot, V. de Laprade, A. Charaux...) à propos de l'oeuvre moliéresque, le dramaturge est récupéré à la fois par la Gauche — qui discerne en lui une filiation républicaine, un ancêtre des valeurs progressistes et laïques (A. Vinet, P. Souday, P. Hazard...) — et par la Droite — qui le considère comme un défenseur des valeurs morales traditionnelles: ordre, prudence, mesure (Nisard, Brunetière, Faguet...). Molière sert en fin de compte de référence culturelle universelle, référence sur laquelle se greffent une volonté de consensus

---

[16] *Surveiller et punir* (Paris: Gallimard, 1975) 185.

et les valeurs de la continuité propres à l'esthétique comique. C'est précisément ce Molière universel qui, à la manière des autres classiques scolaires de l'Ecole républicaine, se trouve au centre d'un enseignement secondaire conçu comme très généreusement humaniste. Cette universalité a fini, selon nous, par empêcher l'enseignement des années 1870-1914 de devenir trop étroitement sectaire. Comme les autres membres du Panthéon scolaire, Molière en vient à servir de référence pour la constitution de l'identité culturelle française — la notion de mésothèse, ou bien le goût de la mesure, la sagesse, l'idéal de clarté et de bon goût. On comprend mieux, à travers son exemple, les mécanismes sous-jacents à la formation et à la dissémination des modèles culturels ainsi que la fonction ethnologique de l'Ecole en France au XIXème siècle. L'enseignement littéraire relève, dans cette perspective, d'une anthropologie culturelle — "les secrets de la tribu" — et P. Bourdieu souligne à juste titre la valeur ethnologique des textes fondateurs d'une culture nationale; il s'agit, pour lui, de "l'ensemble des modèles qui règlent les conduites et les pensées des membres d'une société ou d'un groupe social donné"[17].

La comédie de Molière contribue de manière significative à la "sagesse" française non seulement par les nombreux aphorismes et expressions proverbiales qu'elle transmet, mais, chose plus importante, peut-être, par son souci de fixer, voire de régulariser la conduite morale selon un ensemble de normes. Par le biais de l'hyperbole, cette comédie s'attache à signaler des défauts de caractère, à qualifier d'inadaptés ceux qui ne se soumettent pas à la norme; elle fournit, en un mot, ce que L. Riggs appelle un "homéostat psychologique et culturel"[18]. Dans la mesure où la fiction théâtrale en vient à dissimuler, par exemple, l'absence de consensus — et l'on songe au portrait idéalisé de la bourgeoisie du XVIIème siècle que l'on trouve chez lui — l'essence du comique moliéresque peut être considérée comme un prisme déformant du passé. Un tel idéal d'homogénéisation d'ordre socio-culturel se manifeste dans ce théâtre qui, par sa présentation de la totalité des classes sociales, offre, après 1870, l'image d'une unité nationale fictive. Outre les leçons d'honnêteté et de civilité qui se dégagent de ce théâtre, les principes d'une morale familiale transmis par de multiples "raisonneurs", on peut y déceler un certain attachement à des valeurs

[17] "La Transmission de l'héritage culturel", dans *Le Partage des bénéfices; expansions et inégalités en France* (colloque d'Arras) (Paris: Minuit, 1966) 409.
[18] *Molière and Plurality. Decomposition of the Classicist Self* (New York: Peter Lang, 1989) 74.

"modernes". En effet, la sagesse moliéresque est fondatrice de la modernité en ce sens que les élèves de l'Ecole républicaine — ainsi que le grand public en général — peuvent se forger une vision du monde d'après laquelle on vit/rit en fonction de l'idéal du progrès, de l'harmonie sociale, du bien-être de toutes les classes au sein d'une république "démocratique". De plus, la notion de culture est liée à la façon dont le XVIIème siècle, et, plus particulièrement, la comédie moliéresque, se représentent l'idée de l'honnête homme.

Nous avons voulu, dans cette étude, mettre en évidence la valorisation culturelle de Molière à travers tout le XIXème siècle. L'existence d'une multiplicité d'exégèses critiques souvent contradictoires, qui s'est constituée sur son oeuvre au fil des années, nous pousse à conclure, en fin de compte, que la comédie moliéresque, véritable "présence fuyante", est parfaitement dépourvue d'essence et, de ce fait, échappe à toute idéologie. Evitant de tomber dans le piège de cette construction artificielle que serait "le vrai Molière", et dont la comédie serait susceptible d'être emprisonnée par une idéologie quelconque, nous préférons affirmer ici la transcendance culturelle de cette comédie. Un des paradoxes soulevés par notre propos réside dans le fait que la notion de modernité républicaine se fonde sur des modèles du XVIIème monarchique, que l'élitisme bourgeois du XIXème siècle s'appuie sur l'ensemble des valeurs aristocratiques issues de l'Ancien Régime. On a donc affaire à une pédagogie prônant une politique ayant pour fondement les principes de l'égalitarisme républicain. Tout aussi paradoxal est le fait que la reconstitution idéologique des textes du XIXème siècle — sous forme de discours critique sur Molière — soit identifiée à la "mémoire" historique ou culturelle Dans ce même ordre d'idées, dans la mesure où l'Ecole républicaine aurait visé à recréer des valeurs idéologiques et morales à travers le théâtre de Molière, on assiste, semble-t-il, à une "inversion républicaine du Molière royal du XVIIème siècle"[19], selon l'heureuse formule de F. Nepote-Desmarres. L'Ecole républicaine aurait, de la sorte, mis en place une "nouvelle cohérence imaginaire"[20]. Notre démarche nous permet ainsi de jeter un regard rétrospectif sur le Grand Siècle et, plus précisément, sur la politique culturelle consécutive à la prise du pouvoir de Louis XIV en 1661. La volonté monarchique de réorganisation des institutions du royaume s'est alors, de toute évidence,

---

[19] Correspondance personnelle du 11 janvier 1988.
[20] Correspondance personnelle du 11 janvier 1988.

répercutée sur l'ensemble des domaines de la vie culturelle française: les arts, les sciences et les lettres — on songe à la création des diverses académies à cette époque — ont grandement bénéficié de cette stratégie de dirigisme culturel. Il s'agit là d'un corps d'artistes et écrivains thuriféraires qui chantent tous, à des degrés divers, la gloire du Roi-Soleil, et ce phénomène constitue, à n'en point douter, l'amorce d'un processus institutionnel qui aboutira à la gestion de la *res publica* entreprise par la Troisième République. Peu de choses séparent, en fait, les idéologues monarchiques des idéologues républicains dans leur volonté de construire et de servir l'Etat. Malgré son intérêt réel, cette problématique dépasse, en dernière analyse, le cadre de notre étude. On peut néanmoins espérer que d'autres chercheurs entreprendront l'examen attentif de ce transfert de pouvoir, et que leur entreprise, empruntant peut-être d'autres voies d'analyse, permettra d'expliquer, comme nous avons, finalement, tenté de le faire, l'enracinement profond du mythe Molière dans l'imaginaire culturel de la France moderne.

Appendice

Afin de saisir le fonctionnement d'une pédagogie à tel point "corrective", il convient de citer *L'Enseignement du français* de L. Flatrès (Quimper: Jaouen, 1920), manuel de composition qui opère, sous forme
d'"essai de formulaire" (voir ci-après), un classement des fautes en
fonction des catégories de forme — "fautes d'ordre", "fautes de style",
"fautes de sens", "fautes de syntaxe", etc. — et des catégories de fond
— "fautes d'intelligence" et "fautes de jugement". Selon ce schéma,
on assiste à une multiplicité de fautes perçues sous forme de "maladie" et, du reste, à une sorte d'étiologie sous-jacente à ces fautes tout
aussi bien qu'à une présentation clinique des "symptômes" correspondant aux diverses "maladies". Dans la mesure où chaque désordre
grammatical est susceptible d'être traité par une thérapeutique particulière, on décèle une insistance sur la "rectification" des fautes, processus qui s'inscrit dans la catégorie générale de "remèdes". Une des
implications remarquables de cette utilisation d'une métaphore médicale, c'est que l'absence de sens moral aboutit nécessairement à la fausseté des idées présentées. Ainsi, sous la rubrique "fautes de jugement",
désordre qui se manifeste par des "idées fausses", la "cause" se ramène
à une "forfanterie ou manque de sens moral". Signalons, enfin, que
le formulaire de L. Flatrès définit de but en blanc l'"ignorance" comme
la principale cause de cinq sur les huit maladies envisagées, diagnos-
tic qui n'est pas sans évoquer la caricature de celui qu'entreprend Toinette — déguisée en faux médecin — auprès d'Argan dans *Le Malade
imaginaire*.

216

ESSAI DE FORMULAIRE*
évidemment perfectible, modifiable, compressible ou extensible

	MALADIES	SYMPTÔMES	CAUSES	REMÈDES
FORME	I FAUTES D'ORDRE	Incohérence. Idées dispersées. Phrases décousues. Coq-à-l'âne	Manque de plan. Fléchissement, dispersion de l'attention.	Exiger un plan avec les différentes parties numérotées. Veiller à la correspondance du développement. Choisir des devoirs nécessitant un plan rigoureux.
	II FAUTES DE STYLE	Trivialités. Manque de simplicité. Obscurités. Equivoques. Phrases trop longues. Pléonasmes. Répétitions.	Ignorance ou le plus souvent irréflexion. Travail trop rapide.	Rectification en commun au tableau noir de quelques fautes caractéristiques. Rappel à l'effort. Rectification individuelle.
	III FAUTES DE SENS	Contresens. Impropriétés. Traduction littérale de bretonnismes. Barbarismes.	Ignorance.	Remède général: la lecture. Augmenter les leçons de lecture expliquée. Remède particulier: relever les fautes les plus communes et les faire rectifier en collaboration au tableau noir.
	IV FAUTES DE SYNTAXE	Solécismes. Erreurs dans les accords, dans l'usage des pronoms, dans l'emploi des modes et des temps des verbes.	Ignorance.	Etude de la grammaire en insistant sur les fautes les plus communes.
	V FAUTES DE PONC- TUATION	Absence de ponctuation. Signes mal placés.	Négligence ou ignorance.	Demander le numérotage des phrases. Exercices spéciaux. Textes à ponctuer. Analyse logique.
	VI FAUTES D'ORTHO- GRAPHE	Pullulation de fautes que l'élève ne commettrait pas dans une dictée.	Manque d'attention particulière.	Exiger la lecture attentive à ce seul point de vue de la copie achevée.
FOND	I FAUTES D'INTELLI- GENCE	Incompréhension du sujet. Pauvreté d'idées. Omissions importantes. Idées étrangères au sujet.	Hors faiblesse intellectuelle ou inattention, manque d'intérêt, préparation insuffisante ou sujets trop difficiles.	Choix de sujets plus simples et plus intéressants en faisant appel à la collaboration des élèves. Préparation minutieuse. Reculer au lieu d'avancer.
	II FAUTES DE JUGEMENT	Inexactitudes. Idées fausses. Idées inadmissibles.	Ignorance ou manque de réflexion. Forfanterie ou manque de sens moral.	Défauts généraux qui ne comportent pas de remèdes particuliers à la composition française.

* L. Flatrès, *L'Enseignement du français* (Quimper: Jaouen, 1920).

Bibliographie

1. Manuels scolaires

Albert, P. *La Littérature française au XVIIème siècle*. Paris: Hachette, 1880.

Allain, P. *Grands modèles de grammaire et de style*. Paris: Maire-Nyon, 1866.

_____. *Nouveau guide pour la préparation au baccalauréat ès lettres*. Paris: Delalain, 1849.

Ancelin, A. et E. Vidal. *Morceaux choisis d'auteurs français*. Paris: Nouvelle Librairie, 1887.

André, P. *Trésor de la jeunesse*. Paris: André-Guédon, 1867.

Annales du baccalauréat de l'enseignement secondaire spécial. Paris: Nony, 1892.

Annales du baccalauréat. Paris: Vuibert, 1913.

Annales du concours général des lycées et des collèges (1924). Paris: Vuibert, 1925.

Arnaud, G. *Recueil méthodique de compositions françaises*. Marseille: Laffitte, 1896.

_____. *Trois cents sujets de compositions françaises*. Limoges: Ducourtieux, 1897.

_____. *Une Leçon de morale par jour*. Limoges: Ducourtieux, 1897.

d'Arsac, J. *Histoire de la littérature française*. Paris: Société Générale de Librairie Catholique, 1883.

Asselin, V. *Choix de dissertations françaises et latines… à l'usage des candidats à la licence ès lettres*. Paris: Hachette, 1872.

Aubertin, C. *Compositions littéraires françaises et latines*. Paris: Delagrave, 1875.

Aulard, A. *Premières leçons de lecture courante*. Paris: Hachette, 1867.

Badré, A. *Recueil de compositions françaises*. Paris: Nouvelle librairie scientifique et littéraire, 1883.

Barrau, T.-H. *La Patrie. Description et histoire de la France*. Paris: Hachette, 1860.

_____. *De l'Education morale de la jeunesse*. Paris: Hachette, 1840.

_____. *Exercices de composition et de style*. Paris: Hachette, 1853.

_____. *Morceaux choisis des auteurs français*. Paris: Hachette, 1860.

Bauer, E. et E. de Saint-Etienne. *Choix de lectures littéraires*. Paris: Masson, 1889.

Bénard, L. et H. Bonnemain. *Etudes littéraires sur les auteurs français*. Paris: Delaplane, 1892.

Bernardin, N.-M. *Morceaux choisis des classiques français du XVIIème siècle*. Paris: Delagrave, 1883.

_____. *Hommes et moeurs au XVIIème siècle*. Paris: Société française d'imprimerie, 1900.

Berville, C. *Belles pages littéraires et morales à l'école*. Paris: Larousse, 1912.

Bézard, J. *La Classe de français*. Paris: Vuibert, 1908.

Béziers, A. *Histoire abrégée de la littérature*. Le Havre: Lepelletier, 1868.

Bizeul, le Père Sévère-Jacques et P. Boulay. *Tableau d'histoire littéraire*. Paris: Poussielgue, 1885.

Blanchard et des Roches. *Nouveaux éléments de littérature*. Paris: Sarlit, 1873.

Boinvilliers, J.-E. *Sujets de composition*. Paris: Delalain, 1831.

Bonnaire, A. *Cours de thèmes français*. Paris: Vieville, 1871.

Bonnefon, D. *Les Ecrivains célèbres de la France*. Paris: Martin, 1871.

Boucher, A. *Morceaux choisis de littérature française*. Paris: Belin, 1864.

Brétignère, L. *Notions de littérature*. Paris: Courcie, 1868.

_____. *Notions d'histoire littéraire*. Paris: Courcie, 1872.

Bruno, G. (pseud., Fouillée, Mme A.). *Le Tour de France par deux enfants, devoir et patrie*. Paris: Belin, 1877.

Cahen, A. *Morceaux choisis des auteurs français*. Paris: Hachette, 1890.

Canat, R. *La Littérature française par les textes*. Paris: Delaplane, 1906.

Caruel, le Père. *Etudes sur les auteurs français*. Tours: Cattier, 1901.

Chantrel, J. *Cours abrégé de littérature: style, composition, poétique, rhétorique*. Paris: Putois-Cretté, 1872.

_____. *Nouveau cours de littérature*. 2 vols. Paris: Putois-Crette, 1869.

Chapsal, M. *Modèles de littérature française depuis le seizième siècle*. II. Paris: Hachette, 1885.

_____. *Modèles de littérature française*. Paris: Hachette, 1841.

Chasles, E. *La Morale en exemples*. Paris: Delagrave, 1870.

_____. *Histoire abrégée de la littérature française*. Paris: Ducrocq, 1868.

Chassang, A. *Modèles de composition française*. Paris: Hachette, 1853.

Chatelin, U.-V. *La Composition française*. Paris: Nathan, 1920.

Cirot, G., et al. *Synchronismes de la littérature française*. Paris: Bloud/Barral, 1894.

Claretie, L. *Lectures françaises*. Paris: Larousse, 1895.

Comment enseigner. Bulletin pratique de pédagogie secondaire. 1912-1914.

Compositions françaises. 1886 (anonyme).

Comte, Ch. et V. Jeanvrot. *La Patrie française*. Paris: Charavay, 1885.

Concours général des lycées et collèges. I, II. Paris: Delalain, s.d.

"Concours général des lycées et collèges de Paris, de Versailles et de Van-vres" (Distribution des prix). *Revue de l'Enseignement Secondaire et de l'Enseignement Supérieur* 8 (1887) 49-69.

Concours généraux. 10 vols. Paris: Delalain, 1828-1880.

Concours généraux de l'université. I-IV. Paris: Delalain, 1860-1903.

Condamin, J. *La Composition française au baccalauréat.* Lyon: Vitte et Perrussel, 1884.

_____. *La Composition française au baccalauréat; conseils, plans synoptiques.* Lyon: Vitte et Perrussel, 1889.

Corneille, C. *Recueil des sujets de composition.* 2 vols. Paris: Hachette, 1876.

Cours abrégé de rhétorique. 2 vols. Paris: Oudin, 1878.

Cours complet de littérature à l'usage des séminaires et des collèges. Paris: Lecoffre, 1867.

Cours complet de littérature... (Poétique). Paris: Lecoffre, 1870.

Cours complet de littérature... (Style). Paris: Lecoffre, 1870.

Cours de littérature. Paris: Lecoffre, 1878.

Cours de rhétorique. Angers: Barasse, 1872.

Coutant, E.-C. *Le "Selectae français", morceaux choisis de littérature française.* Paris: Delagrave, 1888.

Couture, l'Abbé L. *Enseignement: philosophie et théologie, études latines, grammaire et littérature françaises.* Toulouse: Privat, 1911.

Crouzet, P. *Méthode française et exercices illustrés.* Toulouse: Privat, 1910.

_____. *Le Français au brevet supérieur illustré.* Paris: Didier, 1910.

Curo, M. *Cours de littérature et de belles-lettres.* Paris: Bernardin-Béchet, 1869.

David-Sauvageot, A. *Morceaux choisis des classiques français.* Paris: Colin, 1891.

_____. *Nouveaux morceaux choisis des classiques français.* Paris: Colin, 1890.

Delfolie, V. *Nouvelle anthologie classique des grands poètes français.* Paris: Delalain, 1923.

Delmont, T. *Recueil de compositions françaises, historiques et littéraires.* Paris: Putois-Cretté, 1888.

_____. *Nouveau recueil de compositions françaises.* Paris: Poussielgue, 1911.

Delplan, A. *La Patrie et les patriotes.* Paris: Delaplane, 1883.

Deltour, F. *Littérature française, principes de composition et de style.* Paris: Delagrave, 1890.

Demogeot, J. *Histoire de la littérature française.* Paris: Hachette, 1852.

_____. *Textes classiques de la littérature française.* 2 vols. Paris: Hachette, 1867.

Dériat, J. *Morceaux choisis des auteurs français.* Paris: Belin, 1917.

des Granges, Ch.-M. *Histoire de la littérature française.* Paris: Hatier, 1913.

_____. *Morceaux choisis des auteurs français.* Paris: Hatier, 1917.

_____, et C. Charrier. *La Littérature expliquée.* Paris: Hatier, 1920.

Devinat, E. *Livre de lecture et de morale.* Paris: Larousse, 1895.

Ditandy, A. *Analyse explicative et raisonnée de cent morceaux choisis de prose et de vers des classiques français.* Paris: Belin, 1882.

Doize, J., et al. *Extraits d'auteurs français*. Tours: Mame, 1896.

Doucet, C. *Concours littéraires. Rapports annuels, 1875-1885*. Paris: C. Lévy, 1886.

Doumic, R. *Histoire de la littérature française*. Paris: Delaplane, 1893.

————, et L. Levrault. *Etudes littéraires sur les auteurs français*. Paris: Delaplane, 1900.

Drioux, l'Abbé. *Histoire de la littérature française*. Paris: Belin, 1850.

————. *Manuel de composition, d'analyse et de critique littéraire*. Paris: Belin, 1858.

Duchatenet, A. *Choix de lectures littéraires*. Paris: Rieder, 1900.

Ducros, M.-L. *Morceaux choisis des prosateurs et des poètes français*. Paris: André-Guédon, 1891.

Durand, H. *Lectures expliquées*. Paris: Lecène-Oudin, 1888.

Duthar, E. *Lectures choisies de morale et de littérature*. Paris: Dezobry et Magdelaine, 1849.

Ecrivains du dix-septième siècle. Limoges: Barbou, 1880.

Eléments de littérature. Paris: Douai, 1882.

Etienne, L. *Recueil nouveau de morceaux choisis extraits des classiques français*. Paris: Delagrave, 1878.

Etudes littéraires sur les auteurs français. Paris: Delhomme, 1886.

Faguet, E. *Les Grands Maîtres du dix-septième siècle*. Paris: Lecène-Oudin, 1885.

————. *Notices littéraires sur les auteurs prescrits par le nouveau programme*. Paris: Lecène-Oudin, 1886.

————. *Recueil de textes des auteurs français*. Paris: Oudin, 1884.

Faivre, J. *Histoire de la littérature française*. Paris: Beauchesne, 1910.

Faure, F. *Livre de lecture courante des colonies françaises*. Paris: Delagrave, 1909.

Fernessole, le Père. *Etudes littéraires sur les auteurs français*. I. Paris: Beauchesne, 1914.

————. *La Littérature française par l'étude des textes*. Paris: De Gigord, 1912.

Feugère, L. *Morceaux choisis*. Paris: Delalain, 1882.

————. *Théâtre classique*. Paris: Delalain, 1878.

Figuière, l'Abbé. *Théâtre classique français*. Paris: Poussielgue, 1881.

Flatrès, L. *L'Enseignement du français*. Quimper: Jaouen, 1920.

Fleurs de la littérature française. Paris: Vermot, 1867.

Fleury, J. *Histoire élémentaire de la littérature française*. Paris: Plon, 1880.

————. *Manuel élémentaire de la littérature française*. Paris: Borrani, 1866.

————. *Bibliothèque littéraire*. 2 vols. Paris: St. Petersbourg, 1871.

Flory, J. *Cours complet de composition française*. Marseille: Ferran, 1908.

————. *Des Personnages de tragédie et de comédie*. Marseille: Laffitte, 1894.

Follioley, l'Abbé. *Histoire de la littérature française au XVIIème siècle*. II. Tours: Cattier, 1883.

Fouqué, l'Abbé. *Leçons élémentaires de littérature*. Le Mans: Leguicheux-Gallienne, 1879.

Frank, F. *Exercices de composition littéraire*. Paris: Delagrave, 1870.

Frémont, E.-L. *Petites leçons de littérature et de morale.* 2 vols. Paris: Delalain, 1836.

Gasc-Desfossés, A. *Recueil des sujets de composition française.* Paris: Croville et Foucaut, 1886.

_____. *Réponses aux questions du programme d'histoire de la littérature française.* Paris: Croville-Morant, 1885.

Gasquy, G.-A. *La Narration française — recueil méthodique de composition française.* Marseille: Laffitte, 1897.

Gazier, A. *Petite histoire de la littérature française.* Paris: Colin, 1891.

_____. *Traité d'explication française.* Paris: Belin, 1880.

Gellion-Danglar, E. *Les Lettres françaises depuis leurs origines.* Paris: Degorce-Cadot, 1882.

Genest, E. *Les Belles Citations de la littérature française.* Paris: Nathan, 1927.

Georges, M. et L. Troncet. *Troisième livre encyclopédique.* Paris: Larousse, 1880.

Géruzez, E. *Histoire de la littérature française.* ii. Paris: Didier, 1861.

_____. *Histoire abrégée de la littérature française.* Paris: Delalain, 1880.

_____. *Etudes littéraires sur les ouvrages français.* Paris: Delalain, 1879.

_____. *Essais de littérature française.* Paris: Garnier, 1863.

_____. *Etudes littéraires sur les auteurs français du XVIIème siècle.* Paris: Delalain, 1884.

_____. *Cours de littérature, rhétorique, poétique, histoire littéraire...* Paris: Delalain, 1884.

_____. *Cours de littérature conforme aux plans d'études des lycées.* Paris: Delalain, 1857.

_____. *Cours de littérature rédigé d'après le programme pour le baccalauréat.* Paris: Delalain, 1841.

Gidel, C. *Histoire de la littérature française.* Paris: Lemerre, 1882.

_____. *Nouveau recueil de morceaux choisis.* 2 vols. Paris: Delagrave, 1865-1867.

Gleyre, M. *Choix de récitations expliquées.* Paris: Boulanger, 1877.

Godefroy, F. *Histoire de la littérature française au XVIIème siècle.* Paris: Gaume, 1877.

_____. *Leçons sur la littérature française.* Paris: Gaume, 1883.

_____. *Morceaux choisis des prosateurs et poètes.* Paris: Gaume, 1881.

_____. *Théâtre classique.* Paris: Gaume, 1880.

Grandamy, H. et A. Saillard. *Recueil de corrigés de rédactions françaises.* Paris: Berger-Levrault, 1908.

Grandperret, C.-L. *Traité classique de littérature.* 2 vols. Paris: Brunot-Labbé, 1816.

Grenier, A. *Histoire de la littérature française.* Paris: Garnier, 1920.

Grigaut, M. *Cours de composition française.* Paris: Paulin, 1904.

Grisot, J. *Morceaux choisis de littérature française.* Paris: Belin, 1881.

Guibout, A. *Les Ecrivains célèbres de la France.* Rouen: Mégard, 1881.

Hanriot, C. *Choix de lectures pour l'année*. Paris: Delagrave, 1880-1881.

Hanriot, E. *Vive la France, morceaux choisis*. Paris: Picard-Bernheim, 1885.

Hatfield, A., et al. *Les Critiques littéraires du XIXème siècle*. Paris: Delagrave, 1894.

Hémon, F. *Cours de littérature*. VI. (*Molière*). Paris: Delagrave, 1891.

Henri, L. *Nouveau recueil de sujets de composition*. Paris: André-Guédon, 1883.

Henry, A. *Les Auteurs français de l'enseignement secondaire*. Paris: Belin, 1886.

————. *Cours critique et historique de littérature*. Paris: Belin, 1880.

————. *Explication et analyse des auteurs français*. Paris: Belin, 1892.

Henry, P. *Manuel des maîtres d'études et des maîtres répétiteurs*. Paris: Hachette, 1854.

Huleux, E. *La Vie littéraire à l'école, lecture, récitation, exercices, devoirs*. Paris: Picard, 1911.

Inventaire des cahiers de français (Musée National de l'Education).

Juranville, C. et P. Berger. *Le Bagage littéraire de la jeune fille*. Paris: Larousse, 1902.

Labaigue, C. *Morceaux choisis de littérature française*. Paris: Belin, 1888.

————. *Pour nos filles*. Paris: Belin, 1893.

Labaigue, C. et R. Pessonneaux. *La Lecture expliquée*. Paris: Belin, 1914.

Labbé, J. *Morceaux choisis des classiques français*. Paris: Hachette, 1882.

de Lafosse, J.-G., et al. *Bibliothèque littéraire*. II. St. Petersbourg: Wolf, 1871.

Lanson, G. *Etudes pratiques de composition française*. Paris: Hachette, 1891.

Larive et Fleury. *La Troisième Année de grammaire*. Paris: Colin, 1877.

Larousse P. *Gymnastique intellectuelle. Art d'écrire enseigné aux élèves des deux sexes*. Paris: Boyer, 1900.

Lébé-Gigun, L. *Sujets et modèles de composition*. Paris: Lecoffre, 1859.

Lefranc, E. *Nouveau manuel, complet et méthodique, des aspirants au baccalauréat ès lettres*. Paris: Delalain, 1857.

————. *Abrégé du traité théorique et pratique de littérature*. Paris: Lecoffre, 1880.

————, et G. Jeannin. *Manuel du baccalauréat*. Paris: Delalain, 1875.

Legeay, U. *L'Athénée français, nouveaux exercices littéraires et moraux*. Paris: Périsse, 1831.

Legrand, J. *Plans de composition française*. Paris: Quantin, 1888.

Lemonnier, A.-H. *Nouvelles leçons françaises de littérature et de morale*. Paris: Haut-Coeur et Gayet jeune, 1882.

Lepetit, T. *La Lecture du français*. Paris: Boyer, 1884.

Le Roy, A. *Memento du baccalauréat de l'enseignement secondaire*. Paris: Hachette, 1894.

Levrault, L. *Auteurs grecs, latins, français*. Paris: Delaplane, 1902.

Longhaye, G. *Histoire de la littérature française*. II. Paris: Retaux, 1895.

Lucas, H. *Histoire philosophique et littéraire du théâtre français*. Paris: Gosselin, 1843.

M., le Père. *Etudes littéraires sur les auteurs français*. Paris: Delhomme et Briguet, 1886.

Mainard, L. *Nouvelles études littéraires.* Paris: Delaplane, 1884.

―――――. *Etudes littéraires.* Paris: Delaplane, 1882.

Manuel, E. *Rapport sur le concours d'agrégation... en 1891.* Paris: Colin, 1892.

―――――. *Lycée Fontanes. Distribution des prix du 4 août 1881.* Paris: Seringe Frères, 1881.

Marcou, F.-L. *Morceaux choisis des classiques français.* Paris: Garnier, 1890.

Marguérin, M. *Recueil de morceaux choisis.* Paris: Delagrave, 1887.

Marion, H. et H. Dereux. *Pages et pensées morales.* Paris: Colin, 1900.

Martel, F. et E. Devinat. *Théâtre classique.* Paris: Delagrave, 1894.

Mémento du baccalauréat ès lettres. Paris: Hachette, 1841-1886.

Merlet, G. *Etudes littéraires sur les classiques français.* Paris: Hachette, 1880.

―――――. *Extraits des classiques français.* Paris: Fauraut, 1890.

―――――. *Origines de la littérature française du IXème au XVIIème siècle.* Paris: Fauraut, 1873.

Mossier, H. *La Lecture et la récitation hebdomadaires.* Paris: André, 1904.

Mouchard, A. et C. Blanchet. *Les Auteurs français du baccalauréat.* Paris: Poussielgue, 1894.

Navatel, L.-C. et B. Perez. *Développement des sujets de composition française donnés à la Sorbonne.* Paris: Croville-Morant, 1894.

Noël, A. *Histoire abrégée de la langue et de la littérature françaises.* Paris: Delalain, 1874.

―――――, et le Père de la Place. *Leçons françaises de littérature et de morale.* Paris: Normant, 1847.

Pellissier, A. *Morceaux choisis des classiques français.* Paris: Hachette, 1886.

Pellissier, G. *Précis de l'histoire de la littérature français.* Paris: Delagrave, 1902.

Pérez, B., E. Malvoisin et al. *La Composition de Rhétorique, recueil de tous les sujets de compositions françaises donnés à la Sorbonne de 1893 à 1898.* Paris: Croville-Morant, 1898.

Petit de Julleville. *Morceaux choisis des auteurs français.* Paris: Masson, 1897.

Philippon, P. et Mme Plantié. *Les Lectures littéraires de l'Ecole.* Paris: Larousse, 1927.

Quentel, J. *La Composition française.* Paris: Lethielleux, 1910.

Rassat, M. *Cours complet d'instruction élémentaire ― Morceaux choisis. II. Poètes français.* Paris: Delagrave, 1886.

Sarthou, M. *La Lecture expliquée.* Paris: Nathan, 1912.

Sauvageot, D. et P. Glachant. *Morceaux choisis des classiques français.* Paris: Colin, 1902.

Sujets donnés aux examens pour l'obtention des bourses. Paris: Vuibert et Nony, 1910.

Tanneguy de Wogan, E. *Manuel des gens de lettres.* Paris: Firmin-Didot, 1898.

Tarsot, L. et M. Charlot. *Etudes biographiques et critiques.* Paris: Delalain, 1900.

Urbain, Ch. et Ch. Jamey. *Etudes historiques et critiques sur les classiques français du baccalauréat. II.* Lyon: Vitte et Perrussel, 1884.

Valton, E. *Choix de sujets de compositions donnés aux examens de la licence ès lettres.* Paris: Delalain, 1861.

_____. *Choix de sujets de composition*. Paris: Delalain, 1861.

Vandouer, J. *Lectures morales et littéraires*. Paris: Picard et Kean, 1890.

Vincent, P. et F. Bouffandeau. *Leçons d'histoire littéraire*. Paris: Nathan, 1889.

Wever, C. *Textes français*. Paris: Masson, 1912.

2. Critique exégétique

Adam, A. "Vue perspective". *Europe (Le Jeune Molière)* 39 (1961) 7-10.

Albalat, A. "Molière". *Comment il faut lire les auteurs français de Villon à Victor Hugo*. Paris: Colin, 1913. 178-191.

Albanese, R. "Lectures critiques de Molière au xixème siècle". *Revue d'Histoire du Théâtre* 36.4 (1984) 341-361.

Anouilh, J. "Présence de Molière". *Cahiers de la Compagnie Madeleine-Renaud/Jean-Louis Barrault* 26 (1959) 3-7.

Anthoine, E. "Les Pièces pédagogiques de Molière". *Revue Pédagogique* 6 (1884) 126-146.

Arago, F. "Molière". *Oeuvres complètes*. iii. Paris: Gide et Baudry, 1855. 553-557.

Auger, L.-S. *Discours sur la comédie et vie de Molière*. Paris: Firmin-Didot, 1827.

Babou, H. "Les Ephémérides de Molière". *Revue de Paris* 25 (1844) 183-197.

Baluffe, A. *Autour de Molière*. Paris: Plon, 1889.

Bazin, A. *Notes historiques sur la vie de Molière*. Paris: Techenor, 1851.

_____. "Les Dernières Années de Molière". *Revue des Deux Mondes* 28 (1848) 185-215.

De Beauplan, R. "Le Tricentenaire de Molière à la Comédie-Française". *L'Illustration* 80.1 (1922) 34-42.

Becque, H. *Molière et "L'Ecole des Femmes" (conférence)*. *Oeuvres complètes*. vii. Paris: Grès, 1924-1926.

Beffara, L.-F., éd. *L'Esprit de Molière*. 2 vols. Paris: Lacombe, 1777.

Beigbeder, M. "Comment on 'démoliérise' Molière". *Confluences* 2.10 (1942) 458-466.

Bérard, L. *Au Service de la pensée française*. Paris: Paul, 1925.

_____. "Molière". *Nouvelle Revue d'Italie* 19.2 (1922) 200-206.

Bernardin, N.-M. *Les Chefs de choeur: Corneille, Molière, Racine, Boileau*. Paris: Rieder, 1914.

Besterman, T. "Molière". *A World Bibliography of Bibliographies*. iii. Lausanne: Societa Bibliographica, 1965-1966.

Blémont, E. *Théâtre moliéresque et cornélien*. Paris: Lemerre, 1898.

Bonteux, G. *Louis Veuillot et les mauvais maîtres des XVIème, XVIIème et XVIIIème siècles*. Paris: Perrin, 1919.

de Boulan, G. *L'Enigme d'Alceste, nouvel aperçu historique et moral sur le XVIIème siècle*. Paris: Quantin, 1879.

Bourget, P. "Alceste". *Etudes et portraits*. I. Paris: Lemerre, 1889. 349-356.

▁▁▁▁▁▁▁▁. "Molière et le génie français". *Nouvelles pages de critique et de doctrine*. II. Paris: Plon, 1922. 3-14.

Bourgoin, A. "Harpagon et Grandet". *Revue de l'Enseignement Secondaire et de l'Enseignement Supérieur* 9.2 (1888) 49-59.

Brisson, A. "Les Moliéristes et *Le Moliériste*". *Portraits intimes*. Paris: Colin, 1894. 133-136.

Brunel, L. "De quelques publications récentes sur Molière". *Revue de l'Enseignement Secondaire et de l'Enseignement Supérieur* 7 (1887) 8-27.

Brunet, M. "Le Comique de Molière". *Mercure de France* (1922) 289-320.

Brunetière, F. *Histoire de la littérature française classique*. Paris: Delagrave, 1912.

▁▁▁▁▁▁▁▁. *Les Epoques du théâtre français*. Paris: Hachette, 1906.

▁▁▁▁▁▁▁▁. *Manuel de l'histoire de la littérature française*. Paris: Delagrave, 1898.

▁▁▁▁▁▁▁▁. *Etudes critiques sur l'histoire de la littérature française*. 8 vols. Paris: Hachette, 1880-1907.

▁▁▁▁▁▁▁▁. "Trois moliéristes". *Revue des Deux Mondes* 66 (1884) 693-704.

Cailhava, J.-F. *Etudes sur Molière*. Paris: Debray, 1802.

Campardon, E. *Documents inédits sur Jean-Baptiste Poquelin Molière...* Paris: Plon, 1871.

Canora, J. *Molière moraliste*. Paris: Société Positiviste, 1901.

Cartier, J., éd. *Le Petit Molière, 1673-1973*. Paris: Authier, 1973.

Charaux, A. *Molière: la critique idéale et catholique*. Lille: Lefort, 1882.

Chauvet, F. "Molière". *Etudes littéraires*. Rouen: Mégard, 1880. 202-214.

Chauvin, R.-P. et G. Le Bidois. *La Littérature française par les critiques contemporains*. II. Paris: Belin, 1888. 166-234.

Chevrillon, A. "L'Humanité de Molière". *Revue de France* 15.4 (1922) 497-513.

Colet, L. *Le Monument de Molière*. Paris: Paulin, 1843.

Collinet, J.-P. *Lectures de Molière*. Paris: Colin, 1974.

Combarieu, J. "Le Style de Molière et l'hérésie' de M. E. Schérer". *Revue de l'Enseignement Secondaire et de l'Enseignement Supérieur* 13 (1890) 461-467; 481-488.

Conférences faites aux matinées classiques du théâtre national de l'Odéon. 3 vols. Paris: A. Crémieux et H. Chateau, 1889-1891.

Coquelin, L. "Molière et Shakespeare". *La Grande Revue* 1 (1901) 57-83.

Cordier, H., éd. *Molière jugé par Stendhal*. Paris: Chez tous les libraires, 1898.

de Cormenin, L. "Comédie sociale. Les types de Molière". *Revue de Paris* 1 (1851) 74-89.

de la Croix, le Frère Camille. "La Morale de Molière". *Etudes Franciscaines* 2 (1899) 69-86, 146-158, 298-309, 624-632.

Daudet, L. "Molière". *Ecrivains et artistes*. I. Paris: Ed. du Capitole, 1927. 79-99.

Davignon, H. *Molière et la vie*. Paris: Fontemoing, 1904.

Déborde de Montcorin, E. "Les Centenaires de Molière dans l'Histoire". *Revue des Etudes Historiques* 88 (1922) 151-160.

Delon, M. "Lectures de Molière au dix-huitième siècle". *Europe* 523-24 (1972) 92-102.

Deschanel, E. "Molière". *Le Romantisme des classiques*. Paris: C. Lévy, 1883. 63-75.

Descotes, M. *Molière et sa fortune littéraire*. Bordeaux: Ducros, 1970.

Despine, P. *La Science du coeur humain... d'après les oeuvres de Molière*. Paris: Savy, 1884.

Despois, E. *Le Théâtre français sous Louis XIV*. Paris: Hachette, 1874.

_____. "Molière et l'Univers". *La Liberté de Penser* 7 (1851) 680-695.

Diard, M. "De l'éducation des filles d'après Molière". *L'Enseignement Secondaire des Jeunes Filles* 7.12; 13 (1888) 135-142, 229-236; 74-82, 166-172, 216-224.

Dictionnaire de morale et de littérature, par Molière. Paris: Rémy-Brégeaut, 1838.

Doumergue E. "La Religion dans le théâtre de Molière". *Revue Chrétienne* 16 (1869) 725-744.

_____. "La Philosophie dans le théâtre de Molière". *Revue Chrétienne* 17 (1870) 326-347.

Doyon, R. *Molière, panacée universitaire*. II. Paris: La Connaissance, 1958.

Dugard, M. "L'Henriette du xxème siècle". *Revue Universitaire* 22 (1913) 294-300.

Dumoustier, L. *Molière, auteur et comédien, sa vie et ses oeuvres*. Paris: Laplace, Sanchez, 1883.

Dupanloup, F. *Femmes savantes et femmes studieuses*. Paris: Douniol, 1867.

Durand, H. *Molière*. Paris: Lecène & Oudin, 1889.

Dutourd, J. "Molière ou l'héroïsme du bon sens". *Contre les dégoûts de la vie*. Paris: Flammarion, 1986. 207-223.

d'Epagny, F. *Molière et Scribe*. Paris: Durand, 1865.

Fabre, E. *Notre Molière*. Paris: Michel, 1951.

_____. "Le Troisième Centenaire de Molière". *Revue des Deux Mondes* 91.6 (1921) 800-815.

Faguet, E. *Dix-septième siècle*. Paris: Boivin, s.d.

_____. *En lisant Molière*. Paris: Hachette, 1914.

Faure, F. *Livre de lecture courante des colonies françaises*. Paris: Delagrave, 1909.

Fellows, O. "Molière à la fin du Siècle des Lumières". *The Age of Enlightenment: Studies Presented to T. Besterman*. W. H. Barber, et al., éds. London: Oliver & Boyd, 1967. 330-349.

_____. *French Opinion of Molière, 1800-1850*. Providence: Brown University Press, 1937.

Fernessole, l'Abbé P. *La Littérature française par l'étude des textes*. Paris: De Gigord, 1912.

Feugère, G. *Morceaux choisis de prosateurs et de poètes*. Paris: Delalain, 1899.

Flory, J. *Cours complet de composition française*. Marseille: Ferran Jeune, 1908.

_____. *Des Personnages de tragédie et de comédie*. Marseille: Laffitte, 1894.

Flutre, F. *Molière*. Paris: Hachette, 1925.

Fouqué, l'Abbé G. *Leçons élémentaires de littérature*. Le Mans: Leguicheux-Gallienne, 1879.

Fournel, V. *Le Théâtre au XVIIème siècle. La comédie*. Paris: Oudin, 1892.

_____. "Molière et l'érudition contemporaine". *De Malherbe à Bossuet: Etudes littéraires et morales au XVIIème siècle*. Paris: Firmin-Didot, 1885. 65-110.

_____. "Le Culte de Molière et ses reliques". *De Malherbe à Bossuet: Etudes littéraires et morales au XVIIème siècle*. Paris: Firmin-Didot, 1885. 111-133.

Fournier, E. *Etudes sur la vie et les oeuvres de Molière*. Paris: Laplace, Sanchez, 1885.

_____. "A propos du *Don Juan* de Molière". *Revue Française* 13 (1858) 176-185.

Fowlie, W. "Molière Today". *Dionysus in Paris*. New York: Meridian, 1960. 247-264.

France, A. "Molière". *Le Génie latin*. Paris: Calmann-Lévy, 1922. 117-164.

du Fresnois, A. "M. Paul Adam contre Molière". *Revue Critique* 21 (1913) 656-664.

Freudmann, F. "Is There a 'cas Molière'?" *Modern Language Quarterly* 19 (1958) 53-59.

Ganderax, L. "Le *Don Juan* de Molière". *Revue Bleue* 22 (1891) 549-554, 579-586.

Gastinel, G. "L'Alceste de Molière". *Revue Pédagogique* 60.1 (1912) 453-470.

Gautier, T. "Molière". *L'Artiste* 16 (1856) 46-49.

_____. "Molière". *Les Maîtres du théâtre français de Rotrou à Dumas fils*. Paris: Payot, 1929. 49-81.

Gazier, A. "Molière". *La Grande Encyclopédie*. XXIV. Paris: Société Anonyme de la Grande Encyclopédie, 1886-1902. 12-28.

Gémier, F. et P. Gsell. "L'Eternelle Jeunesse de Molière". *La Revue Mondiale* 140 (1921) 412-421.

Gendarme de Bévotte, G. "La Popularité de Molière". *La Grande Revue* 107 (1921-1922) 353-364.

Geoffroy, G. *Cours de littérature dramatique*. I. Paris: Blanchard, 1819. 290-454.

Gidel, C. *Histoire de la littérature française*. Paris: Lemerre, 1882.

Giraud, V. *Moralistes français*. Paris: Hachette, 1923.

Guicharnaud, J. "Molière in the Light of Modern Criticism". *American Society of the Legion of Honor Magazine* 29.3 (1958) 161-175.

Hanriot, C. *Introduction à l'étude du théâtre de Molière*. Clermont-Ferrand: Troyes, 1874.

Harrison, T. "Molière Nationalized". *Revue d'Histoire du Théâtre* 26 (1974) 169-182.

Hazard, P. "Ce que Molière représente pour la France". *Nouvelle Revue d'Italie* 19.2 (1922) 91-113.

Hello, E. "Molière et l'idéal moderne". *Revue Française* 12 (1958) 230-239.

Hertich, C. "Molière et son théâtre". *La France immortelle, ses grandes forces spirituelles*. Paris: Flambeaux, 1943.

Houssaye, A. "Molière". *Histoire du 41ème fauteuil de l'Académie française*. Paris: Hachette, 1843. 100-110.

Janet, P. "La Philosophie dans les comédies de Molière". *Revue Politique et Littéraire* 17 (1872) 387-392.

_____. "La Philosophie de Molière". *Revue des Deux Mondes* 51 (1881) 323-362.

Janin, J. "Molière". *Causeries littéraires et historiques*. Paris: Delagrave, 1884. 3-98.

Jeannel, Ch.-J. *La Morale de Molière*. Paris: E. Thorin, 1867.

Jeune, S. "Molière, le pédant et le pouvoir". *Revue d'Histoire Littéraire de la France* 55 (1955) 145-154.

Krantz, E. "Le Problème de la vie et de l'éducation dans le théâtre de Molière". *Revue des Cours et Conférences* 7.1 (1898-1899) 690-699, 769-774.

Lacroix, P. *Bibliographie moliéresque*. Paris: A. Fontaine, 1875.

Lafenestre, G. *Molière*. Paris: Hachette, 1900.

Laforgue, J. "Socialism and the Intellectuals". *International Socialist Review* 1 (1900) 84-101.

La Harpe, J.-F. "Idées sur Molière". *Oeuvres*. v. Paris: Verdière, 1820. 57-68.

Lane, C. W. "French Criticism of Molière" (thèse). Oxford: University of Oxford Press, 1968.

Lanson, G. "Molière et la farce". *Essais de méthode, de critique et d'histoire littéraire*. H. Peyre, éd. Paris: Hachette, 1965. 189-210.

de Lapommeraye, H. *Molière et Bossuet*. Paris: Ollendorf, 1877.

de Laprade, V. "La Morale de Molière". *Essais de critique idéaliste*. Paris: Didier, 1882.

Larroumet, G. *La Comédie de Molière*. Paris: Hachette, 1903.

Latouche, A. "De la comédie de Molière". *Revue Critique* 21 (1844) 423-431.

Laverdant, D. *Les Renaissances de Dom Juan, histoire morale du théâtre moderne*. 2 vols. Paris: Hetzel, 1864.

Le Bidois, G. "La Comédie et l'honneur: Molière". *L'Honneur au miroir de nos lettres: essais de psychologie et de morale*. Paris: De Gigord, 1919. 264-289.

LeFranc, A. "La Vie et les ouvrages de Molière". *Revue des Cours et Conférences*. 18.1 (1905-1906); 18.1 (1909-1910) 348-363.

Legouvé, E. "Molière, poète national". *Le Temps*, le 2 avril 1902.

_____. "Molière". *Dernières pages recueillies (1898-1903)*. Paris: Hérissey, 1904. 49-81.

_____. *Histoire morale des femmes*. Paris: Didier, 1869.

Le Hardy, G. "Les Moliérophobes illustres". *Intermédiaire des chercheurs et curieux* 30 (1894), col. 519, 632; 31 (1895), col. 61, 211.

Lemaître, J. *Impressions de théâtre*. I-IV, VIII. Paris: Société Française d'Imprimerie et de Librairie, 1888-1894.

Lemercier, N. *Cours analytique de littérature générale*. Paris: Nepveu, 1817.

Lenient, C. "Portrait physique et moral de Molière". *Revue Politique et Littéraire* 44 (1874) 1084-1090.

Levaillois, J. "Molière philosophe". *L'Instruction Publique* 10 (1881) 140-191, 208-209.

Leveaux, A. *L'Enseignement moral dans les comédies de Molière*. Compiègne: A. Mennecier et Cie, 1883.

Marius, M. "Le Génie et les chefs-d'oeuvre de Molière". *Le Monde*, les 14, 17 octobre; les 1er, 10, 11 novembre 1886.

Marnicouche, E. "Un Cocher moliérophile". *Le Moliériste* 3 (1882) 304.

Merlet, G. et E. Lintillhac. *Etudes littéraires sur les classiques français*. Paris: Hachette, 1894.

Michaut, G. *Les Débuts de Molière*. Paris: Hachette, 1923.

_____. *Les Luttes de Molière*. Paris: Hachette, 1925.

_____. *La Jeunesse de Molière*. Paris: Hachette, 1922.

Moland, L. *Molière, sa vie et ses ouvrages*. Paris: Garnier, 1887.

Molière ("Génies et réalités"). Paris: Hachette, 1976.

"Molière". *Journal of the Australasian Universities Language and Literature Association* 39 (1973).

"Molière". Paris: *Paris-Match*, 1969.

Molière à trois cents ans. Montreuil: Imprimerie municipale, 1973.

Molière and the Commonwealth of Letters: Patrimony and Posterity. R. Johnson, Jr., et al., éds. Jackson: University Press of Mississippi, 1975.

Le Molière de la jeunesse. M. Jauffret, éd. Paris: Maurras, 1830.

Le Molière de la jeunesse. J.-A. Perrault-Maynard, éd. Lyon: Pelagaud, Lesne et Crozet, 1836.

Le Moliériste 1-10 (1879-1889).

Moore, W. G. "Molière Studies: The Present Position". *French Studies* 1 (1949) 291-301.

Moreau, P. "L'Année de Molière et les leçons de son oeuvre". *Revue des Cours et Conférences* 24 (1922-1923) 446-457.

Mulhfeld, L. "Un Point de littérature dramatique: les dénouements de Molière". *Revue d'Art Dramatique* (1888).

Nadal, O. "Molière et le sens de la vie". *A mesure haute*. Paris: Mercure de France, 1964. 91-108.

Nède, A. "Les Incarnations de Molière". *Le Figaro*, le 18 septembre 1913.

Nepote-Desmarres, F. "Un Molière de la variété". Thèse dactylographiée, doctorat de troisième cycle. Sorbonne, Paris v, 1984.

Nicolet, A. "Histoire des études sur Molière". *Edda* 39 (1939) 406-451.

Nisard, D. *Histoire de la littérature française*. Paris: Firmin-Didot, 1849.

Nodé, C. "Etude sur Molière — *Tartuffe*". *Revue de Toulouse* 14 (1861) 258-274.

Noël, E. *Légendes françaises. Molière*. Paris: Garnier, 1852.

Le Panthéon populaire — Chefs-d'oeuvre illustrés de la littérature. 2 vols. Paris: Barba, 1851.

Pastourel, L. "La Philosophie de Molière". *Les Lettres* 1 (1922) 205-212.

Pernard, L. *La Comédie de Molière*. Lyon: Vitte, 1908.

Petit de Julleville, L. *Le Théâtre en France; histoire de la littérature dramatique depuis ses origines jusqu'à nos jours*. Paris: Colin, 1889.

Peyre, H. "Stendhal and Balzac as Admirers and Followers of Molière". *Molière and the Commonwealth of Letters: Patrimony and Posterity*. R. Johnson, Jr., et al., éds. Jackson: University Press of Mississippi, 1975. 133-144.

Picard, R. "Etat présent des études moliéresques". *L'Information Littéraire* 10 (1958) 53-56.

Planche, G. *Etudes littéraires*. Paris: C. Lévy, 1855.

_____. "Molière à la Comédie-Française". *Revue des Deux Mondes* 26.2 (1856) 899-914.

Potez, H. "Que nous enseigne Molière dans les '*Précieuses ridicules*' et les '*Femmes savantes*'?" *Revue Pédagogique* 57 (1910) 42-57.

Prioleau, E. *Molière*. Bordeaux: Feret, 1891.

Proceedings at the Commemoration of the Three-Hundredth Anniversary of the Birth of Molière. New York: American Academy of Arts & Letters, 1926.

Rambert, E. *Corneille, Racine et Molière*. Lausanne: Delafontaine, 1861.

Rat, M. "Molière devant la critique". *Molière, Oeuvres complètes*. XL-LX. Paris: Gallimard-La Pléiade, 1962.

Renucci, A. "Le Sens de la mesure dans l'oeuvre de Molière". *Revue Bleue* 56 (1918) 566-570.

Révillout, C.-J. "Etudes littéraires et morales sur le XVIIème siècle". *Mémoires de l'Académie des sciences et lettres de Montpellier*. VIII. Montpellier: C. Boehn, 1887.

Rigal, E. *Molière*. 2 vols. Paris: Hachette, 1908.

Riggs, L. *Molière and Plurality. Decomposition of the Classicist Self*. New York: Peter Lang, 1989.

Romero, L. *Molière: Traditions in Criticism, 1900-1970*. Chapel Hill: North Carolina Studies in the Romance Languages and Literatures, 1974.

Rougier, L. "Comment doit-on entendre Molière?" *Nouvelle Revue d'Italie* 19.2 (1922) 29-53.

Rousseaux, A. "Deux aspects de génie classique: Racine et Molière". *Revue Hebdomadaire* 31 (1922) 401-414.

Saint-Marc Girardin, F.-A. "Le Mariage au théâtre de Molière". *Revue Nationale* 22 (1865) 385-407.

_____. *Cours de littérature dramatique*. IV, V. Paris: Charpentier, 1866-1874.

Saint-Prosper, A. *Essai sur la comédie*. Paris: Gratiot, 1812.

de Saint-Victor, P. "Molière". *Les Deux Masques, tragédie-comédie*. III. Paris: C. Lévy, 1887. 418-509.

Sainte-Beuve, Ch.-A. *Port-Royal*. III. Paris: Hachette, 1901.

_____. *Portraits littéraires*. II. Paris: Didier, 1852.

_____. *Nouveaux lundis*. V. Paris: Garnier, 1863.

Saintonge, P. et R. W. Christ, éds. *Fifty Years of Molière Studies; a Bibliography*. Baltimore: Johns Hopkins Press, 1942.

Salomon, H.-P. *'Tartuffe' devant l'opinion française*. Paris: PUF, 1962.

Salvan, P. "Le *Tartuffe* de Molière et l'agitation anticléricale en 1825". *Revue d'Histoire du Théâtre* 12 (1960) 7-19.

Sarcey, F. "Molière". *Quarante Ans de Théâtre*. II. Paris: Bibliothèque des Annales Politiques et Littéraires, 1900. 3-222.

Schérer, E. *Etudes sur la littérature contemporaine*. I. Paris: C. Lévy, 1885.

Sébillot, P. "Les Traditions populaires et les écrivains: Molière". *Revue des Traditions Populaires* 5 (1890) 396-412.

Simon, A. *Molière par lui-même*. Paris: Seuil, 1957.

Souday, P. "Le Tricentenaire de Molière". *Revue de Paris* 2 (1922) 195-102.

_____. "Molière et la Révolution". *Le Temps*, le 16 juillet 1918.

Soulié, E. *Recherches sur Molière et sur sa famille*. Paris: Hachette, 1863.

Stapfer, P. *Molière et Shakespeare*. Paris: Hachette, 1887.

_____. *Petite comédie de la critique littéraire; ou Molière selon trois écoles philosophiques*. Paris: C. Lévy, 1866.

Strowski, F. "Le Génie de Molière". *Correspondant* 242 (1911) 1148-1161.

Taine, H. *Histoire de la littérature anglaise*. III. Paris: Hachette, 1882.

Taschereau, J.-A. *Histoire de la vie et des ouvrages de Molière*. Paris: Hetzel, 1844.

Tavernier, E. "Le Culte de Molière". *Libre parole*, le 1er février 1922.

_____. "L'Art et la philosophie de Molière". *Libre parole*, le 27 janvier 1922.

_____. "A propos de Molière". *Libre parole*, le 17 janvier 1922.

Tayah, C. "La Fortune pédagogique de Molière (XVIIIème-XIXème siècles)". Thèse dactylographiée, doctorat de troisième cycle. Sorbonne, Paris IV, 1982.

Tenant, J. "La Critique et Molière". *Les Amitiés Foréziennes et Vellares* 1 (1921) 121-126.

Thibaudet, A. "Molière et la critique". *Revue de Paris* 37 (1930) 365-394.

Thuasne, L. "Le Musée de Molière". *La République Française*, le 17 février 1894.

Toldo, P. "Pour Molière". *Nouvelle Revue d'Italie* 19.2 (1922) 54-73.

Le Tricentenaire de Molière (recueil de discours prononcés à l'occasion des fêtes du troisième centenaire de Molière — janvier 1922). Paris: Crès, 1922.

Truffier, J. "Molière à la Comédie-Française". *Revue des Deux Mondes* 57 (1920) 863-889.

_____. "Une Exposition moliéresque en 1873". *Le Figaro* (supplément), le 4 juillet 1920.

Ubersfeld, A. et R. Monod. "Molière: Trois cents ans". *La Nouvelle Critique* 250 (1973) 70-77.

de V., M. "Dictionnaire de morale et de littérature par Molière". *Revue du Nord* 2 (1837) 289-297.

Veuillot, L. "Molière et Bourdaloue". *Revue du Monde Catholique* 5 (1863) 641-657; 7 (1865) 81-96.

_____. *Molière et Bourdaloue*. Paris: Palmé, 1877.

Vinet, A. *Poètes du siècle de Louis XIV*. Paris: Chez les Editeurs, 1861.

Walch, J. L. "What Molière Means to the French". *Literary Digest* 72 (1922) 47.

Watson, H. "Sainte-Beuve's Molière: A Romantic Hamlet". *French Review* 38 (1965) 606-618.

Wheatley, K. E. "Jean-Baptiste Poquelin/Now and Then". *Forum* 11 (1973) 21-31.

Zyromski, E. "Descartes et Molière". *L'Orgueil humain*. Paris: Colin, 1904. 227-284.

3. *Etudes générales*

Adorno, T. *Théorie esthétique*. Paris: Klincksieck, 1974.

"Agathon", pseud., A. de Tarde. *L'Esprit de la nouvelle Sorbonne*. Paris: Mercure de France, 1911.

Agulhon, M. "Esquisse pour une archéologie de la République. L'Allégorie civique féminine". *Annales E.S.C.* 28 (1973) 5-34.

_____. *Marianne au combat: L'imagerie et la symbolique républicaines de 1789 à 1880*. Paris: Flammarion, 1979.

Albanese, R. "Le Discours scolaire au xixème siècle: le cas Molière". *Continuum* 1 (1989) 31-49.

_____. "Images de la femme dans le discours scolaire républicain (1880-1914)". *French Review* 62 (1989) 740-748.

Allais, G. "La Licence ès lettres et la crise générale des études classiques". *Revue Internationale de l'Enseignement* 60.2 (1910) 501-507.

Althusser, L. "Idéologies et appareils idéologiques d'Etat". *Positions*. Paris: Ed. Sociales, 1976. 67-125.

Amalvi, C. "Les Guerres des manuels autour de l'école primaire en France (1899-1914)". *Revue Historique* 262.2 (1979) 359-398.

_____. *Les Héros de l'histoire de France. Recherche iconographique sur le panthéon scolaire de la Troisième République*. Paris: Phot'oeil, 1979.

Anderson, R. D. *France: 1870-1914, Politics and Society*. London: Routledge & Kegan Paul, 1977.

_____. "Catholic Secondary Schools (1850-1870): A Reappraisal". *Conflicts in French Society*. T. Zeldin, éd. London: Allen & Unwin Ltd., 1970. 51-93.

_____. "Secondary Education in Mid-Nineteenth-Century France: Some Social Aspects". *Past and Present* 53 (1971) 121-141.

_____. *Education in France, 1848-1870*. Oxford: Clarendon Press, 1975.

Anthoine, E. *A travers nos écoles*. Paris: Hachette, 1887.

Apple, M. W., éd. *Cultural and Economic Reproduction in Education*. London: Routledge & Kegan Paul, 1982.

Archer, M. et M. Vaughan. *Social Conflict and Educational Change in England and France, 1789-1848*. Cambridge: Cambridge University Press, 1971.

Arnengaud, A. *L'Opinion publique en France et la crise nationale allemande en 1866*. Paris: Les Belles Lettres, 1962.

Arnavon, L.-H. *L'Alliance française*. Paris: Colin, 1898.

d'Arvert, F. "L'Education nationale". *Revue Internationale de l'Enseignement* 26 (1893) 308-320.

Atlas de l'enseignement en France. Paris: Commission française pour l'enquête Carnegie, 1934.

Aumond, B. "L'Histoire du manuel scolaire". *Educateurs* 66 (1956) 514-532.

d'Auriac, J. *La Nationalité française: sa formation*. Paris: Flammarion, 1913.

Auspitz, K. *The Radical Bourgeoisie; the Ligue de l'enseignement and the Origins of the Third Republic, 1866-1885*. Cambridge: Cambridge University Press, 1982.

Avanzini, G., éd. *Histoire de la pédagogie du 17ème siècle à nos jours*. Toulouse: Privat, 1981.

Azéma, J.-P. et M. Winock. *La IIIème République*. Paris: Calmann-Lévy, 1976.

Bainville, J. *La Troisième République*. Paris: Fayard, 1935.

Baker, D. N. et P. J. Harrigan, éds. *The Making of Frenchmen: Current Directions in the History of Education, 1679-1979*. Waterloo, Ontario: Historical Reflections Press, 1980.

Baldick, C. *The Social Mission of English Criticism*. Oxford: Clarendon Press, 1983.

Balibar, R. *Les Français fictifs: le rapport des styles littéraires au français national*. Paris: Hachette, 1974.

————. *L'Institution du français*. Paris: PUF, 1985.

Bardoux, A. *Rapport au président de la République sur l'enseignement supérieur*. Paris: Imprimerie Nationale, 1876.

Baroja, J.-C. *Le Mythe du caractère national*. Lyon: Federop, 1975.

Barral, P., éd. *Les Fondateurs de la Troisième République*. Paris: Colin, 1972.

Barrès, M. *L'Ennemi de lois*. Paris: Perrin, 1893.

Barthes, R. "Réflexions sur un manuel". *L'Enseignement de la littérature*. S. Doubrovsky et T. Todorov, éds. Paris: Plon, 1971. 170-177.

————. "L'Ancienne Rhétorique". *Communications* 16 (1970) 172-237.

Barzun, J. *The French Race*. New York: Columbia University Press, 1932.

Batault, G. "Le Problème de la culture et la crise du français". *Mercure de France* 92 (1911) 52-81.

Baudelot, C. et R. Establet. *L'Ecole capitaliste en France*. Paris: Maspero, 1971.

Bauer, A. "La Morale et les universités". *Revue Internationale de l'Enseignement* 64 (1912) 528-534.

Bazouin, A. "Une Conséquence des réformes de 1902". *Revue Universitaire* 17 (1908) 294-298.

Belis, A. *La Critique française à la fin du XIXème siècle*. Paris: Librairie universitaire J. Gamber, 1926.

Belkhir, J. *Les Intellectuels et le pouvoir*. Paris: Anthropos, 1982.

Bellanger, C., et al. *Histoire générale de la presse française*. I. Paris: PUF, 1969.

Bellesort, A. *Les Intellectuels et l'avènement de la Troisième République*. Paris: Grasset, 1931.

Benda, J. *Esquisse d'une histoire des Français dans leur volonté d'être une nation*. Paris: Gallimard, 1932.

Bendix, R. "Tradition and Modernity Reconsidered". *Comparative Studies in Society and History* 9 (1966) 292-346.

————. *Nation-Building and Citizenship*. New York: Wiley, 1964.

Bénichou, P. *Le Sacre de l'écrivain, 1750-1830. Essai sur l'avènement d'un pouvoir spirituel laïque dans la France moderne*. Paris: Corti, 1973.

Bennett, T. *Formalism and Marxism*. New York: Methuen, 1979.

Benoist, C. "De l'enseignement de la composition française dans les classes de Sixième et de Cinquième". *Revue Universitaire* 14 (1905).

Bérard, L. *Au Service de la pensée française*. Paris: E. Paul frères, 1925.

————. *Pour la réforme classique de l'enseignement secondaire*. Paris: Colin, 1923.

Berdiaev, N. *De l'esprit bourgeois*. Paris: Delachaux-Nestlé, 1949.

Berl, E. *Mort de la pensée bourgeoise*. Paris: Grasset, 1929.

————. *Mort de la morale bourgeoise*. Paris: Gallimard, 1929.

Bernanos, G. *La Grande Peur des bien-pensants. Edouard Drumont*. Paris: Grasset, 1931.

Bernès, M. "L'Enseignement moral social dans l'enseignement secondaire en France". *Congrès International de l'Enseignement des Sciences Sociales*. Paris: F. Alcan, 1900.

Bert, P. *Projet de loi sur l'organisation de l'enseignement supérieur*. Paris: Germer-Baillière, 1872.

Berth, E. *La Fin d'une culture*. Paris: Librairie des sciences politiques, 1927.

Bertholot, M. "La Crise de l'enseignement secondaire". *Revue des Deux Mondes* 104 (1891) 337-374.

Bertocci, P. A. *Jules Simon's Republican Anticlericalism and Cultural Politics in France, 1848-1886*. Columbia: University of Missouri Press, 1978.

Bessière, J., éd. *L'Ecole*. Paris: Larousse, 1978.

Beyer, L. E. et M. W. Apple, éds. *The Curriculum: Problems, Politics, and Possibilities*. Albany: State University of New York Press, 1988.

Bézard, J. *La Classe de français*. Paris: Vuibert, 1908.

————. *De la méthode littéraire*. Paris: Vuibert, 1906.

Bigot, C. *Les Classes dirigeantes*. Paris: Charpentier, 1875.

————. "Désiré Nisard — souvenirs de l'Ecole Normale". *Revue Bleue* 15 (1888) 430-435.

Biguet, C. et M. Mougenot. "Situer les textes". *Le Français Aujourd'hui* 72 (1985) 55-59.

Billard, C. et P. Guibbert. *Histoire mythologique des Français*. Paris: Galilée, 1976.

Billon-Grand, F. *La Socialisation politique des enfants*. Paris: Colin, 1968.

Blanchard, M. *L'Enseignement littéraire*. Beauvais: Laffineur, 1876.

Blanchet, M. "Discours de M. Blanchet". *Revue de l'Enseignement Secondaire et de l'Enseignement Supérieur* 10 (1889) 56-64.

Bocquillon, E. *La Crise du patriotisme à l'école*. Paris: Vuibert et Nony, 1905.

————. *Pour la patrie*. Paris: Vuibert et Nony, 1907.

Boiraud, H. "Sur la création par l'Etat d'un enseignement secondaire féminin en France". *Pedagogica Historica* 17 (1977) 21-36.

Boissier, G. "Les Réformes de l'enseignement — l'enseignement supérieur". *Revue des Deux Mondes* 75.2 (1868) 863-884.

Boissinot, A. et M. Mougenot. "L'Histoire littéraire n'est plus ce qu'elle était". *Le Français Aujourd'hui* 72 (1985) 6-19.

Bompard, L. "Les Auteurs français du brevet supérieur et du certificat d'aptitude au professorat des écoles normales". *Revue Pédagogique* 35.2 (1899) 118-126.

Bonheur, G. *Qui a cassé le vase de Soissons?* Paris: Laffont, 1963.

Bonnet, J.-C. "Les Morts illustres". *La Nation*. III. P. Nora, éd. Paris: Gallimard, 1986. 217-241.

————. "Naissance du Panthéon". *Poétique* 33 (1978) 46-65.

Bouasse, H. *Bachot et bachotage; étude sur l'enseignement en France*. Toulouse: Montlauzeur, 1910.

Bouchendhomme, E. *De l'enseignement du français*. Paris: Colin, 1912.

Bouglé, C. *Humanisme, sociologie, philosophie: remarques sur la conception française de la culture générale*. Paris: Herman, 1938.

Bouillier, F. *L'Université sous M. Ferry*. Paris: Gaume, 1880.

Bourdieu, P. *Homo academicus*. Paris: Minuit, 1984.

————. *La Distinction: critique sociale du jugement*. Paris: Minuit, 1979.

————. "La Production de la croyance; contribution à une économie des biens symboliques". *Actes de la Recherche en Sciences Sociales* 13 (1977) 4-43.

————. "Cultural Reproduction and Social Reproduction". *Knowledge, Education and Social Change*. R. Brown, éd. London: Tavistock, 1973. 71-112.

————. "Disposition esthétique et compétence artistique". *Les Temps Modernes* 295 (1971) 1345-1378.

————. "Le Marché des biens symboliques". *L'Année Sociologique* 22 (1971) 49-126.

————. "Le Système des fonctions du système d'enseignement". *L'Education en Europe*. M. A. Matthyssen et C. E. Vervoort, éds. Paris: Mouton, 1969. 181-189.

————. "Systèmes d'enseignement et systèmes de pensée". *Revue Internationale des Sciences Sociales* 19.3 (1967) 367-388.

————. "Champ intellectuel et projet créateur". *Les Temps Modernes* 246 (1966) 865-906.

————. "L'Ecole conservatrice. Les inégalités devant l'école et devant la culture". *Revue Française de Sociologie* 7 (1966) 325-347.

_____. "La Transmission de l'héritage culturel". *Le Partage des bénéfices; expansions et inégalités en France* (Colloque d'Arras). Paris: Minuit, 1966. 383-426.

Bourdieu, P. et J.-C. Passeron. *La Reproduction; éléments pour une théorie du système d'enseignement*. Paris: Minuit, 1970.

_____. "L'Examen d'une illusion". *Revue Française de Sociologie* 9 (1968) 227-253.

_____. *Les Héritiers, les étudiants et la culture*. Paris: Minuit, 1964.

Bourdieu, P. et M. de Saint-Martin. "L'Excellence scolaire et les valeurs du système d'enseignement français". *Annales E.S.C.* 25 (1970) 147-175.

Bourgeois, E. *L'Enseignement secondaire selon le voeu de la France*. Paris: A. Chevalier Marescq, 1900.

Bourgin, H. "L'Enseignement du français". *Revue Universitaire* 19 (1910) 13-22.

Boutmy, E. *Le Baccalauréat et l'enseignement secondaire*. Paris: Colin, 1899.

_____, et E. Vinet. *Quelques idées sur la création d'une faculté libre d'enseignement supérieur*. Paris: A. Laîné, 1871.

Braudel, F. *L'Identité de la France*. Paris: Michel, 1985.

Breuilly, J. *Nationalism and the State*. Manchester: Manchester University Press, 1982.

Bricard, I. *Saintes ou pouliches?* Paris: Michel, 1985.

Brockliss, L. W. B. *French Higher Education in the Seventeenth and Eighteenth Centuries*. Oxford: Clarendon Press, 1987.

Brody, J. "What *Was* French Classicism?" *Continuum* 1 (1989) 51-77.

Brown, R. W. *How the French Boy Learns To Write: A Study in the Teaching of the Mother Tongue*. Cambridge: Harvard University Press, 1915.

Brunetière, F. "L'Evolution de la critique depuis la Renaissance jusqu'à nos jours". *L'Evolution des genres dans l'histoire de la littérature*. i. Paris: Hachette, 1910.

_____. *Discours de combat*. i. Paris: Perrin, 1914.

_____. *L'Idée de patrie*. Paris: Hetzel, 1896.

_____. "Sur l'organisation de l'enseignement secondaire français". *Revue des Deux Mondes* 105 (1891) 214-225.

Buisson, F. *La Foi laïque. Extraits de discours et d'écrits, 1878-1911*. Paris: Hachette, 1912.

Buisson, F. et F. E. Farrington, éds. *French Educational Ideals of Today: An Anthology of the Molders of French Educational Thought of the Present*. New York: World Book, 1919.

Bulletin administratif de l'instruction publique 92 (1857); 168 (1863); 61 (1865); 338 (1874); 456 (1880); 635 (1885); 891, 922 (1890); 1174 (1895); 1357 (1899).

Burgelin, C. "Histoire littéraire et crise de l'Histoire". *Le Français Aujourd'hui* 72 (1985) 23-30.

Burnand, R. *La Vie quotidienne en France de 1870 à 1900*. Paris: Hachette, 1947.

Burnier, L. *Histoire littéraire de l'éducation morale et religieuse en France et dans la Suisse Romande*. 2 vols. Lausanne: G. Bridel, 1864.

Bush, J. W. "Education and Social Status: The Jesuit College in the Early Third Republic". *French Historical Studies* 9 (1975) 125-140.

Buthman, W. C. *The Rise of Integral Nationalism in France*. New York: Columbia University Press, 1939.

Cahen, A. "L'Etude du français dans l'enseignement secondaire en France". *Revue Internationale de l'Enseignement* 67.1 (1914) 101-119.

Capéran, L. *Histoire contemporaine de la laïcité française*. Paris: Rivière, 1959.

_____. *La Laïcité en marche*. Paris: Nouvelles Editions Latines, 1961.

Caput, J.-P. *La Langue française; histoire d'une institution, 1715-1974*. II. Paris: Larousse, 1975.

Carbonell, C.-O. *Histoire et historiens, une mutation idéologique des historiens français, 1865-1885*. Toulouse: Privat, 1976.

Carnoy, M. "Education, Economy, and the State". *Cultural and Economic Reproduction in Education*. M. W. Apple, éd. London: Routledge & Kegan Paul, 1982. 79-126.

Caron, M. "Des sujets de composition française dans l'enseignement secondaire des jeunes filles". *L'Enseignement Secondaire des Jeunes Filles* 14 (1895) 97-107.

Carré, A.-M. *Le Sacerdoce des laïcs*. Paris: Spes, 1960.

Carrère, J. *Les Mauvais Maîtres*. Paris: Plon, 1920.

Cent ans d'école. Syssel: Ed. du Champ-Vallon, 1981.

Chadwick, O. *The Secularization of the European Mind in the Nineteenth Century*. Cambridge: Cambridge University Press, 1975.

Chaline, J.-P. *Les Bourgeois de Rouen. Une élite urbaine au XIXème siècle*. Paris: Presses de la Fondation Nationale des Sciences Politiques, 1982.

Chantavoine, H. "Discours de M. Chantavoine". *Revue de l'Enseignement Secondaire et de l'Enseignement Supérieur* 8.2 (1887) 49-69.

Chapman, G. *The Third Republic of France*. I. New York: St. Martins Press, 1962.

Chapoulie, J.-M. "Le Corps professoral dans la structure de classe". *Revue Française de Sociologie* 15 (1974) 155-200.

Charle, C. *Les Elites de la République, 1880-1900*. Paris: Fayard, 1987.

_____. "Le Champ universitaire parisien à la fin du 19ème siècle". *Actes de la Recherche en Sciences Sociales* 19 (1983) 77-89.

_____. *La Crise littéraire à l'époque du naturalisme*. Paris: Presses de l'Ecole Normale Supérieure, 1979.

_____. "Situation spatiale et position sociale; essai de géographie sociale du champ littéraire à la fin du 19ème siècle". *Actes de la Recherche en Sciences Sociales* 13 (1977) 45-59.

Charles, M. *L'Arbre et la source*. Paris: Seuil, 1985.

_____. "La Lecture critique". *Poétique* 34 (1978) 129-151.

Charlot, B. *La Mystification pédagogique: réalités sociales et processus idéologiques dans la théorie de l'éducation*. Paris: Payot, 1976.

Charlton, D. G. "Positivism and Its Aftermath". *French Literature and Its Background*. v. J. Cruickshank, éd. London: Oxford University Press, 1969. 1-16.

_____. *Secular Religions in France, 1815-1870*. London: Oxford University Press, 1963.

_____. *Positivist Thought in France during the Second Empire, 1852-1870*. Oxford: Clarendon Press, 1959.

Chartier, R., éd. *Pratiques de la lecture*. Marseille: Rivages, 1985.

Chartier, R., et al., éds. *Histoire de l'édition française*. 4 vols. Paris: Promodis, 1982.

Château, J. *La Culture générale*. Paris: Vrin, 1964.

Chaunu, P. *La France. Histoire de la sensibilité des Français à la France*. Paris: Laffont, 1982.

Chauvelon, E. "L'Enseignement des humanités: à propos des nouvelles instructions". *Revue de l'Enseignement Secondaire et de l'Enseignement Supérieur* 14 (1890) 202-214.

_____. "Les Humanités modernes". *Revue de l'Enseignement Secondaire et de l'Enseignement Supérieur* 14 (1890) 296-300.

Chervel, A. *Les Auteurs français, latins, grecs au programme de l'enseignement secondaire de 1800 à nos jours*. Paris: INRP et Editions de la Sorbonne, 1986.

_____. "Sur l'origine de l'enseignement du français dans le secondaire". *Histoire de l'Education* 25 (1985) 3-10.

_____. *Et il fallut apprendre à écrire à tous les petits Français*. Paris: Payot, 1977.

Chevalier, L. *Histoire anachronique des Français*. Paris: Plon, 1974.

_____. *Classes laborieuses, classes dangereuses pendant la première moitié du XIXème siècle*. Paris: Plon, 1958.

Chevalier, P., éd. *La Scolarisation en France depuis un siècle*. La Haye: Mouton, 1974.

Chevallier, P. *La Séparation de l'Eglise et de l'Ecole. Jules Ferry et Léon XIII*. Paris: Fayard, 1981.

Chombart de Lauwe, P.-H., éd. *Images de la culture*. Paris: Payot, 1970.

Choppin, A. "Le Cadre législatif et réglémentaire des manuels scolaires". *Histoire de l'Education* 26 (1986) 21-58.

_____. "Le Livre scolaire". *Histoire de l'édition française*. H.-J. Martin, R. Chartier et J.-P. Vivet, éds. Paris: Promodis, 1986. 281-305.

_____. "Pour une histoire des moyens éducatifs: la production des manuels scolaires en France". *L'Information Historique* 45 (1983) 134-142.

_____. "L'Histoire des manuels scolaires: une approche globale". *Histoire de l'Education* 9 (1980) 1-25.

Christin, C. *Aux origines de l'histoire littéraire*. Grenoble: Presses Universitaires de Grenoble, 1973.

Circulaires et instructions officielles 7 (1870-1878); 8 (1878-1882).

Citron, S. "Enseignement secondaire et idéologie élitiste entre 1880 et 1914". *Le Mouvement Social* 96 (1976) 81-101.

Clarac, P. *L'Enseignement du français*. Paris: PUF, 1964.

————, éd. *La Classe de français*. 11 vols. Paris: Belin, 1949-1960.

Clark, L. L. *Schooling the Daughters of Marianne*. Albany: SUNY Press, 1984.

Clark, P. *Literary France*. Berkeley: University of California Press, 1987.

Clément, L. "Les Devoirs de français — l'explication écrite des auteurs". *Revue Universitaire* 1 (1892) 121-130.

Coignet, C. "Quelques mots sur l'enseignement secondaire des jeunes filles". *Revue Bleue* 26 (1880) 155-156.

————. "Instruction secondaire des jeunes filles. De l'enseignement de la morale". *Revue Bleue* 26 (1880) 73-82.

————. "L'Enseignement secondaire des jeunes filles". *Revue Bleue* 23 (1879) 986-994.

Coirault, G. *Les Cinquante Premières Années de l'enseignement secondaire féminin, 1880-1930*. Tours: Arrault, 1940.

Collinet, J.-P. "Les Classiques à l'école". *Destins et enjeux du XVIIème siècle*. Paris: PUF, 1985. 223-230.

Colmet Daâge, F. *La Classe bourgeoise*. Paris: Nouvelles Editions latines, 1959.

Comment Enseigner. Bulletin pratique de pédagogie secondaire. 1-2 (1912-1913).

Compagnon, A. *La Troisième République des lettres*. Paris: Seuil, 1983.

Compayré, G. "Rapport sur le concours de l'Agrégation de l'Enseignement secondaire des jeunes filles". *Revue Universitaire* 18 (1909) 103-115.

————. *Etudes sur l'enseignement et l'éducation*. Paris: Hachette, 1891.

Corneille, J.-P. "Histoire littéraire ou histoire de la littérature?" *Le Français dans le Monde* 59 (1968) 6-12.

Cournot, A. *Des Institutions d'instruction publique en France (1795-1853)*. VII. Limoges: Bontemps, 1973.

Cousinet, R. "Le Manuel scolaire, instrument pédagogique?" *Educateurs* 66 (1956) 455-459.

Couture, l'Abbé L. *Enseignement: philosophie… grammaire et littérature françaises*. Toulouse: Privat, 1911.

Couyba, C. *Classiques et modernes. La Réforme de l'enseignement secondaire*. Paris: Flammarion, 1901.

Crémieux-Brilhac, J.-L. *L'Education nationale: le Ministère*. Paris: PUF, 1965.

Croiset, A. "Objet de l'étude du français". *L'Enseignement du français*. Paris: Alcan, 1911. 1-21.

————. "L'Enseignement du français". *Revue Universitaire* 18 (1909) 414-419.

————, éd. *L'Education morale dans l'Université (enseignement secondaire)*. Paris: Alcan, 1901.

Crouzet, P. "Les Professeurs de l'enseignement secondaire et la haute culture de la démocratie". *Revue Universitaire* 6 (1897) 467-469.

Crozier, M. *Le Phénomène bureaucratique*. Paris: Seuil, 1963.

Crubellier, M. "Généalogie d'une morale. La morale de l'école républicaine".

L'Offre d'école. Actes du 3ème colloque international (Sèvres). Paris: Publications de la Sorbonne, INRP, 1983. 253-261.

———. *L'Enfance et la jeunesse dans la société française*. Paris: Colin, 1979.

———. *Histoire culturelle de la France; XIXème-XXème siècle*. Paris: Colin, 1974.

D. C. "A propos de la réforme de l'enseignement secondaire". *Revue Internationale de l'Enseignement* 19 (1890) 73-81.

Darbon, A. "L'Enseignement de la morale au lycée". *Revue Universitaire* 16.1 (1907) 413-423; 16.2 (1907) 11-25.

Daudet, L. *Le Stupide XIXème siècle*. Paris: Grasset, 1922.

Daumard, A. *Les Bourgeois de Paris au XIXème siècle*. Paris: Flammarion, 1970.

Davies, Tony. "Education, Ideology and Literature". *Red Letters* 7 (1978) 4-15.

Debray, R. *Le Scribe; genèse du politique*. Paris: Grasset, 1980.

———. *Le Pouvoir intellectuel en France*. Paris: Ramsay, 1979.

Decaunes, L. et M.-L. Cavalier. *Réformes et projets de réforme de l'enseignement français de la Révolution à nos jours*. Paris: Institut Pédagogique National, 1962.

DeJean, J. "Teaching Frenchness". *French Review* 61.3 (1988) 398-404.

———. "Classical Reeducation: Decanonizing the Feminine". *Yale French Studies* 75 (1988) 26-39.

Deleforge, M. *La Littérature apprend-elle à vivre?* Paris: Ligel, 1966.

Delesalle, S. "L'Explication de textes, fonctionnement et fonction". *Langue Française* 7 (1970) 87-95.

Delfau, G. et A. Roche. *Histoire/Littérature: histoire et interprétation du fait littéraire*. Paris: Seuil, 1977.

Della Santa, A. *Une Culture de l'imagination, ou l'invention en rhétorique*. Genève: Patino, 1986.

Demailly, L. "Contribution à une sociologie des pratiques pédagogiques". *Revue Française de Sociologie* 26.1 (1985) 96-119.

Un Demi-Siècle de pédagogie du français à travers les textes officiels (1923-1972). Limoges: CRDP, 1972.

Descotes, M. *Histoire de la critique dramatique en France*. Paris: J.-M. Place, 1980.

Désirat, C. et T. Hordé. "Les Ecoles normales: une liquidation de la rhétorique?" *Littérature* 18 (1975) 31-50.

Dessoye, A. *L'Enseignement secondaire et la République*. Paris: Picard & Kaan, 1902.

Dietz, J. "Jules Ferry et les traditions républicaines". *Revue Politique et Parlementaire* 160 (1934) 100-111; 161 (1934) 122-141, 492-505.

Digeon, C. *La Crise allemande de la pensée française (1870-1914)*. Paris: PUF, 1959.

Dimier, L. *Le Nationalisme littéraire et ses méfaits chez les Français*. Paris: Corréa, 1935.

Direction de l'enseignement supérieur (*règlements et circulaires*). Paris: Ministère de l'Instruction Publique, 1880.

"Le Discours de l'école sur les textes". *Littérature* 7 (1972).

"Le xviième siècle aujourd'hui". *Actes du quatrième colloque de Marseille*. Marseille: CMRS 17, 1974.

Doob, L. *Patriotism and Nationalism: Their Psychological Foundations*. New Haven: Yale University Press, 1964.

Doubrovsky, S. et T. Todorov, éds. *L'Enseignement de la littérature*. Paris: Plon, 1971.

Drouot, S. "L'Ecole au début du xxème siècle". *L'Ecole des lettres*. *Premier cycle* 1 (1981) 33-38; 2 (1981) 27-33; 3 (1981) 33-38.

Dubois, J. "Analyse de l'institution littéraire — quelques points de repère". *Pratiques* 32 (1981) 122-130.

————. "Lecture sociologique de l'histoire littéraire". *Pratiques* 31 (Colloque de Cérisy) (1980) 85-94.

————. *L'Institution de la littérature*. Brussels: Labor, 1978.

————. "Sociologie de la lecture et concept de 'lisibilité'". *Sociologie du livre et de la lecture*. Liège: Coll. Mémoires, 1977. 17-28.

Dubuffet, J. *Asphyxiante culture*. Paris: Pauvert, 1968.

Duby, G. *Histoire de France*. Paris: Larousse, 1970.

Duchêne, R. "Le xviième siècle dans l'enseignement supérieur français". *Le XVIIème Siècle Aujourd'hui*. Marseille: CMRS 17, 1974. 37-56.

Duchet, C. *Sociocritique*. Paris: Nathan, 1979.

Dugas, L. "La Pédagogie française, son esprit, ses tendances". *Revue Pédagogique* 86 (1925) 161-175.

Dulong, G. "L'Enseignement du français dans la classe de première". *Revue Universitaire* 17 (1908) 93-116.

Dumont, A. "Notes sur l'enseignement supérieur". *Revue Internationale de Enseignement* 8 (1884) 193-234.

Dupanloup, F. *Seconde lettre de M. l'évêque d'Orléans*. Paris: Douniol, 1873.

————. *De la haute éducation intellectuelle*. 3 vols. Paris: Douniol, 1866.

Dupeux, G. *La Société française, 1789-1970*. Paris: Colin, 1972.

DuPont-Ferrier, G. *La Vie quotidienne d'un collège parisien pendant plus de trois cent cinquante ans*. II. Paris: Bocard, 1921-1925.

Dupront, A. "Du sentiment national". *La France et les Français*. Paris: Gallimard-Pléiade, 1972. 1423-1475.

Durkheim, E. *L'Education morale*. Paris: PUF, 1974.

————. *L'Evolution pédagogique en France*. 2 vols. Paris: Alcan, 1938.

Duron, J. *Langue française, langue humaine*. Paris: Larousse, 1963.

Duroselle, J.-B. *La France et les Français: 1900-1914*. Paris: Richelieu, 1972.

Duruy, G. *Ecole et patrie*. Paris: Hachette, 1907.

Duruy, V. *Rapport à sa majesté l'empereur sur l'enseignement supérieur*. Paris: Imprimerie Nationale, 1868.

Duveau, G. *Les Instituteurs*. Paris: Seuil, 1966.

Eagleton, T. *Literary Theory, an Introduction*. Minneapolis: University of Minnesota Press, 1983.

Earle, E. M., éd. *Modern France: Problems of the Third and Fourth Republics*. New York: Russell & Russell, 1964.

L'Education morale dans l'Université (enseignement secondaire). Paris: Alcan, 1901.

"L'Education du citoyen". *Cahiers Pédagogiques* 12 (1959).

L'Education Républicaine (Journal des Maîtres d'Etudes des Lycées de la République), mai-juillet 1848, novembre 1849.

Ehrard, J. et G. Palmade. *L'Histoire*. Paris: Colin, 1964.

—————. *Capitalisme et capitalistes français au XIXème siècle*. Paris: Colin, 1961.

"Eléments pour une théorie de la nation". *Communications* 45 (1987).

Eliade, M. *Aspects du mythe*. Paris: Gallimard, 1963.

Ellul, J. *Métamorphoses du bourgeois*. Paris: Calmann-Lévy, 1967.

Elwitt, S. *The Making of the Third Republic: Class and Politics in France*. Baton Rouge: Louisiana State Press, 1975.

Emmanuel, P. *Pour une politique de la culture*. Paris: Seuil, 1971.

Encyclopédie générale de l'éducation française. I, II. Paris: Rombaldi, 1952-1954.

Encyclopédie pratique de l'éducation en France. Paris: Institut Pédagogique National, 1960.

Enne, F. et O. Montprofit. *Le Panthéon républicain*. Paris: Fayard, 1874.

L'Enseignement de la littérature: crise et perspectives (colloque de l'Univ. de Strasbourg). Paris: Nathan, 1977.

"L'Enseignement de la littérature dans le monde". *Etudes Françaises* 23.1-2 (1987-1988).

L'Enseignement du français. Paris: Alcan, 1911.

L'Enseignement du second degré; buts, structure, méthodes, moyens.... V, VI. Paris: Imprimerie Nationale, 1954.

Enseignement et démocratie. Paris: Alcan, 1905.

"Enseignements". *Poétique* 30 (1977).

Equey, E. *Désiré Nisard et son oeuvre*. Berne: Staempli, 1902.

Eros, J. "The Positivist Generation of French Republicanism". *Sociological Review* 3 (1955) 255-273.

Escarpit, R. "Les Cadres de l'histoire littéraire". *Actes du IVème Congrès de l'Association internationale de Littérature comparée*. La Haye: Mouton, 1966. 195-202.

—————. *Ecole laïque, école du peuple*. Paris: Calmann-Lévy, 1961.

—————. "Histoire de l'histoire de la littérature". *Histoire des littératures*. III. Paris: Gallimard-Pléiade, 1958. 1737-1800.

—————, et al., éds. *Le Littéraire et le social*. Paris: Flammarion, 1970.

L'Esprit républicain (colloque d'Orléans). Paris: Klincksieck, 1972.

"Esthétique de la réception". *Oeuvres et Critiques* 3.2 (1977-1978).

L'Evolution de l'enseignement en France. Paris: Institut Pédagogique National, s.d.

"L'Explication française". *Comment Enseigner. Bulletin pratique de pédagogie secondaire* 2 (1913) 65-135.

F. E. "L'Education de la démocratie et l'enseignement des lettres". *Revue Universitaire* 13 (1904) 119-123.

Faguet, E. *De l'idée de patrie*. Paris: Société Française d'Imprimerie et de Librairie, 1913.

_____. *La Démission de la morale*. Paris: Société Française d'Imprimerie et de Librairie, 1910.

_____. "La Crise du français et l'enseignement littéraire à la Sorbonne". *Revue des Deux Mondes* 80.59 (1910) 289-301.

_____. *L'Anticléricalisme*. Paris: Lecène, Oudin, 1905.

_____. *Politiques et moralistes du dix-neuvième siècle*. 3 vols. Paris: Société Française d'Imprimerie et de Librairie, 1903.

_____. "La Critique". *Histoire de la langue et de la littérature française*. VII. Paris: Colin, 1899. 646-700.

_____. "Les Cours de lettres dans les classes de science". *Revue de l'Enseignement Secondaire et de l'Enseignement Supérieur* 1 (1885) 214-219.

Falcucci, C. *L'Humanisme dans l'enseignement secondaire en France au XIXème siècle*. Toulouse: Privat, 1939.

Farrington, F. E. *French Secondary Schools*. New York: Longmans, Green, 1915.

Faure, M. "Le Retour au jansénisme dans l'institution critique: le cas de F. Brunetière et de J. Lemaître". *Littérature* 42 (1981) 66-88.

Fayolle, A. "Pour la morale au lycée". *Revue Universitaire* 21 (1912) 104-107.

_____. "A propos des 'livres de classe'". *Revue Universitaire* 18 (1909) 21-24.

_____. "L'Enseignement du français". *Revue Universitaire* 18 (1909) 133-136, 239-243, 332-339.

Fayolle, R. "La Critique littéraire de 1914 à nos jours". *Manuel d'histoire littéraire de la France (1913-1976)*. VI. Paris: Ed. Sociales, 1982. 759-793.

_____. "Du régent d'humanités et de rhétorique au professeur de français". *Le Français Aujourd'hui* (2ème supplément au n° 45) (1981) 4-5.

_____. "Ecole et littérature". *Revue des Sciences Humaines* 46.174 (1979) 3-7.

_____. "Les Français fictifs". *Le Français Aujourd'hui* 31 (1975) 57-62.

_____. "D'une histoire littéraire à l'histoire des littératures". *Scolies* 2 (1972) 7-23.

_____. "Pour l'histoire littéraire". *Le Français dans le Monde* 78 (1971) 17-20.

_____. "L'Explication de textes". *Le Français Aujourd'hui* 7 (1969) 11-21.

Fayolle, R. et P. Barbéris. "La Lecture des textes. Que faire?" *La Nouvelle Critique* 73 (1974) 74-78.

Fennebresque, J. *Le Baccalauréat, ses plans, ce qu'il devrait être*. Tours: Cattier, 1898.

Fermaud, V. *La Revanche morale. Nos lycées*. Paris: Sandoz & Fischbacher, 1871.

Ferneuil, T. *"L'Enseignement au point de vue national* par M. A. Fouillée". *Revue Internationale de l'Enseignement* 21 (1891) 217-234.

Fiedler, L. "Elite Literature and Mass Society". *The Arts in a Democratic Society*. D. A. Mann, éd. Bowling Green: Popular Press, 1977. 118-139.

Foncin, P. *La Patrie française*. Paris: Colin, 1894.

————. *L'Alliance Française*. Paris: Imprimerie Nationale, 1889.

Foerster, F. W. *L'Ecole et le caractère; les problèmes moraux de la vie scolaire*. Tr. P. Bovet. Paris: Neuchâtel, Delachaux et Niestlé, 1915.

Foucault, M. *Surveiller et punir*. Paris, Gallimard, 1975.

Fouillée, A. *La Conception morale et civique de l'enseignement*. Paris: Revue Bleue, 1902.

————. "Les Projets d'enseignement classique français au point de vue national". *Revue des Deux Mondes* 209 (1890) 241-272.

Fourrier, C. *L'Enseignement français de 1789 à 1945*. Paris: Institut Pédagogique National, 1965.

La France et les Français. Paris: Gallimard-Pléiade, 1972.

Francis, E. K. "The Ethnic Factor in Nation-Building". *Social Forces* 46 (1968) 338-346.

François, A. *Histoire de la langue française cultivée*. II. Genève: Julien, 1959.

Fraser, W. R. *Education and Society in Modern France*. London: Routledge & Kegan Paul, 1963.

"French Education". *Yale French Studies* 22 (1959).

Fressange, G. "Le Discours didactique dans les manuels de morceaux choisis de français". *Langue Française* 4 (1970) 45-69.

Freyssinet-Dominjon, J. *Les Manuels d'histoire de l'école libre (1882-1959)*. Paris: Colin, 1969.

Frijhoff, W., éd. *L'Offre d'école. Eléments pour une étude comparée des politiques éducatives au XIXème siècle*. Paris: Institut National de Recherche Pédagogique, 1983.

Furet, F. *Penser la Révolution française*. Paris: Gallimard, 1978.

————, et J. Ozouf. *Lire et écrire. L'alphabétisation des Français de Calvin à Jules Ferry*. I. Paris: Minuit, 1977.

Gadoffre, G. "Images nationales françaises et stéréotypes nationaux". *Bulletin International des Sciences Sociales* 3 (1951) 622-630.

Gaillard, F. "Enseigne-t-on la littérature?" *Etudes Françaises* 23.1-2 (1987) 13-23.

Gal, R. *Où en est la pédagogie?* Paris: Buchet-Chastel, 1962.

Gaucher, M. "Causerie littéraire (sur Nisard)". *Revue Bleue* 41 (1888) 666-669.

Gautier, P. "La Bourgeoisie et la réforme de l'enseignement secondaire". *Revue de l'Enseignement Secondaire et de l'Enseignement Supérieur* 15 (1891) 367-372.

Geertz, C. *The Interpretation of Cultures*. New York: Harper & Row, 1973.

Geiger, R. L. "Prelude to Reform: The Faculties of Letters in the 1860's". *The Making of Frenchmen: Current Directions in the History of Education in France, 1679-1979*. D. N. Baker et P. J. Harrigan, éds. Waterloo: Ontario, 1980. 337-361.

————. *Reform and Restraint in Higher Education: The French Experience, 1865-1914*. New Haven: Yale Higher Education Research Group, 1975.

Gella, A., éd. *The Intelligentsia and the Intellectuals*. Beverly Hills: Sage, 1976.

Gendarme de Bévotte, G. *Souvenirs d'un universitaire.* Paris: Perrin, 1938.

Genette, G. "Rhétorique et enseignement". *Figures II.* Paris: Seuil, 1969. 23-42.

Genouvrier, E. *Naître en français.* Paris: Larousse, 1986.

Gérard, A. *La Révolution française: mythes et interprétations, 1789-1970.* Paris: Flammarion, 1970.

Gerbod, P. "The Baccalaureate and Its Role in the Recruitment and Formation of French Elites in the Nineteenth Century". *Elites in France: Origins, Reproduction and Power.* J. Howorth et P. Cerny, éds. London: Frances Pinter, 1981. 46-55.

_____. "L'Ethique héroïque en France (1870-1914)". *Revue Historique* 268.2 (1982) 409-429.

_____. "La Scène parisienne et sa représentation de l'histoire nationale dans la première moitié du XIXème siècle". *Revue Historique* 266.1 (1981) 3-30.

_____. *L'Europe culturelle et religieuse de 1815 à nos jours.* Paris: PUF, 1977.

_____. *Les Enseignants et la politique.* Paris: PUF, 1976.

_____. *La Vie quotidienne dans les lycées et collèges au XIXème siècle.* Paris: Hachette, 1968.

_____. *La Condition universitaire en France au XIXème siècle.* Paris: PUF, 1965.

Giolotto, P. *Histoire de l'enseignement primaire au XIXème siècle.* Paris: Nathan, 1984.

Girard, A. *La Réussite sociale en France.* Paris: PUF, 1967.

Girard, J. "Rapport sur le concours de l'agrégation des lettres". *Revue Universitaire* 3 (1894) 417-429.

Girardet, R., éd. *Le Nationalisme français, 1871-1914.* Paris: Colin, 1966.

Gobard, H. *La Guerre culturelle.* Paris: Copernic, 1979.

Goblot, E. *La Barrière et le niveau. Etude sociologique sur la bourgeoisie française moderne.* Paris: PUF, 1967.

Goldenstein, J.-P. "Enseigner la littérature?" *Pratiques* 38 (1983) 3-8.

_____. "Le Tri de la postérité: approches de quelques mécanismes". *Pratiques* 38 (1983) 11-25.

Gossman, L. "Literature and Education". *New Literary History* 13.2 (1982) 341-371.

Gouldner, A. W. *The Future of the Intellectuals and the Rise of the New Class.* London: Macmillan, 1979.

Goulemot, J.-M. "Le Cours de littérature de La Harpe ou l'émergence du discours de l'histoire des idées". *Littérature* 24 (1976) 51-62.

Goyau, G. *L'Ecole d'aujourd'hui.* 2 vols. Paris: Perrin, 1899-1906.

Graff, G. *Professing Literature: An Institutional History.* Chicago: University of Chicago Press, 1987.

Grandsimon, J. *Les Manuels scolaires.* Paris: Domat-Montchrestien, F. Loviton, 1934.

des Granges, Ch.-M. "L'Humanisme et la réforme des programmes". *Les Amitiés Foréziennes et Vellares* 11 (1921) 1-9.

Grave, J. *Enseignement bourgeois et enseignement libertaire*. Paris: Aux bureaux des "Temps nouveaux", 1900.

Gréard, O. *L'Enseignement secondaire des filles*. Paris: Delalain, 1882.

Grivel, C. "Le Sujet de l'école et de la littérature". *Revue de l'Institut de Sociologie* 3-4 (1980) 461-479.

_____. "Les Mécanismes de la censure dans le système libéral-bourgeois". *La Pensée* 176 (1976) 89-105.

Grosjean, G. *L'Ecole et la patrie*. Paris: Perrin, 1906.

Guehenno, J. *Sur le chemin des hommes*. Paris: Grasset, 1959.

Gueunier, N., et al. *Lecture des textes et enseignement du français*. Paris: Hachette, 1974.

Guiral, P. et G. Thuller. *La Vie quotidienne des professeurs de 1870 à 1940*. Paris: Hachette, 1982.

Haddab, Z. "Les Variantes de la morale de la petite bourgeoisie et les manuels scolaires". *Actes de la Recherche en Sciences Sociales* 30 (1979) 7-18.

Hagwood, J. E. S. "Solidarity: The Social History of an Idea in Nineteenth-Century France". *International Review of Social History* 4 (1959) 261-284; 6 (1961) 19-48.

Halbwachs, M. *Esquisse d'une psychologie des classes sociales*. Paris: Rivière, 1955.

Hallays-Dabot, V. *Histoire de la censure théâtrale en France*. Paris: E. Dentu, 1862.

Halls, W. D. *Education, Culture, and Politics in Modern France*. Oxford: Pergamon Press, 1976.

Halté, J.-F. et A. Petitjean. *Pratiques du récit*. Paris: Cedic, 1977.

Halté, J.-F., R. Michel et A. Petitjean. "Littérature, théorie, enseignement". *Poétique* 30 (1977) 156-166.

Hamon, P. *Texte et idéologie. Valeurs, hiérarchies et évaluations dans l'oeuvre littéraire*. Paris: PUF, 1984.

_____. "Texte et idéologie. Pour une poétique de la norme". *Poétique* 49 (1982) 105-125.

Harrigan, P. J. "The Social Appeals of Catholic Secondary Education in France in the 1870's". *Journal of Social History* 8 (1975) 122-141.

Hauser, A. *The Social History of Art*. IV. New York: Vintage Books, 1958.

Hayes, C. J. H. *France: A Nation of Patriots*. New York: Columbia University Press, 1930.

Hayward, J. E. "The Official Social Philosophy of the French Third Republic: Léon Bourgeois and Solidarism". *International Review of Social History* 6.1 (1961) 19-48.

Hazard, P. *Discours sur la langue française*. Paris: Hachette, 1913.

Hébrand, J. "Apprendre à lire à l'école en France: un siècle de recommandations officielles". *Langue Française* 80 (1988) 111-128.

Hemmings, F. W. *Culture and Society*. London: Scribners, 1971.

Héraud, G. *L'Europe des ethnies*. Paris: Presses d'Europe, 1963.

Heyndels, R. "Situation et perspectives de la sociologie de la littérature". *Revue de l'Université de Bruxelles* 1-2 (1976) 192-200.

Higonnet, P. et A. Higonnet. "Republican Values and the Academic Vice". *Times Literary Supplement*, October 30-November 5, 1987: 1183-1184.

Histoire de l'enseignement de 1610 à nos jours. I. Paris: Bibliothèque Nationale, 1974.

Histoire économique et sociale de la France. IV, 1. Paris: PUF, 1979.

Histoire littéraire de la France de 1848 à 1918. V. Paris: Ed. Sociales, 1977.

Hobsbawm, E. et T. Ranger, éds. *The Invention of Tradition.* Cambridge: Cambridge University Press, 1983.

Hoggart, H. *The Uses of Literacy.* Paris: Minuit, 1970.

Hoffmann, S. *Decline or Renewal? France Since the 1930s.* New York: Viking Press, 1974.

_____. "Paradoxes de la communauté politique française". *A la Recherche de la France.* S. Hoffmann, L. Wylie, et al., éds. Paris: Seuil, 1963. 15-77.

Hordé, T. "L'Enseignement de l'histoire littéraire: les instructions officielles au XIXème siècle". *Le Français Aujourd'hui* 72 (1985) 50-54.

_____. "Histoire de l'enseignement du français". *Le Français Aujourd'hui* 43 (1978) 93-96.

Horne, D. *The Great Museum.* London: Pluto Press, 1984.

Howorth, J. et P.-G. Cerny, éds. *Elites in France: Origins, Reproduction and Power.* London: Pinter, 1981.

Hughes, R. E. *The Making of Citizens: A Study in Comparative Education.* London: Scott, 1902.

"Huit questions sur l'école". *Promesses* 84 (1974).

Idt, G. "Pour une 'histoire littéraire' tout de même". *Poétique* 30 (1977) 167-174.

"L'Instituteur". *Europe* 372-73 (1960).

"L'Institution littéraire". *Littérature* 42 et 44 (1981).

Instructions, programmes et règlements. Paris: Imprimerie Nationale, 1890.

"Intertextualités". *Poétique* 27 (1976).

Inventaire des documents. Paris: Institut Pédagogique National, 1961.

Isaacs, H. *The Idols of the Tribe.* New York: Harper & Row, 1975.

Isambert-Jamati, V. "L'Enseignement de la langue écrite dans les lycées du Second Empire et des premières années de la République". *Revue des Sciences Humaines* 174 (1979) 20-35.

_____. *Crises de la société, crises de l'enseignement.* Paris: PUF, 1970.

_____. "Une Réforme des lycées et collèges: essai d'analyse sociologique de la réforme de 1902". *L'Année Sociologique* 20 (1969) 9-60.

_____. "Permanence ou variations des objectifs poursuivis par les lycées depuis cent ans". *Revue Française de Sociologie* 8 (1967) 57-79.

_____. "La Rigidité d'une institution: structure sociale et systèmes de valeur". *Revue Française de Sociologie* 7 (1966) 306-324.

Israël, A. *L'Ecole de la république; la grande oeuvre de Jules Ferry.* Paris: Hachette, 1931.

Izoulet, J. *L'Ame française et les universités nouvelles selon l'esprit de la Révolution.* Paris: Colin, 1892.

Jauss, H. R. *Pour une esthétique de la réception*. Paris: Gallimard, 1978.

Jenny, L. "La Stratégie de la forme". *Poétique* 27 (1976) 257-281.

Joannidès, A. *La Comédie française de 1680 à 1900*. Genève: Slatkine, 1970.

Johannet, R. *Eloge du bourgeois français*. Paris: Grasset, 1926.

John, S. B. et H. R. Kedward. "Literature and Ideology: 1880-1914". *French Literature and Its Background*. v. J. Cruickshank, éd. London: Oxford University Press, 1969. 173-197.

Jones, A. R. et N. Vickers. "Canon, Rule, and the Restoration Renaissance". *Yale French Studies* 75 (1988) 9-25.

Kahn, G. "La Littérature et les manuels d'histoire littéraire". *Revue Blanche* 24 (1901) 583-591.

Karady, V. "Les Professeurs de la République... transformations de la fonction professorale à la fin du xixème siècle". *Actes de la Recherche en Sciences Sociales* 19 (1983) 90-112.

_____. "Recherches sur la morphologie du corps universitaire littéraire sous la Troisième République". *Le Mouvement Social* 96 (1976) 47-79.

_____. "Normaliens et autres enseignants de la Belle Epoque". *Revue Française de Sociologie* 13.1 (1972) 35-58.

Katan, Y. "L'Enseignement de la morale et de l'instruction civique sous la iiième République jusqu'en 1914". *Etudes dédiées à Madeleine Gravitz*. Paris: Dalloz, 1982. 419-437.

Kibedi-Varga, A., éd. *Théorie de la littérature*. Paris: Picard, 1981.

Kirk, G. S. *Myth, Its Meanings and Functions in Ancient and Other Cultures*. Cambridge: Cambridge University Press, 1973.

Kloepfer, R. "Consommation ou création littéraire. Critiques de quelques principes de base". *Oeuvres et Critiques* 2.2 (1978) 38-49.

Kuentz, P. "Le 'Modèle latin'". *Littérature* 42 (1981) 109-122.

Labbé, P. *La Question scolaire et la conscience nationale*. Orléans: Imprimerie coopérative, s.d.

Labrusse, R. *La Question scolaire en France*. Paris: PUF, 1977.

Labuda, A. "La Langue de l'empereur: la culture littéraire dans les lycées sous le Second Empire". *Littérature* 22 (1976) 75-95.

Lacabe-Plasteig, M. "Le Français à l'école primaire". *L'Enseignement du français*. Paris: Alcan, 1911. 51-85.

Lanson, G. "L'Ecole Normale Supérieure". *Revue des Deux Mondes* 96.26 (1926) 512-541.

_____. "L'Unité morale du pays et l'Université". *Revue Politique et Littéraire* 7 (1907) 9-13.

_____. *L'Université et la société moderne*. Paris: Colin, 1902.

_____. "La Part respective des grands siècles littéraires". *L'Enseignement du français*. Paris: Alcan, 1911. 23-33.

_____. "Dix-septième siècle ou dix-huitième?" *L'Enseignement du français*. Paris: Alcan, 1911. 35-49.

_____. "L'Enseignement secondaire". *Enseignement et démocratie*. A. Croiset, éd. Paris: Alcan, 1905. 181-207.

_____. "Sur une restauration de l'agrégation des lettres". *Revue Universitaire* 4 (1895) 336-344.

Lanson, G., et al., éds. *L'Enseignement du français*. Paris: Imprimerie Nationale, 1905.

Lantoine, H. "Le Baccalauréat ès lettres. Ses diverses transformations de 1808 à nos jours". *Revue Universitaire* 5 (1896) 127-129.

Lapie, P.-O. *Morale et pédagogie*. Paris: Alcan, 1927.

Larroumet, G. "L'Enseignement au théâtre". *Revue Internationale de l'Enseignement* 23.1 (1892) 425-443.

Lasserre, P. "Pour ou contre le xixème siècle". *Mes routes*. Paris: Plon, 1924.

_____. *La Doctrine officielle de l'université*. Paris: Mercure de France, 1912.

Lasserre, R., éd. *La France contemporaine; guide bibliographique et thématique*. Tübingen: Niemayer Verlag, 1978.

Lavisse, E. *A propos de nos écoles*. Paris: Colin, 1895.

_____. *Etudes et étudiants*. Paris: Colin, 1890.

_____. *Questions d'enseignement national*. Paris: Colin, 1885.

LeBras, H. et E. Todd. *L'Invention de la France: atlas anthropologique et politique*. Paris: Librairie Générale Française, 1981.

Lecoq, J. "Littérature du xviième siècle et enseignement du second degré". *L'Information Littéraire* 40 (1988) 19-27.

Lee, E. *The Teaching of Literature in French and German Secondary Schools*. London: Oxford University Press, 1911.

Lefebvre, G. *La Naissance de l'historiographie moderne*. Paris: Flammarion, 1971.

LeGoupils, M. "Circulaire de M. Marc LeGoupils". *Revue de l'Enseignement Secondaire et de l'Enseignement Supérieur* 17 (1892) 310-311.

Legouvé, E. *Soixante ans de souvenirs*. Paris: Hetzel, 1886.

_____. *La Lecture en action*. Paris: Hetzel, 1882.

Legrand, L. *L'Influence du positivisme dans l'oeuvre scolaire de Jules Ferry*. Paris: M. Rivière, 1961.

Leguay, P. *Universitaires d'aujourd'hui*. Paris: Grasset, 1912.

Lehmann, A. G. *Sainte-Beuve: A Portrait of the Critic*. Oxford: Clarendon Press, 1962.

Leif, J. et G. Rustin. *Pédagogie spéciale*. i. Paris: Delagrave, 1959.

_____. *Histoire des institutions scolaires*. Paris: Delagrave, 1954.

Leitch, V. "Deconstruction and Pedagogy". *Theory in the Classroom*. C. Nelson, éd. Urbana: University of Illinois Press, 1986. 45-56.

Leith, J. A. "French Republican Ideology in the Year ii". *Canadian Journal of History* 3 (1968) 52-67.

Lejeune, P. "L'Enseignement de la 'littérature' au lycée au siècle dernier". *Le Français Aujourd'hui* 28 (1975) 15-24.

Lemaître, J. *Opinions à répandre*. Paris: Société Française d'Imprimerie et de Librairie, 1901.

_____. *La Patrie française*. Paris: Bureaux de "la patrie française", 1899.

Lequin, Y. "Les Citoyens et la démocratie". *Histoire des Français, XIXème-XXème siècles*. III. Paris: Colin, 1984.

Lévêque, M. "L'Orientation de l'enseignement moral dans les lycées des jeunes filles". *Revue Universitaire* 18 (1909) 319-331.

Levin, M. R. *Republican Art and Ideology in Late Nineteenth-Century France*. Ann Arbor: UMI Research Press, 1986.

Lévy, B.-H. *L'Idéologie française*. Paris: Grasset, 1981.

Lhomme, J. *La Grande Bourgeoisie au pouvoir (1830-1880)*. Paris: PUF 1960.

Liard, L. *L'Enseignement supérieur en France, 1789-1889*. I. Paris: Colin, 1888.

Lintilhac, E. "La Réforme de 1902". *Revue Internationale de l'Enseignement* 65.1 (1913) 328-341.

_____. "La Nouvelle Sorbonne". *Revue Internationale de l'Enseignement* 66.2 (1913) 65-90.

_____. "L'Université et l'essai loyal de l'enseignement français". *Revue Bleue* 47.22 (1891) 688-695.

Lipiansky, E.-M. *'L'Ame française', ou le National-Libéralisme. Analyse d'une représentation sociale*. Paris: Anthropos, 1979.

"La Littérature dans l'école". *Revue des Sciences Humaines* 46.174 (1979).

"La Littérature et ses institutions". *Pratiques* 32 (1981).

"Le Livre et ses mythes". *Romantisme* 47 (1984).

Locke, R. *French Legitimists and the Politics of Moral Order in the Early Third Republic*. Princeton: Princeton University Press, 1974.

Lourau, R. *Analyse institutionnelle et pédagogique*. Paris: Editions de l'Epi, 1971.

_____. *L'Illusion pédagogique*. Paris: Editions de l'Epi, 1969.

Luc, J.-N. et A. Barbé. *Des Normaliens*. Paris: Presses de la Fondation Nationale des Sciences Politiques, 1982.

Lucas, F. *A propos d'un nouveau système d'éducation nationale*. Paris: Marsch, 1898.

Luchaire, J. "L'Enseignement des littératures modernes". *Revue Internationale de l'Enseignement* 49.1 (1905) 114-123.

Lyotard, J.-F. *La Condition postmoderne*. Paris: Minuit, 1979.

Machery, P. *Pour une théorie de la production littéraire*. Paris: Maspero, 1966.

MacIntyre, A. C. *Secularization and Moral Change*. London: Oxford University Press, 1967.

Maingueneau, D. *Les Livres d'école de la République, 1870-1914. Discours et idéologie*. Paris: Le Sycomore, 1979.

Mandrou, R. "Histoire littéraire et histoire culturelle". *Revue d'Histoire Littéraire de la France* 70.5-6 (1970) 861-869.

Maneuvrier, E. *L'Education de la bourgeoisie sous la république*. Paris: Cerf, 1888.

Mansuy, M., éd. *L'Enseignement de la littérature*. Paris: Nathan, 1977.

Manuel, E. *Le Lycée Fontanes. Distribution des prix du 4 août 1881*. Paris: Imprimerie de Seringe frères, 1881.

"Les Manuels". *Cahiers Pédagogiques* 22 (1960).

"Manuels: danger!" *Cahiers Pédagogiques* 132 (1975).

Marcel, O. *Une Education française.* Paris: PUF, 1984.

Mareuil, A. *Littérature et jeunesse d'aujourd'hui; la crise de la lecture dans l'enseignement contemporain.* Paris: Flammarion, 1971.

————. "Les Programmes de français dans l'enseignement du second degré depuis un siècle (1872-1967)". *Revue Française de Pédagogie* 7 (1969) 31-45.

Marin, L. *La Nécessité en France d'un enseignement secondaire fondé sur la langue maternelle et la culture nationale à l'exclusion des langues mortes.* Paris: Imprimerie Nationale, 1922.

Marion, H. *L'Education des jeunes filles.* Paris: Colin, 1902.

————. *L'Education dans l'Université.* Paris: Colin, 1892.

————. *Le Mouvement des idées pédagogiques en France depuis 1870.* Paris: Imprimerie Nationale, 1889.

————. "L'Education de la bourgeoisie sous la république". *Revue Internationale de l'Enseignement* 15 (1888) 132-152.

Martin, D. *A General Theory of Secularisation.* Oxford: Basil Blackwell, 1978.

Martin, H.-J. et R. Chartier, éds. *Histoire de l'édition française.* III. Paris: Promodis, 1985.

Martin, M.-M. *La Formation morale de la France.* Paris: Gallimard, 1949.

Mayeur, F. "De la Révolution à l'Ecole républicaine". *Histoire générale de l'enseignement et de l'éducation en France.* III. Paris: Labat, 1981.

————. "La Stratégie de Jules Ferry dans le vote des lois scolaires". *L'Offre d'école.* W. Frijhoff, éd. Paris: INRP, Publications de la Sorbonne, 1983. 245-251.

————. *L'Enseignement secondaire des jeunes filles sous la Troisième République.* Paris: Presses de la Fondation des Sciences Politiques, 1977.

Mayeur, J.-M. *Les Débuts de la Troisième République, 1871-1898.* Paris: Seuil, 1973.

McMurray, R. et M. Lee. *The Cultural Approach: Another Way in International Relations.* Chapel Hill: University of North Carolina Press, 1947.

Mégrine, B. *La Question scolaire en France.* Paris: PUF, 1960.

Mellor, A. *Histoire de l'anticléricalisme français.* Tours: Mame, 1966.

Merriam, C. E. *The Making of Citizens: A Comparative Study of Methods of Civic Training.* Chicago: University of Chicago Press, 1931.

Mesnard, J. Préface. *Destins et enjeux du XVIIème siècle.* Paris: PUF, 1985. 9-13.

Méthivier, H. "Réflexions sur la place accordée au XVIIème Siècle dans l'enseignement secondaire et l'image qu'on y donne de lui". *Le XVIIème Siècle Aujourd'hui.* Marseille: CMRS 17, 1974. 25-36.

Meunier, G. "Les Lettres modernes dans un lycée". *Revue de l'Enseignement Secondaire et de l'Enseignement Supérieur* 67 (1892) 447-450.

Meyers, P. V. "Professionalization and Societal Change: Rural Teachers in Nineteenth-Century France". *Journal of Social History* 9 (1976) 542-558.

Meylan, L. *L'Ecole et la personne.* Paris: Delachaux & Niestlé, 1968.

————. *Les Humanités et la personne; esquisse d'une philosophie de l'enseignement humaniste.* Paris: Delachaux & Niestlé, 1939.

Milo, D. "Les Classiques scolaires". *La Nation. Les lieux de mémoire* ii, 3. P. Nora, éd. Paris: Gallimard, 1986. 517-562.

Minel, B. "Analyse de discours et appareil scolaire". Thèse de troisième cycle, Université de Caen, 1977.

Ministère de l'instruction publique. vii, xix, lii. Paris: Imprimerie Nationale, 1883.

Miquel, P. *La IIIème République. Hommes et pouvoirs.* Paris: Bordas, 1971.

Mitchell, A. *The German Influence in France after 1870.* Chapel Hill: University of North Carolina Press, 1979.

————. "German History in France after 1870". *Journal of Contemporary History* 2 (1967) 81-100.

Moles, A. *Sociodynamique de la culture.* La Haye: Mouton, 1967.

Molho, R. *L'Ordre et les ténèbres, ou la naissance d'un mythe chez Sainte-Beuve.* Paris: Colin, 1972.

————. *La Critique littéraire en France au XIXème siècle.* Paris: Buchet-Chastel, 1963.

Mollo, S. *L'Ecole dans la société.* Paris: Dunod, 1970.

Montigny, E. "De l'enseignement littéraire du français". *Revue de l'Enseignement Secondaire et de l'Enseignement Supérieur* 1 (1885) 203-207.

de Monzie, P.-A. *Les Réformes scolaires.* Paris: Stock, 1907.

Morazé, C. *Les Bourgeois conquérants.* Paris: Colin, 1957.

Mornet, D. "Culture française et culture latine". *Revue Pédagogique* 59.2 (1911) 301-320.

————. "Les Méthodes de l'histoire littéraire dans l'enseignement secondaire". *Revue Internationale de l'Enseignement* 50.1 (1906) 151-156.

Morot-Sir, E. *La Pensée française d'aujourd'hui.* Paris: PUF, 1971.

Mougenot, M. "Une Introduction au cours de français". *Poétique* 30 (1977) 182-191.

Mouralis, B. *Les Contre-Littératures.* Paris: PUF, 1975.

Nataf, R. "Les Manuels de littérature à l'usage du deuxième cycle secondaire". Thèse dactylographiée, doctorat de troisième cycle, Sorbonne, Paris iii, 1975.

de Negroni, F. *Le Savoir-vivre intellectuel.* Paris: Orban, 1985.

Nelson, C., éd. *Theory in the Classroom.* Urbana: University of Illinois Press, 1986.

Nicolet, C. *L'Idée républicaine en France (1789-1924).* Paris: Gallimard, 1982.

Nisard, D. *Souvenirs et notes biographiques.* 2 vols. Paris: C. Lévy, 1888.

————. *Discours académiques et universitaires.* Paris: Firmin-Didot, 1884.

————. "Les Classes moyennes en Angleterre et la bourgeoisie en France". *Portraits et études d'histoire littéraire.* Paris: M. Lévy frères, 1875.

————. *Nouvelles études d'histoire et de littérature.* Paris: C. Lévy, 1864.

————. *Etudes d'histoire et de littérature.* Paris: C. Lévy, 1859.

Noëll, H. *Au temps de la République bourgeoise (1879-1914).* Paris: Nouvelles Editions Latines, 1957.

Nora, P., éd. *La Nation*. I-III. Paris: Gallimard, 1986.

_____. *Les Lieux de mémoire*. Paris: Gallimard, 1984.

"Notice nécrologique sur Désiré Nisard". *Revue Internationale de l'Enseignement* 15 (1888) 429-433.

Nourissier, F. *The French*. New York: Knopf, 1968.

Novicow, J. *L'Expansion de la nationalité française*. Paris: Colin, 1903.

Odin, A. *Genèse des Grands Hommes: gens de lettres français modernes*. Paris: H. Welter, 1895.

Onimus, J. *L'Enseignement des lettres et la vie*. Paris: Desclée et Brouwer, 1965.

Ory, P. "La Sorbonne — cathédrale de la science républicaine". *L'Histoire* 12 (1979) 50-58.

_____. et J.-F. Sirinelli. *Les Intellectuels en France, de l'Affaire Dreyfus à nos jours*. Paris: Colin, 1986.

Ozouf, J. *Nous, les maîtres d'école*. Paris: Julliard, 1967.

Ozouf, M. *L'Ecole de la France*. Paris: Gallimard, 1984.

_____. *L'Ecole, l'Eglise et la République, 1871-1914*. Condé-sur-Noireau: Cana, 1982.

Padberg, J. W. *Colleges in Controversy: The Jesuit Schools in France from Revival to Suppression (1815-1880)*. Cambridge, Mass.: Harvard University Press, 1969.

Palmer, D. J. *The Rise of English Studies*. London: Oxford University Press, 1965.

Palméro, J. *Histoire des institutions et des doctrines pédagogiques par les textes*. Paris: SUDEL, 1958.

Parias, L.-H., éd. "Cent ans d'esprit républicain". *Histoire du peuple français*. V. Paris: Nouvelle Librairie de France, 1967.

Parigot, H. "Le Calvaire des humanités". *Revue des Deux Mondes* 39 (1927) 294-310.

_____. "La Crise du français". *Revue Hebdomadaire* 11 (1910) 141-165.

Paul, H. W. "The Debate over the Bankruptcy of Science in 1895". *French Historical Studies* 5 (1968) 299-327.

Pécaut, F. *L'Education publique et la vie nationale*. Paris: Hachette, 1897.

"The Pedagogical Imperative". *Yale French Studies* 63 (1982).

La Pédagogie du français au XIXème siècle. Limoges: CRDP, 1974.

Pellisson, M. "A propos du centenaire de Sainte-Beuve". *Revue Pédagogique* 45 (1904) 513-532.

Peretti, H. "1870-1880: Naissance de la IIIème République". *Pages d'écritures*. I. Paris: Gallimard, 1987. 17-18.

de Peretti, A. *Les Contradictions de la culture et de la pédagogie*. Paris: Editions de l'Epi, 1969.

Pernoud, R. *Histoire de la bourgeoisie en France*. II. Paris: Seuil, 1960.

Le Personnel de l'enseignement supérieur en France aux XIXème et XXème siècles. Paris: CNRS, 1985.

Petit de Julleville, L. "Les Classiques français". *Revue Universitaire* 9.1 (1900) 325-332.

—————. "Le Jury du baccalauréat ès lettres". *Revue Internationale de l'Enseignement* 11.1 (1881) 346-358.

Peyre, H. "Three Nineteenth-Century Myths: Race, Nation, Revolution". *Historical and Critical Essays*. Lincoln: University of Nebraska Press, 1968. 24-61.

—————. *Qu'est-ce que le classicisme?* Paris: Nizet, 1965.

Peyrefitte, A. *Le Mal français*. Paris: Plon, 1976.

Pinto, L. "La Vocation de l'universel — formation de la représentation de l'intellectuel vers 1900". *Actes de la Recherche en Sciences Sociales* 55 (1984) 23-32.

Piobetta, J.-B. *Education nationale et instruction publique*. Paris: Baillière et fils, 1944.

—————. *Vues sur l'éducation française*. Paris: Nathan, 1940.

—————. *Le Baccalauréat*. Paris: Baillière et fils, 1937.

Pitts, J. "Continuité et changement au sein de la France bourgeoise". *A la Recherche de la France*. S. Hoffmann, et al., éds. Paris: Seuil, 1963. 267-343.

Plans d'études des lycées, programmes... . Paris: Delalain, 1860-1880.

Playne, C. E. *The Neuroses of Nations: France and Germany before the War*. London: Allen & Unwin, 1925.

Poidevin, R. et J. Bariéty. *Les Relations franco-allemandes, 1815-1975*. Paris: Colin, 1977.

"The Politics of Interpretation". *Critical Inquiry* 9.1 (1982).

Ponente, N. *Structures du monde moderne, 1850-1900*. Genève: Skira, 1965.

Ponteil, F. *Les Classes bourgeoises et l'avènement de la démocratie, 1815-1914*. Paris: Michel, 1968.

—————. *Histoire de l'enseignement, les grandes étapes, 1789-1965*. Tours: Sirey, 1966.

Ponton, R. "Programme esthétique et capital symbolique". *Revue Française de Sociologie* 14.2 (1973) 202-220.

—————. "Le Positivisme de Lanson". *Scolies* 2 (1971) 63-76.

"Pour l'Ecole laïque". *Europe* 366 (1959).

Prentout, H. "L'Enseignement secondaire en France au xixème et au xxème siècles". *Revue Internationale de l'Enseignement* 88 (1921) 364-384.

Prettre, J. "Le Français dans les classes élémentaires". *L'Enseignement du français*. Paris: Alcan, 1911. 87-122.

Price, R. *A Social History of Nineteenth-Century France*. London: Hutchinson, 1987.

Les Programmes de l'enseignement secondaire français au dix-septième siècle. Texte dactylographié, Institut Pédagogique National, s.d.

Prost, A. "Les Enjeux sociaux du français: l'école primaire". *Le Français Aujourd'hui* 59 (1982) 7-13.

_____. "Les Enjeux sociaux du français: l'enseignement secondaire." *Le Français Aujourd'hui* 59 (1982) 63-78.

_____. "Quand l'école de Jules Ferry est-elle morte?" *Histoire de l'Education* 14 (1982).

_____. "Jalons pour une histoire de la pratique pédagogique". *Histoire de l'enseignement de 1610 à nos jours*. I. Paris: Bibliothèque Nationale, 1974. 105-111.

_____. *Histoire de l'enseignement en France, 1800-1967*. Paris: Colin, 1968.

Puget, M. "Le Livre scolaire". *Tendances* 22 (1963) 1-31.

Quérel, P. *Au feu les manuels!* Paris: Cahiers de l'Education Permanente, 1982.

Quereuil, A. "Thèmes pour adolescents". *Cahiers Pédagogiques* 5 (1955) 417-419.

Rageot, G. *Le Succès, auteurs et public, essai de critique sociologique*. Paris: Alcan, 1906.

Rebérioux, M. *La République radicale? 1898-1914*. Paris: Seuil, 1975.

_____. "Critique littéraire et socialisme au tournant du siècle". *Le Mouvement Social* 59 (1967) 3-28.

Recueil des lois et actes de l'instruction publique 21 (1875); 6 (1875); 29 (1880).

Reisner, E. H. *Nationalism in Education since 1789*. New York: Macmillan, 1922.

Rémond, R. "La Morale de Franklin et l'opinion française sous la Monarchie censitaire". *Revue d'Histoire Moderne et Contemporaine* 7 (1960) 201-213.

_____. *La Droite en France*. Paris: Aubier, 1954.

de Rémusat, C. *Essai sur l'éducation des femmes*. Paris: Hachette, 1903.

Renan, E. *La Réforme intellectuelle et morale*. Paris: M. Lévy, 1872.

_____. "L'Instruction supérieure en France". *Revue des Deux Mondes* 51 (1864) 73-95.

Renouvier, C. *Manuel républicain de l'homme et du citoyen*. Paris: Garnier, 1981.

La République et l'enseignement. Paris: rue de Valois, 1910.

Reuter, Y. "Littérature et secondaire". *Littérature* 44 (1981) 87-97.

_____. "Le Champ littéraire: textes et institutions". *Pratiques* 32 (1981) 5-29.

Ribas, J. "Faut-il renoncer aux livres scolaires?" *L'Education* 56 (1970) 25.

de Ribier. "Les Lettres éducatrices". *Revue Internationale de l'Enseignement* 53.1 (1907) 429-432.

Ribot, A. *La Réforme de l'enseignement secondaire*. Paris: Colin, 1900.

Richard, C. *L'Enseignement en France*. Paris: Colin, 1925.

Richter, N. *La Lecture et ses institutions*. Le Mans: Bibliothèque de l'Université du Maine, 1984.

Ringer, F. K. *Education and Society in Modern Europe*. Bloomington: Indiana University Press, 1979.

Rioux, J.-P. *Nationalisme et conservatisme. La Ligue de la patrie française, 1899-1904*. Paris: Beauchesne, 1977.

Ritaine, E. *Les Stratégies de la culture*. Paris: Presses de la Fondation Nationale des Sciences Politiques, 1983.

Robert, F. *L'Humanisme: essai de définition*. Paris: Société d'édition "Les Belles Lettres", 1946.

Robert, L. "Sainte-Beuve dans les écoles". *Revue Pédagogique* 18.1 (1891) 328-335.

Robin, R. "Essai sur la stéréotypie républicaine: les manuels d'Histoire de la IIIème République jusqu'en 1914". *Littérature* 44 (1981) 98-116.

Rokkan, S. "Dimensions of State Formation and Nation-Building: A Possible Paradigm for Research in Variations within Europe". *The Formation of National States in Western Europe*. C. Tilly, éd. Princeton: Princeton University Press, 1975. 562-600.

Ronzeaud, P. "Le XVIIème siècle dans le second degré". *Le XVIIème Siècle Aujourd'hui*. Marseille: CMRS 17, 1974. 57-81.

Ropars-Wuilleumier, M.-C. "Pour une défense de l'explication de texte". *Le Français dans le Monde* 52 (1967) 11-16.

Roustan, M. *Problèmes d'éducation nationale*. Paris: Mellottée, 1932.

Rudorff, R. *The Myth of France*. New York: Coward-McCann, 1970.

Rustin, G. *Histoire des institutions scolaires*. Paris: Delagrave, 1954.

Ruyssen, T. "L'Enseignement de la morale au lycée". *Revue Universitaire* 7 (1898) 1-14.

Sapanet, M. "Histoire littéraire ou belles-lettres?" *L'Information Littéraire* 5 (1954) 203-207.

Sarthou, M., et al. "Les 'Humanités nouvelles'". *Revue Internationale de l'Enseignement* 39.1 (1900) 303-308.

Sartre, J.-P. "La Nationalisation de la littérature". *Situations II*. Paris: Gallimard, 1948. 31-53.

————. *Qu'est-ce que la littérature?* Paris: Gallimard, 1948.

Schérer, E."*Histoire de la littérature française* par D. Nisard". *Etudes sur la littérature contemporaine*. I. Paris: Calmann-Lévy, 1885. 171-186.

Schnerb, R. *Le XIXème siècle*. Paris: PUF, 1955.

Schober, R. "Réception et historicité de la littérature". *Revue des Sciences Humaines* 60.189 (1983) 7-20.

Schucking, L. L. *The Sociology of Literary Taste*. London: Routledge & Kegan Paul, 1966.

Scott, J. A. *Republican Ideas and the Liberal Tradition in France*. New York: Columbia University Press, 1951.

Seba, J.-R. "Critique des catégories de l'histoire de la littérature: téléologie et réalisme chez Lanson". *Littérature* 16 (1974) 50-66.

"Secondary and University Education in France". *Special Reports on Education Subjects*. XXIV. London: Wyman, 1911.

Seignobos, C. *Histoire sincère de la nation française*. Paris: Rieder, 1933.

————. *Histoire de la France contemporaine*. VIII. Paris: Hachette, 1921.

————. *Le Régime de l'enseignement supérieur des lettres*. Paris: Imprimerie Nationale, 1904.

————. "L'Université républicaine". *Bulletin Universitaire de l'Enseignement Secondaire* 1 (1891) 106-111.

Sellin, C. "L'Image de la puissance française à travers les manuels scolaires". *Relations Internationales* 33 (1983) 103-111.

Shafer, C. *Le Nationalisme. Mythe et réalité*. Paris: Payot, 1963.

Siegfried, A. *Nations Have Souls*. New York: Putnam & Sons, 1952.

————. *Mes Souvenirs de la IIIème République. Mon père et son temps: Jules Siegfried, 1836-1922*. Paris: Ed. du Grand Siècle, 1946.

————. *France, a Study in Nationality*. New Haven: Yale University Press, 1940.

Simon, J. "Des Ecoles!" *Instruction Publique* 10 (1881).

————. *L'Ecole*. Paris: Hachette, 1877.

Simon, W. "The Two Cultures in Nineteenth-Century France: Victor Cousin and Auguste Comte". *Journal of the History of Ideas* 26 (1965) 45-58.

Singer, B. *Modern France; Mind, Politics, Society*, Seattle: University of Washington Press, 1980.

Smith, A. D. *The Ethnic Origin of Nations*. London: Basil Blackwell, 1986.

————. *Theories of Nationalism*. New York: Holmes & Meier, 1983.

————. *The Ethnic Revival*. Cambridge: Cambridge University Press, 1981.

Smith, B. G. *Ladies of the Leisure Class*. Princeton: Princeton University Press, 1981.

Smith, R. J. *The Ecole Normale Supérieure and the Third Republic*. Albany: State University of New York, 1981.

Snyders, G. *Ecole, classe et lutte des classes*. Paris: PUF, 1976.

"Sociologie de l'éducation". *Revue Française de Sociologie* 8 (1967); 9 (1968).

Sociologie du livre et de la lecture. Liège: Coll. "Mémoires", 1977.

Sombart, W. *Le Bourgeois*. Paris: Payot, 1966.

Sorlin, P. *La Société française*. I: *(1840-1914)*. Paris: Arthaud, 1969.

Spindler, G. D., éd. *Education and Culture: Anthropological Approaches*. New York: Holt, Rinehart & Winston, 1963.

Statistique de l'enseignement secondaire en 1887. Paris: Imprimerie Nationale, 1889.

Stern, F. *The Politics of Cultural Despair*. Berkeley: University of California Press, 1963.

Sternhill, Z. *La Droite révolutionnaire*. Paris: Seuil, 1978.

————. *Maurice Barrès et le nationalisme français*. Paris: Colin, 1972.

Stewart, H. F. et P. Desjardins, éds. *French Patriotism in the Nineteenth Century*. Cambridge: Cambridge University Press, 1923.

Sugarman, B. *The School and Moral Development*. London: Trinity Press, 1973.

Suleiman, E. *Elites in French Society: The Politics of Survival*. Princeton: Princeton University Press, 1978.

"Survivances du xviième siècle au xixème". *XVIIème siècle* 129 (1980).

Swart, K. W. *The Sense of Decadence in Nineteenth-Century France*. The Hague: Nijhoff, 1964.

Swift, D. *Sociology of Education*. London: Routledge & Kegan Paul, 1969.

Tadié, J.-C. *Introduction à la vie littéraire du XIXème siècle*. Paris: Bordas, 1970.

Taine, H. *Sa vie et sa correspondance*. i. Paris: Hachette, 1914.

————. *Les Origines de la France contemporaine*. 6 vols. Paris: Hachette, 1888-1894.

Talbott, J. E. "Education in Intellectual and Social History". *Historical Studies Today*. F. Gilbert et S. Graubard, éds. New York: W. W. Norton, 1972. 193-210.

————. *The Politics of Educational Reform in France, 1918-1940*. Princeton: Princeton University Press, 1969.

Texte, J. "L'Hégémonie littéraire de la France". *Etudes de littérature européenne*. Paris: Colin, 1898. 279-304.

"Le Texte et ses réceptions". *Revue des Sciences Humaines* 60.189 (1983).

Thérive, A. "Classicisme et nationalisme littéraire". *Revue Critique des Idées et des Livres* 36 (1924) 250-254.

Thibaudet, A. *La République des professeurs*. Paris: Grasset, 1927.

————. "Les trois critiques". *Réflexions sur la critique*. Paris: Gallimard, 1939. 125-139.

Thiesse, A.-M. et H. Mathieu. "Déclin de l'âge classique et naissance des classiques. L'évolution des programmes littéraires de l'agrégation depuis 1890". *Littérature* 42 (1981) 89-108.

Thompson, D. *Democracy in France since 1870*. London: Oxford University Press, 1964.

Tissot, E. *Les Evolutions de la critique française*. Paris: Perrin, 1890.

Todorov, T. "L'Histoire de la littérature". *Langue Française* 7 (1970) 14-19.

Touchard, J. *La Gauche en France depuis 1900*. Paris: Seuil, 1977.

Tournier, M. et M. Navarro. *Les Professeurs et le manuel scolaire*. Paris: Institut Pédagogique National, 1985.

Toutain, J. "L'Enseignement du français". *Revue Internationale de l'Enseignement* 63.1 (1912) 259-263.

Trenard, L. "L'Enseignement secondaire sous la Monarchie de Juillet: les réformes de Salvandy". *Revue d'Histoire Moderne et Contemporaine* 12 (1965) 81-133.

Truitt, W. H. "Art for the People". *The Arts in a Democratic Society*. D. A. Mann, éd. Bowling Green: Popular Press, 1977. 58-69.

L'Université nouvelle. Paris: Fischbacher, 1919.

Valéry, P. "Introduction aux images de la France". *Regards sur le monde actuel*. Paris: NRF, 1938. 109-130.

Valois, G., F. Renié, et al. *Les Manuels scolaires*. Paris: Librairie Nationale, 1911.

Vandérem, F. "Les Lettres et la vie: nos manuels d'histoire littéraire". *La Revue de France* 2.16 (1922) 822-833.

Van Tieghem, P. "Ce qu'est la classe de français". *Revue Universitaire* 18 (1909) 313-318.

Varenne, G. "A propos des conférences du musée pédagogique sur l'enseignement du français". *Revue Universitaire* 18 (1909) 244-247.

Vaughan, M. et M. S. Archer. *Social Conflict and Educational Change in England and France, 1789-1848*. Cambridge: Cambridge University Press, 1971.

Vernier, F. *L'Ecriture et les textes*. Paris: Editions Sociales, 1974.

Vial, F. *L'Enseignement secondaire et la démocratie*. Paris: Colin, 1901.

_____. *Trois siècles d'histoire de l'enseignement secondaire*. Paris: Delagrave, 1936.

Vial, J. *Classes de transition et classes pratiques*. Paris: PUF, 1966.

Viala, A. "Etat historique d'une discipline paradoxale". *Le Français Aujourd'hui* 72 (1985) 41-49.

_____. "Naissance de l'écrivain. Aux origines des institutions et de l'enseignement de la littérature française". *Papers on French Seventeenth-Century Literature* 11.21 (1981) 667-684.

Villemain, A.-F. *Rapport au roi sur l'instruction secondaire*. Paris: Imprimerie Royale, 1843.

Vincent, Gérard. "Les Professeurs du second degré au début du xxème siècle: Essai sur la mobilité sociale et la mobilité géographique". *Le Mouvement Social* 55 (1966) 47-73.

_____. "Les Professeurs de l'enseignement secondaire dans la société de la 'Belle Epoque'". *Revue d'Histoire Moderne et Contemporaine* 13 (1966) 49-86.

Vincent, Guy. "Enseignement du français et système scolaire". *Revue Française de Sociologie* 9 (1968) 355-374.

Virtanen, R. "'Ancients and Moderns' in Early Twentieth-Century France". *Kentucky Romance Quarterly* 14.3 (1967) 201-226.

Warnery, H. "La Critique littéraire dans l'enseignement supérieur". *Revue Internationale de l'Enseignement* 19 (1890) 504-517.

Watson, D. "The Politics of Educational Reform in France during the Third Republic, 1900-1940". *Past and Present* 34 (1966) 81-99.

Weber, E. *France, Fin de Siècle*. Cambridge: Harvard University Press, 1986.

_____. *Peasants into Frenchmen, 1870-1914*. London: Chatto, 1977.

_____. *The Nationalist Revival in France, 1905-1914*. Berkeley: University of California Press, 1968.

_____. "Le Renouveau nationaliste et le glissement vers la droite". *Revue d'Histoire Moderne et Contemporaine* 5 (1958) 114-128.

Weill, G. *L'Europe du XIXème siècle et l'idée de nationalité*. Paris: Michel, 1938.

_____. *Histoire de l'idée laïque au XIXème siècle*. Paris: Alcan, 1929.

_____. *Histoire de l'enseignement secondaire en France (1802-1920)*. Paris: Payot, 1921.

Weiss, J. *Conservatism in Europe, 1770-1945*. London: Thames & Hudson, 1977.

_____. "Education in Nineteenth-Century France". *Journal of Social History* 3 (1969) 154-162.

Weisz, G. *The Emergence of Modern Universities in France, 1863-1914*. Princeton: Princeton University Press, 1983.

_____. "La Réforme de l'enseignement supérieur sous la Troisième République, 1878-1896". *Analyse comparative des processus de changement et des mouvements de réforme de l'enseignement supérieur français*. Paris: CNRS, 1978. 5-86.

_____. "Le Corps professoral de l'enseignement supérieur et l'idéologie de la réforme universitaire en France, 1860-1885". *Revue Française de Sociologie* 18.2 (1977) 201-232.

Williams, R. *Culture and Society, 1780-1950*. New York: Columbia University Press, 1983.

Wittwer, J. "Les Textes littéraires, les besoins et la vie". *Le Français Aujourd'hui* 3 (1968) 25-30.

de Wogan, Baron Tanneguy. *Manuel des gens de lettres*. Paris: Firmin-Didot, 1899.

Wogue, J. "L'Enseignement de l'histoire littéraire dans les lycées et collèges". *Revue de l'Enseignement Secondaire et de l'Enseignement Supérieur* 13 (1890) 400-409.

Wylie, L. W. *Saint-Marc Girardin, Bourgeois*. Syracuse: Syracuse University Press, 1947.

Young, K. "Composition Teaching in French Lycées". *English Journal* 1.6 (1912) 321-339.

Young, M. F. D., éd. *Knowledge and Control: New Directions for the Sociology of Education*. London: Collin-Macmillan, 1971.

Zeldin, T. *France, 1848-1945*. I, II. Oxford: Clarendon Press, 1977.

_____. "Higher Education in France, 1848-1940". *Journal of Contemporary History* 2.3 (1967) 53-80.

_____, éd. *Conflicts in French Society: Anticlericalism, Education and Morals in the Nineteenth Century*. London: Allen & Unwin, 1970.